Beiträge zur Kinderpsychotherapie; 30
(Herausgegeben von Gerd Biermann)

Marianne Fuchs
Gabriele Elschenbroich
(Hrsg.)

# Funktionelle Entspannung in der Kinderpsychotherapie

Mit einem Geleitwort von Gerd Biermann

und Beiträgen von
Peter Cluß, Barbara Eberspächer, Hans Eberhard Eberspächer,
Gabriele Elschenbroich, Annette Fleischer-Peters,
Marianne Fuchs, Gabriele Janz, Sophie Krietsch,
Irmgard Nachtigall, Gerhard Neuhäuser, Gerlind Ottensmeier,
Magdalene Petényi, Ursula Petry-Vogel, Anne S. Schnabel,
Ursula Scholz-Glade, Antje Steinfeld, Christine Tackenberg,
Almuth von Trotha, Theresa und Eberhard Wahnschaffe,
Lore Wette, Rita Zebisch, Gisela Ziegler

2., erweiterte Auflage

Ernst Reinhardt Verlag München Basel

Die Deutsche Bibliothek – CIP Einheitsaufnahme

**Funktionelle Entspannung in der Kinderpsychotherapie** /
Marianne Fuchs ; Gabriele Elschenbroich (Hrsg.). Mit einem
Geleitw. von Gerd Biermann und Beitr. von Peter Cluss ... –
2., erw. Aufl. – München ; Basel : E. Reinhardt, 1996
  (Beiträge zur Kinderpsychotherapie ; Bd. 30)
    ISBN 3-497-01398-6
NE: Fuchs, Marianne [Hrsg.]; Peter; GT
ISSN 0067-5105

© 1996 by Ernst Reinhardt, GmbH & Co, Verlag, München

Dieses Werk, einschließlich aller seiner Teile, ist urheberrechtlich geschützt. Jede Verwertung außerhalb der engen Grenzen des Urheberrechtsgesetzes ist ohne schriftliche Zustimmung der Ernst Reinhardt, GmbH & Co, München unzulässig und strafbar. Das gilt insbesondere für Vervielfältigungen in andere Sprachen, Mikroverfilmungen und für die Einspeicherung und Verarbeitung in elektronischen Systemen.

Printed in Germany

# Inhalt

Gerd Biermann
Geleitwort ........................................ 9

Marianne Fuchs / Gabriele Elschenbroich
Vorwort zur 2. Auflage ............................ 12

Marianne Fuchs
Einführung in die Funktionelle Entspannung ......... 13

Marianne Fuchs
Funktionelle Entspannung, eine psychosomatische
Therapie für Kinder und Jugendliche ............... 30

Christine Tackenberg
Aus dem Gestaltkreis Viktor von Weizsäckers ........ 43

Barbara Eberspächer
Die Entwicklungsphasen des Kindes und spezielle
Schwerpunkte der FE-Arbeit ....................... 52

Gabriele Elschenbroich
Funktionelle Entspannung als Hilfe in der frühen
Mutter-Kind-Beziehung ........................... 66

Gabriele Janz
Funktionelle Entspannungstherapie im Schulkindalter .. 79

Annette Fleischer-Peters
Der Mundraum als Ausdrucksfeld psychosozialer
Störungen ....................................... 92

Ursula Scholz-Glade
Kinder und ihr Körper in der Funktionellen
Entspannung .................................... 98

*Barbara Eberspächer*
Möglichkeiten der Funktionellen Entspannung
bei Kindern im Übergang zum Jugendlichen ......... 116

*Hans Eberhard Eberspächer*
Funktionelle Entspannung als Angebot und
Herausforderung im Umgang mit Körperbehinderung .. 128

*Gerhard Neuhäuser*
Asthmabehandlung mit Funktioneller Entspannung und
Krankengymnastik. Vorbemerkung zum Erfahrungs-
bericht von Lore Wette ............................. 144

*Lore Wette*
Behandlung von Asthma bronchiale mit
Funktioneller Entspannung ........................ 145

*Antje Steinfeld*
Funktionelle Entspannung in einer Kurklinik für
Kinder ............................................ 159

*Anne Sybille Schnabel*
Funktionelle Entspannung in kleinen Gruppen mit
Kindern und Eltern ................................ 164

**Berichte aus der ärztlichen Praxis**

*Peter Cluß*
Funktionelle Entspannung in der Kinderarztpraxis .... 168

*Gisela Ziegler*
Funktionelle Entspannung als Therapie bei Kindern
und Müttern in einer kinderärztlichen Praxis ......... 176

*Gerlind Ottensmeier*
"Therapeutisches Anfassen" als Orientierungshilfe
in einer Kinderarztpraxis .......................... 180

*Magdalene Petényi*
Behandlung einer Patientin mit beginnender
Anorexia nervosa ................................. 186

*Ursula Petry-Vogel*
Funktionelle Entspannung als eine Möglichkeit der
Kurztherapie in der ärztlichen Praxis ................ 190

*Theresa und Eberhard Wahnschaffe*
Spiel- und familientherapeutische Elemente in der
Funktionellen Entspannung .................... 196

**Falldarstellungen**

*Marianne Fuchs*
Migräne – auch eine Beziehungsstörung ............. 200

*Gabriele Janz*
„Alles ganz normal" – Behandlung einer
Stottersymptomatik mit Funktioneller Entspannung
bei einer Jugendlichen ............................ 206

*Sophie Krietsch*
Bericht über eine Therapie mit Funktioneller
Entspannung bei einem 4jährigen Mädchen mit Asthma
bronchiale ....................................... 216

*Gerlind Ottensmeier*
FE-Behandlung eines 10jährigen Jungen mit
Asthma bronchiale ................................ 219

*Irmgard Nachtigall*
Die Schule ist mein größtes Problem. Die Behandlung
von Schulangstsyndromen mit der Funktionellen
Entspannung ...................................... 227

*Almuth von Trotha*
Joey – oder "Man macht so seine Erfahrungen" ....... 233

*Rita Zebisch*
Vertrauen und Loslassen. Behandlung einer
Enkopresis ....................................... 238

*Gabriele Elschenbroich*
„Papi möchte eine fröhliche Tochter" –
Eine spezielle Schulangst und ihre Auflösung ........ 241

Mitarbeiterverzeichnis ............................ 246

# Geleitwort

Die Funktionelle Entspannung ist ein Therapieverfahren, das sich um einen Ausgleich gestörter vegetativer Funktionsabläufe bemüht, unter denen heute in einer heillos ungeordneten Welt zahlreiche Menschen mit einer Fülle von Beschwerden leiden. Wenn erfahrene Ärzte aus Praxis und Klinik berichten, daß mindestens ein Drittel ihrer Patienten an funktionellen Störungen der inneren Organe leiden, ist das Ausmaß seelischer Not aufgezeigt, das damit verbunden ist. Die naturwissenschaftliche Medizin versucht, auch dieser Krankheiten mit einem Aufwand von Apparaten und Medikamenten Herr zu werden, der sich in einer Kostenexplosion zum aufwendigsten Therapeuticum aller Zeiten entwickelt hat.

Schon vor einem Jahrhundert hat die Krankenschwester Florence Nigthingale den klassischen Ausspruch getan, daß es die erste und wichtigste Aufgabe eines Krankenhauses sei, dem Patienten nicht zu schaden. Daran wird man beim Anblick der modernen Mammutkliniken erinnert. In ihnen ziehen mit dem Kranken und dessen Leiden auch die Angst mit ein, in einer verfremdeten anonymen Welt der Institutionen und Apparate, bis zur Person des Arztes selber und dessen oft schon inhumanen Tätigkeiten. Wo bleibt noch Menschliches im medizinischen Denken und Handeln, wenn selbst das heilende Gespräch schon zur genormten Computerware entwertet ist, falls es je noch stattfindet?

So verschlägt es bisweilen dem Kranken, bevor er überhaupt zu einer Aussage, der Bitte um Rat und Hilfe als seinem urmenschlichen Anliegen fähig ist, buchstäblich den Atem, jener Funktion des Organismus, die am Beginn jeglichen Lebens steht und in allen Mythen und Religionen der Menschheitsgeschichte als Ursprung und Prinzip des Lebendigen angesehen wurde.

Funktionelle Atementspannungstherapie hat daher Marianne Fuchs zuerst ihre Heilmethode genannt, mit der sie versuchte, Menschen mit seelisch bedingten Störungen eine notwendige Hilfe zu bringen und zwar mit den einfachen Mitteln, sich selbst zu erfühlen und in einem neuen Leiberleben wieder zum eigenen Selbst zu finden, was vielen von ihnen verloren gegangen ist.

Es mag symbolisch hierfür stehen, daß zunächst die junge Mutter beim beginnenden Asthmaleiden ihres kleinen Kindes, in einer engen Beziehung des Sich-Einfühlens in dessen leib-seelische Bedürfnisse, diese Heilmethode der Funktionellen Entspannung entwickelte. Und es schien eine Sternstunde zu sein, daß die Heilpädagogin in der aufgeschlossenen Zeit der Nachkriegsjahre an einer Heidelberger Universitätsklinik in Victor von Weizsäcker, dem Begründer der Psychosomatischen Medizin, einen Förderer fand, der ihr im gemeinsamen tiefenpsychologischen Verständnis des Krankseins Wege zu Patienten ebnete, so daß sie ihre Behandlungsmethode erproben konnte.

Dies ist Psychohygiene als vorbeugende Medizin im besten Sinne, wie es das Beispiel der Volkskrankheit des Asthma bronchiale zeigt, an der allein in der Bundesrepublik Hunderttausende leiden. So ist am Asthma die Funktionelle Entspannung erstmals und immer wieder mit Erfolg erprobt worden. Man braucht sich nur vorzustellen, welche Unsummen kostenaufwendiger Klinikbehandlungen und Klimakuren allein für die Therapie dieser Krankheit Jahr für Jahr und oft ohne Aussicht auf dauerhaften Erfolg ausgegeben werden, um die Bedeutung des Heilverfahrens der Funktionellen Entspannung zu erfassen.

Gerade Kinderärzte und Jugendpsychiater haben daher aus der Not ihres Praxisalltages heraus zu dieser Behandlung als einer wirksamen Hilfe für das kranke Kind und seine Mutter, in deren Rolle als Ko-Therapeutin des Arztes gefunden. Für den Kinderarzt als Psychotherapeut ist die spielerische Form beeindruckend, in der in Zusammenarbeit mit der Mutter, aber auch in der Kindergruppe, die Funktionelle Entspannung vermittelt wird. So hat die "Ärztliche Akademie für Psychotherapie von Kindern und Jugendlichen" seit Jahren die Vermittlung der Funktionellen Entspannung in ihr Weiterbildungsprogramm aufgenommen.

Man liest mit Interesse in dem vorliegenden Werk von Marianne Fuchs und ihren Mitarbeitern, in dem wir mit den verschiedenen Anwendungsmöglichkeiten der Funktionellen Entspannung bekannt gemacht werden, daß diese Heilmethode, vor Jahrzehnten von einer Universitätsklinik ausgegangen, nun wieder in akademischen Bereichen Anerkennung findet. Vielleicht trägt dies dazu bei, Marianne Fuchs und ihrem Werk, das aus dem therapeutischen Rüstzeug des Arztes von Kindern und Jugendlichen nicht mehr wegzudenken ist, bei den zuständigen Ärztekammern und Kassenärztlichen Vereinigungen den Weg zu bereiten, daß diese segensreiche Behandlungsmethode endlich allen Kranken zugänglich wird, die, aus seelischen Ursachen krank geworden, dieser Hilfe so dringend bedürfen.

Gerd Biermann

# Vorwort zur 2. Auflage

> Sich loszulassen, abzugeben,
> sich fallenlassen, als Zäsur, –
> wem das gelingt im Alltagsleben,
> dem glückt auch Spannungskorrektur.
> Nicht, daß wir ganz verhindern können,
> daß Streß uns wieder übermannt.
> Jedoch vom Druck und Sog sich trennen
> er-löst, ermöglicht und entspannt.
>
> (Sanna Schriever)

Wie jedes organismische Gebilde, so lebt auch eine psychotherapeutische Methode, die den Anspruch erhebt, begleitend, nicht aber apodiktisch zu sein, aus ihrer eigenen fortlaufenden inneren Erneuerung und Ergänzung. Der Funktionellen Entspannung geht es primär um diese lebensermöglichenden Elemente im Menschen: um die Bereitschaft und Fähigkeit zur dynamischen Veränderung des Bestehenden.

In die vorliegende zweite Auflage des 1985 erstmals erschienenen Buches ist daher auch eine Reihe neuerer Beiträge von Autoren und Autorinnen aufgenommen worden, die der dritten Generation von FE-Therapeuten angehören und die in unterschiedlicher und individuell bedingter Weise ihre Erfahrungen mit dem therapeutisch-psychagogischen Einsatz der FE bei psychosomatisch gestörten Kindern und Jugendlichen darstellen.

In den Fallschilderungen soll deutlich werden, daß es hier nie allein um das "Sorgenkind" geht, sondern immer auch um den psychosozialen Boden, in dem das Leben dieses Kindes wurzelt und aus dem heraus es sich entfaltet.

Die FE versteht sich als eine Therapie gestörter Beziehungen – (zu sich und anderen) – also auch als Familientherapie. Das möge in den alten und in den neuen Fallbeschreibungen, in denen sich der Therapeut bzw. die Therapeutin stets auch selber als Betroffene erlebten, anschaulich werden.

Marianne Fuchs                                    Gabriele Elschenbroich

MARIANNE FUCHS

# Einführung in die Funktionelle Entspannung (FE)

Die Funktionelle Entspannung (Fuchs 1984) ist eine Methode der psychosomatischen Therapie bei funktionellen körperlichen und seelischen Störungen. Fehlverhalten – häufig verborgen –, das zu neurovegetativen Fehlsteuerungen geführt hat, wird im therapeutisch-dialogischen Umgang mit dem Körpererleben erspürt. Das gelingt vorwiegend durch Entspannen und kleine Reize, die an den autonomen Atemrhythmus gebunden sind. Das Wahrnehmen von leibhaften Druckveränderungen führt dazu, Unterschiedliches zu beschreiben, Störungen aufzulösen und den Rhythmus indirekt zu vertiefen. Das Rhythmusprinzip, Grundlage alles Lebendigen, Entspannung und Gespanntwerden, liegt dieser Methode zugrunde.

Funktionell begrenzt verstandenes Entspannen macht antriebssicher. Es bestätigt das Eigengewicht nach unten, läßt die Personmitte finden und führt den ganzen Organismus zum austauschfähigen Eigenrhythmus. Veränderungen im Körpererleben werden erinnerbar und wiederholbar gemacht, Verspannungen (= fehlgeleitete Energie) abgebaut. Ökonomisches, d. h. natürliches Bewegen wird erfahren und im Alltag erinnert als Bewegtwerden und Sich-rühren-lassen.

Der Gegenstand, mit dem die FE arbeitet, ist konkret die menschliche Gestalt. Ihre lebendige Funktion wird häufig gestört durch Atemrhythmusblockaden, ausgelöst durch Angst, Erwartungs- oder Leistungsdruck. "Der zunächst ganz auf seine Körpersymptomatik fixierte Patient (lernt) allmählich, diesen nicht mehr wie bisher als störenden Fremd-Körper, sondern als lebend-erlebenden Leib, als Teil seiner menschlichen Existenz zu erleben, und lernt so, den uralten Leib-Seele-Dualismus, die pathologische Spaltung in Körper und Geist zu überwinden" (Wesiack in Klotz-Wiesenhütter 1982).

Mit der FE sucht der Patient eine animalische, elementare Grundlage für Bewegen und Bewegtwerden. Er lernt Störungen rechtzeitig wahrzunehmen und mit ihnen und mit seinen Gefühlen besser umzugehen.

Eine Leibtherapie, die unbewußtes Fehlverhalten aufzudecken vermag, sollte tiefenpsychologisch fundiert sein, damit sie den Menschen "ganzheitlich", mit Leib und Seele, erreicht. Ich verstehe darunter die an der psychoanalytischen Theorie orientierte Einsicht, daß Unbewußtes sowohl heilsam als auch krankmachend wirken kann. Psychophysische und psychosoziale Beziehungsstörungen müssen erkannt werden, und der Therapeut muß gelernt haben, mit Übertragung und Gegenübertragung umzugehen.

Die Methode der FE wurde zwischen 1945 und 1963 in Heidelberg in Zusammenarbeit mit der Medizinischen Universitätsklinik entwickelt und hat sich seitdem bewährt. Schon zu Krehls Zeiten gab es dort eine "ganzheitliche" innere Medizin. Das "ärztliche Gespräch", die "sorgfältige Allgemeinbehandlung", die biographische Anamnese, welche psychodynamische und psychosoziale Zusammenhänge in das Kranksein einbezog: das sind Grundhaltungen der anthropologischen Medizin oder besser der medizinischen Anthropologie, die sich mit den Namen Siebeck und V. v. Weizsäcker verbinden.

Ein Krankheitsverlauf wird auch von der inneren Lebensgeschichte des Patienten bestimmt, lehrte V. v. Weizsäcker (1947). Er fragte: "Warum gerade hier? Warum gerade jetzt?" Und er sagte: "Erlebnisse gehören zum Wesen der Krankheit und zu den objektiven Methoden der klassischen Medizin." Oder: "Das Erleiden von Gefühlen und Affekten und das Lernen damit umzugehen, die Abhängigkeit des Menschen von Leidenschaften wie Liebe, Haß, Trauer, Glück, Unglück: das sind Themen, die krankmachend wirken und die im Therapieprozeß nicht ausgeschlossen werden können." Revolutionäre Ideen in den Kreisen einer medizinischen Universitätsklinik, die den Menschen als Subjekt ernst nahm und eine patientenorientierte, menschlichere Medizin anstrebte, ein Anliegen, das auch heute viele zunehmend beschäftigt. Siebeck hatte schon 1942, also in der Zeit des Nationalsozialismus, der nicht nur die Psychoanalyse verteufelte, den Mut, eine Psychotherapeutin an seine Klinik zu holen.

In "Medizin in Bewegung" sagt Siebeck (1983): "Der Kranke erlernt es unter zielbewußter Psychotherapie, sich selbst zu befreien, er erkennt die Fehler seiner Atmung, die ja oft nur der

Spiegel seiner inneren Verhaltung sind." Neurose nannte er "Leben mit fehlgeleiteter Energie" und sprach vom "vegetativen Ordnungsgefüge". Aus solcher therapeutischen Haltung verstand er, Fragwürdiges zu finden, ohne auszufragen, nicht nur Störendes aufzudecken, sondern auch die Selbstheilungskräfte im Patienten anzusprechen. Er wollte nicht "Falsches" ausreden oder "Richtiges" suggerieren, sondern strebte in einer Vertrauen und Solidarität gewährenden Beziehung Lösungsänderung an. Nur weil ich wiederholt Gelegenheit hatte, Menschen seiner Art zu begegnen, und mit meinem Anliegen verstanden wurde, hat sich die FE entfalten können.

**Wie entsteht die Methode FE?**

Sie wurde entwickelt an einem 1½jährigen Kind. Unser zweiter Sohn bekam, als er ein halbes Jahr alt war, mitten im Sommer eine Bronchopneumonie, die sich im Herbst noch zweimal wiederholte. Erst jetzt wurde geröntgt und intensiv klinisch behandelt, ohne Erfolg. Eine therapieresistente, spastische Bronchitis blieb zurück. Ich hatte nur die Wahl, mich mit dieser Diagnose und einem beginnenden Asthma abzufinden oder einen Weg zu suchen, wie der gestörte Atemrhythmus des Kindes in Ordnung zu bringen war. Wille und Verstand waren bei dem 1 1/Jährigen nicht anzusprechen. Eben das wurde die Chance, auf emotionalem, spielerischem Wege, aber gezielt, etwas zu erreichen, was die unbewußten, die vegetativen Bereiche traf. Das gelang durch einfühlende, auch taktile, minimale, nicht bedrängende Veränderung seines Brustkorbs und durch Töne, die sich seinem kurzen Ausatmen anpaßten. Darauf reagierte das Kind positiv, man durfte es nur zu nichts zwingen. Wenn es ihm nicht gut ging, rief es: "Mama, puh machen!" Diese Rückmeldung zeigte, daß ihm dieses Suchen nach dem vertieften Atemrhythmus gut tat. Nicht nur die Angst des Jungen konnte in kleinen Schritten abgebaut werden, wir erreichten auch Abhusten, konnten Anfälle auflösen oder abfangen, oder es gelang, ihn zum Einschlafen zu bringen.

Zur Geschichte der FE gehört, daß schon F. Mauz, der Oberarzt von E. Kretschmer in Marburg, diese psychologisch geführte Körpertherapie Ende der zwanziger Jahre mit mir als Mitarbeiterin versuchte. Mit Schwenkenbecher, dem Internisten, machte er, der Psychiater, erste psychosomatische Behandlungen. Dabei übernahm ich gelegentlich Bewegungs- und Entspannungsaufgaben. Ich lege Wert darauf: nicht als Krankengymnastin – das bin ich nicht –, sondern als Bewegungstherapeutin mit heilpädagogischer Zusatzausbildung, so würde man heute sagen. Nicht Leistung stand im Vordergrund. Das entspannende, Verdrängtes auflösende Prinzip ermöglichte eine sich vertiefende Selbstwahrnehmung, und dieser Körpersinn förderte Lust und Spontaneität.

Nicht nur in Marburg wurden damals erste Versuche der Zusammenarbeit mit Psychotherapeuten gemacht (Stolze 1984). Von F. Mauz wußte ich, wer in Heidelberg, wohin wir 1936 umzogen, ebenso "ganzheitlich" dachte. Deshalb berichtete ich Siebeck 1946 von meinen Erfolgen bei unserem Sohn und sagte: "Ich glaube, ich habe damit den Einschlupf ins vegetative Unbewußte gefunden, weil ich das 1 1/2jährige Kind mit seinem Verstand ja noch gar nicht beteiligen konnte." Darauf Siebeck: "Wenn Sie über die *unbewußte* Atmung Einfluß auf das Vegetativum nehmen können, dann wäre das ja ein Weg, unsere funktionell Gestörten ins Gleichgewicht zu bringen. Das interessiert mich. Wir können nur sedieren oder anregen!"

Das war die Geburtsstunde der FE. Nun begann eine intensive Zusammenarbeit in der Klinik. Da 1946 auch V. v. Weizsäcker nach Heidelberg zurückkam, gab es besonders mit seiner Abteilung regen Austausch. Weizsäcker verstand bald, daß eine Entspannung des Organismus, die den autonomen Atemrhythmus erreicht, die Austauschbereitschaft trifft und damit Beziehungsstörungen beeinflussen kann. Der Patient erfährt, daß er sich tiefer schützen oder antriebssicherer wehren oder geduldiger bei sich bleiben kann. Angstbesetzte oder abgewehrte Bereiche lösen sich, er findet sein psychosomatisches Gleichgewicht. Dazu eine wichtige Erinnerung:

Ich berichtete Weizsäcker von einer Asthmapatientin. Sein Kommentar: "Ich glaube, daß Ihre Erfolge daher kommen, daß Sie den Patienten lehren, immer zwei oder drei Dinge auf einmal, also gleichzeitig, zu tun: sich spüren und sich rühren, stöhnen bewegen und empfinden. Damit gelingt Ihnen, daß das eine oder das andere mehr oder weniger unbewußt bleibt. Wir in der Psychoanalyse haben immer gemeint, aus Es muß Ich werden. Ich glaube, es ist ebenso wichtig, daß aus Ich wieder Es wird." (v. Weizsäcker 1950, 1951).

Weizsäcker, der Psychosomatiker, der den Ausdruckswert

des Krankseins ganzheitlich verstehen wollte und bemüht war, Verdrängtes aufzudecken, nahm das "leibliche Unbewußte" ebenso ernst wie vergessenes Erlebtes, wenn es krankmachend wirkte. Er vertraute aber auch auf die ordnenden und kreativen Kräfte des Unbewußten und billigte, daß wir in der FE das Es ermutigen und nach einem besseren Ich-Es-Gleichgewicht suchen.

Beim Asthmakranken liegt z. B. oft eine problematische Mutterbeziehung vor, die sich durch den einfühlenden und doch nicht verwöhnenden Umgang zwischen Patient und Therapeut korrigieren läßt. Die Distanz bleibt dadurch erhalten, daß der Therapeut den Umgang mit sich selbst gelernt hat und das Problem von Übertragung und Gegenübertragung kennt. Er verweist Erwartungen des Patienten auf dessen eigene Änderungsmöglichkeiten, und er hat Geduld.

**Die Praxis der FE**

Der Therapeut versucht, die Neugier des Patienten auf sich selbst zu wecken und seine Mitarbeit am therapeutischen Prozeß zu gewinnen. Dieses Vorgehen hat die FE mit der Psychotherapie gemeinsam. Das Gespräch über den konkreten Konflikt, der möglicherweise krank gemacht hat, ist in der FE zunächst zweitrangig. Wir lassen den Patienten klagen, seine Befindlichkeit beschreiben. Bei diesem Empfinden seiner selbst, bei der Schilderung seiner Beschwerden – weniger seiner Gefühle – bieten wir ihm dann an, durch rhythmisierendes Entspannen einen neuen Zugang zu sich zu finden.

Der erlebnisfähige Leib bleibt das Thema und kann in vielerlei Variationen entdeckt werden (Fuchs 1984; Rosa, Rosa-Wolff 1976). Nicht mit Übungen, sondern im Liegen, Sitzen, Stehen, mit oder ohne Stimme wird spielend erprobt, was sich verändern, bewegen läßt, was sich rührt – auch in der Ruhe. Gewicht und Begrenzung werden genützt, und Unterschiede werden erspürt, wenn mit fehlgeleiteter Energie, wenn unökonomisch bewegt wird. Angst, Widerstand, Aggression und noch vieles andere können sich dahinter verbergen. Mit der FE arbeiten wir leibhaft am Auflösen solcher Blockaden, führen aber gleichzeitig zum tieferen Antrieb. Eben weil dieses Fehlverhalten unbewußt ist, muß "mikroanalytisch" vorgegangen werden, damit nicht neue Unordnung entsteht.

Die FE strebt ein "Fließgleichgewicht" an, das Loslassen und Halt, Entfaltung und Grenzen voraussetzt. Dieser Bezug zum eigenen Rhythmus geht freilich immer wieder verloren, kann aber mitteorientiert erinnert und wiedergefunden werden. Nicht Gedankenkonzentration ist dazu erforderlich, sondern ein leibhaft erfahrbares Sich-Sammeln und Sich-Überlassen-Können.

Der Patient ist von Anfang an unabhängiger, weil er seinen Körper als Partner entdeckt. Seine wachsende Beziehungsfähigkeit macht es ihm möglich, sich einzufühlen, hinzuhören, zu antworten, auch zu schweigen. Er lernt es, sich zu fordern ohne sich zu zwingen, auf innere Antriebe zu vertrauen, Grenzen zu erfahren und lebendig mit sich allein zu sein. Ein hoher Anspruch?

Ein einfaches Beispiel: Ein Patient kommt mit Magen-/Bauchschmerzen. Nach der notwendigen Untersuchung, zunächst möglichst ohne viel Apparatur, fühlt sich der Therapeut ein und fragt: "Wo drückt es?" Schon die Worte "fühlen" und "drücken" sind doppeldeutig, weisen auf Psychosomatisches. "Hintergeschluckter" Ärger kann krank machen, unverarbeitetes Erleben "drückt". Erleben wollen wir verstehen als das, was uns Eindruck macht, Reize von außen oder von innen, die nach Ausdruck verlangen, nach Reaktion. Das kann eine erregende, anregende oder beruhigende Reaktion sein, eine verbale oder nonverbale Verarbeitungshilfe.

Wir kennen in der FE viele Bereiche des menschlichen Körpers, die sich tapfer "zusammennehmen" anstatt "durchzulassen", die sich einschränken anstatt "offen" zu bleiben, auch "unten offen", wie wir solches Durchlassen nennen und lehren. Der Volksmund sagt es noch massiver! Damit ist eine somatische Verhaltenshilfe beschrieben, die zur Verarbeitung von Seelischem beitragen kann. Es geht also immer zuerst um Verstehen: Was signalisiert dieses Symptom bei diesem Menschen? Wie geht er mit sich um? Wie erreiche ich seine Mitarbeit? Nur wenn die ungelebten, abgewehrten Anteile gewonnen werden, besteht Aussicht, eine Veränderung zu erreichen, die auch das Stoffwechselgeschehen trifft.

Von V. v. Weizsäcker (1949) hören wir: "Die psychosomatische Medizin muß eine tiefenpsychologische sein oder sie wird nicht sein!" Schon 1955 erschien seine mutige Schrift "Soziale Krankheit – soziale Gesundung", in der er nicht nur die Verantwortung der Gesellschaft, sondern auch die des Patienten anspricht: "Die Gesundheit eines Menschen ist eben nicht ein Kapital, das man aufzehren kann, sondern sie ist nur dort vorhanden, wo sie in jedem Augenblick des Lebens erzeugt wird." Weizsäcker meint damit das Gleichgewicht eines belebten, erlebnisfähigen Leibes, der seine Sinne, sein Gemüt und seinen Verstand für sich und seine Umwelt zu gebrauchen versteht. Denn: "Die Krankheit des Menschen ist nicht, was sie schien, ein Maschinendefekt, sondern ... seine Gelegenheit, er selbst zu werden" (v. Weizsäcker 1951).

Wer mit der FE zu helfen versucht und dabei Beziehungsstörungen aufdeckt, bleibt tiefenpsychologischen Einsichten verpflichtet, wie der Phasenlehre, die entwicklungspsychologisch von oralen und ödipalen Störungen spricht. Über die FE können diese Störungen spieltherapeutisch bearbeitet werden, um so mehr, seit die Neoanalyse die orale Phase aufteilt in zwei: in die intentionale und die orale. Die intentionale Phase wird von Mahler als "taktile und sensible" bezeichnet. Sie spielt in der Ichpsychologie für die frühen Störungen eine große Rolle. Schon der direkte Schüler Freuds, Fenichel (1979) nannte sie die "respiratorische Phase". Sie ist die allererste, in der das Menschenkind äußerst sensibel über den Atemrhythmus reagiert.

Das bestätigt unsere Erfahrungen, nach denen das neurovegetative Gleichgewicht mit dem Atemrhythmus zusammenhängt. Eine spürsinnige, funktionelle, rhythmisierende Therapie erinnert an positive Erfahrungen, an gute Objektbeziehungen. Das wiederholbare Erinnern stärkt das Selbstgefühl, löst ab von Primärbeziehungen.

Der FE-Therapeut muß ein gutes Körpergefühl und intensive Selbsterfahrung mitbringen. Er gibt einfache, klare Angebote, stellt Fragen, die dazu verhelfen, daß der Patient Tun und Lassen zu erspüren lernt, daß er für Veränderungen, auch in der Ruhe – Nachspüren genannt –, feinfühliger wird. Innere Organe werden nicht miteinbezogen, ein so tiefes Hineinsinken ist unerwünscht. Dagegen sollen die konkreten Druckveränderungen an der Gestalt, das Fließende oder Stockende, der Rhythmus, erfahren werden. Aus methodischen Gründen ist auch immer wieder kurz daran zu erinnern, wo die persönlichen Schwachstellen Hilfe bekommen können.

Wir müssen dem Patienten das Gefühl von viel Zeit vermitteln, damit er vertraut auf das, was er empfindet, und was sich auch aussprechen läßt. Er entdeckt sein Körperbild bei geschlossenen Augen über das Bewegtwerden. Empfindbares (sensation) wird benennbar; subjektive Gefühle (emotion) werden nicht unterdrückt, aber auch nicht verstärkt wie bei anderen Methoden. Der Therapeut, der Sinnzusammenhänge zu verstehen gelernt hat, ob im Geiste der medizinischen Anthropologie oder der Psychosomatik, greift zu gegebener Zeit die Ausdruckssprache des Leibes oder der Gefühle auf, um sie im therapeutischen Gespräch zu nutzen. Das können aktuelle Probleme oder lebensgeschichtliche Zusammenhänge sein. Die neuen Einsichten führen zum Hier und Jetzt zurück, zur leibhaften Mitbeteiligung des Patienten. Ein einfühlendes, dialogisches Miteinander bestimmt diese Leibtherapie wie den Stil der Gespräche: Keine Ratschläge, aber tiefer fragen, um besser zu verstehen oder abwehren zu können.

**Eigenrhythmus und Beziehungsfähigkeit**

Bei dem Versuch, sich zu spüren, sich gehenzulassen, werden leibhaft Druckveränderungen wahrgenommen, die vom Atemrhythmus und von dem Bedürfnis, herzugeben und aufzunehmen, ausgehen. Schon bloßes Darandenken kann den Rhythmus aus seinem Gleichgewicht bringen. Wir arbeiten in der FE deshalb auch nicht am Atmen, obwohl wir die Bedingung für Autosuggestion, "Atmung ganz ruhig" oder "es atmet mich". nachprüfen, um die autonome Steuerung des Zwerchfells zu verbessern.

Der biodynamische Rhythmus entspricht einem elementaren Austauschbedürfnis. Beziehung verbindet Gegensätzliches oder sich Entsprechendes, z. B. oben – unten, außen – innen. Es gelingt ein Bewegtwerden, eine Wiederkehr von nicht Gleichem.

Den Rhythmus stören vor allem abgewehrte, zurückgehaltene Emotionen, wie Wut oder Angst, oder verdrängte negative Erfahrungen. Lösen wir sie auf, so werden dadurch auch Gefühle entbunden. Vor allem in der Kindertherapie beobachten wir, daß gehemmte Kinder freier werden, daß sogar eine aggressive Phase eintreten kann. Aber Aggressives kann abreagiert und durch Bewegen und differenziertes Empfinden umgeleitet werden.

Abwehrmechanismen sind Reaktionen auf Eindrücke, die sich pathogen eingeschliffen haben. Schreck z. B. beengt. Er muß aufgelöst werden, damit der lebendige Rhythmus wieder zur Verfügung steht. Am sensibelsten reagiert immer das nicht sichtbare und nicht spürbare Zwerchfell. Wird es allzuoft blokkiert, wird Energie gestaut, dann entstehen funktionelle Störungen, neurotische Reaktionen. Um solche unbewußten Fehlgewöhnungen aufzulösen, geht die FE in kleinen Schritten vor, deckt behutsam auf, ohne spektakuläre Durchbrüche. Alles Entspannen bleibt in dieser Methode rhythmusgebunden, um gleichzeitig zur Vitalisierung des Zwerchfells beizutragen, das Ich-Es-Gleichgewicht zu verbessern. Ein Patient mit einer Herzrhythmusstörung sagte einmal zu mir: "Was Sie mir beibringen, ist, in der Fernsehsprache gesagt, das Nachtrimmen der Automatik. Dazu braucht man auch feine Sinne!"

Die sensible Reaktion des Zwerchfells hat Signalfunktion. Im ungünstigen Fall stört sie anhaltend unsere Flexibilität, unser "Fließgleichgewicht". Dieser von Bertalanffy, einem Biologen und Systemtheoretiker, geformte Begriff entspricht einer dynamischen Tiefenpsychologie, die sich nicht nur um den Einfluß der Objektbeziehung auf die menschliche Entwicklung, sondern auch um die Bedeutung aller Informationen und ihre leibhaften Verarbeitung kümmert.

Wissenschaftstheoretiker sprechen vom "Situationskreis" (v. Uexküll, Wesiack 1979) oder vom "Gestaltkreis" (v. Weizsäcker 1947) Ohne die leiblichen Sinne (Merken) gibt es kein Handeln (Wirken), ohne Wahrnehmen kein Bewegen und umgekehrt.

Weizsäcker weist auf den Rhythmus aller Lebensvorgänge hin. Nach dieser Theorie ist der Mensch ein "offenes System", ein "Wirkungsgefüge", das störanfällig ist, das aber stets nach Gleichgewicht sucht. 1974 erschien das Buch des Analytikers Karl Menninger, "Das Leben als Balance". Dort heißt es: "Ein System muß jedoch, um zu arbeiten, nicht im Gleichgewicht sein, wohl aber ständig auf dem Wege, es herzustellen." Menninger setzt sich ausführlich mit dem Begriff "Homöostase" auseinander, zitiert Cannons Buch "The Wisdom of the Body" und immer wieder Bertalanffys Begriff vom Fließgleichgewicht, den er sowohl funktionell als auch psychosozial versteht. Menschliches Lebendigsein, so meint er, sei weniger durch Kraft, Festhalten, Konstanz zu erreichen als durch das Wechselspiel von Spannung und Lösung, durch den Austausch zwischen innen und außen, zwischen dem einzelnen und der Umwelt. Mitte-zentriert läßt sich die Balance wiederfinden. Mit der FE haben wir einen Weg, an diesem Ich-Es-Gleichgewicht funktionell kontrollierbar zu arbeiten. Es bildet die elementare Grundlage für die Beziehung zu sich selbst und damit zu anderen. Erikson (1966) spricht von "dem alten Prinzip der goldenen Regel, die empfiehlt, daß man einem anderen nur das antut oder nicht antut, wovon man wünscht, daß es einem angetan würde oder nicht angetan würde". Wer nachgeben und abwehren, assimilieren und abstoßen kann, ist in einer veränderungsbereiten Balance, kann mit Störungen umgehen.

Im Atemrhythmus sind diese Vorgänge erfahrbar, nicht durch atemtechnische Harmonisierung, sondern durch tiefe Sensibilität. Eine angstlose Beziehung zum Bauch-Becken-Raum wird dabei angestrebt, in dem Schwerpunkt und Rhythmus erlebt werden können. Loslassen und Gespanntwerden – abgegrenzt in der eigenen Gestalt – können lustvoll erlebt werden. Zweifellos besteht Nähe zur Sexualität. Verdrängtes wird aufgelöst, tiefe innere Antriebskräfte werden befreit. Gespannt- und Entspanntwerden sind nicht machbar; Drang und Entladung sind im rhythmischen Prinzip aufgehoben. Diese erlebbare Einsicht bildet die Grundlage für Vorgänge, die zur rechten Zeit als *menschliche* Sexualität ohne Angst und Vorurteil angenommen und gestaltet werden können. Das Vertrautwerden mit der eigenen Leiblichkeit, mit Empfindungen und Gefühlen ist eine wichtige Voraussetzung dafür. Eine einfühlsame Sprache für Erfahrbares und Takt gehören dazu.

Störungen der autonomen Funktion, wozu im erweiterten Verständnis auch die Übersensibilität des Allergikers zu rechnen ist, sehen wir nicht nur in den Einflüssen der Umwelt, auch die Konstitution des Patienten ist zu beachten. Er kann lernen, seine Beziehung zu sich zu vitalisieren. Über das Entspannen erfährt er Distanz zur Umwelt *und* positive Widerstandskraft.

Es gibt viele Erklärungsversuche, um die Häufung von funktionellem und psychosomatischem Kranksein zu verstehen. Immer aber geht es um Reaktionen auf Einflüsse, die den Patienten aus dem Gleichgewicht gebracht haben. Ich erinnere nur beispielhaft an einige theoretische Modelle (Freyberger 1977):

(1) Bestimmte Persönlichkeiten reagieren auf Streß oder auf Stoffe abnorm, wie Allergiker.
(2) Die Konflikte der Ablösungsphase hinterlassen Ängste, die Patienten regredieren ins Somatische (Alexander, Chicago)
(3) Persönlichkeiten mit verarmter Gefühlswelt fehlt die Möglichkeit, Konflikte zu leben oder sprachlich zu formulieren. Die Pariser Schule spricht von pensée operatoire, amerikanische Autoren von Alexithymie.
(4) In der Heidelberger Abteilung für Innere Medizin II, die sich in der Nachfolge v. Weizsäckers entwickelte, wird von Hahn und seinen Mitarbeitern, ebenso in der Psychosomatischen Abteilung Bräutigams, von einer "Simultandiagnostik" gesprochen, weil Konflikte sich gleichzeitig und stellvertretend äußern, sowohl im Leiblichen, Not ausdrückend, wie im Erleben und Erkennen durch Gefühle und Sprache. Psychosomatisch denkende Therapeuten versuchen, beim Patienten die Einsicht zu entwickeln, daß an seinem Kranksein mehrere Faktoren beteiligt sind, vor allem er selbst. Mitscherlich spricht von "psychosomatischem Simultangeschehen" und von einer "Regression auf die biologische Intelligenz".
(5) Im "Lehrbuch der Psychosomatischen Medizin" führen v. Uexküll und Wesiack eine Theorie der Heilkunde ein, die die Wirkung aus Erlebtem, Situation und Funktion im Zusammenhang sieht.

Diese Theorien erlaube ich mir zu vereinfachen. Bei allen Patienten, deren Symptome zu den genannten Theorien passen, fällt auf, daß Reiz und Reaktion, die eine funktionelle Einheit darstellen, sich unökonomisch verhalten. Die organismische Selbstregelung stimmt nicht mehr, und ganz sicher ist der Atemrhythmus dabei betroffen.

Wir sprechen von "dicker Luft" oder vom "Aufatmen". Wir kennen den Ausdruck: "Mir bleibt die Luft weg", oder wir reden vom "Bei-sich-Sein", wenn wir im rechten Maß offen für uns und den andern sind. Manche Menschen können wir nicht "riechen", und affektiv etwas loswerden bezeichnen wir mit "Dampf ablassen". Diese Formulierungen zeigen an, daß der Mensch eine körperseelische Einheit ist. Er kann sich auf jeder Ebene ausdrücken, er kann Affekte aber auch unterdrücken. Erinnert sei wieder an Magenschmerzen als Folge von "geschlucktem" Ärger, von ungenügender unmittelbarer Reaktion; Reaktion verstanden nicht nur als Abreagieren, sondern als seelisches Verarbeiten und damit auch als eine Veränderung im Stoffwechselgeschehen. Immer geht es ja um vielerlei Einflüsse, auf die sogar das Protoplasma der Zellen reagiert, am sensibelsten aber der Atem.

**Welche Patienten eignen sich für die FE?**

Alle, die sich in ihrem funktionellen Gleichgewicht erheblich stören lassen und darunter leiden. Die eigene Not motiviert den Patienten zur Mitarbeit, ohne die wir keinen Erfolg haben können. Unverträglichkeit oder Abwehr von Medikamenten verstärkt die Motivation. Der Patient, der sich von FE Hilfe verspricht, klagt z. B. über Asthma, Ekzem, Erkältungskrankheiten, Kopfschmerzen, Migräne, Herz-, Kreislauf- und Verdauungsstörungen, Gelenkbeschwerden, Konzentrations-, Schlaf-, Sprech- oder Sprachstörungen. Auch bei Kieferfehlbildungen lassen sich psychosomatische Zusammenhänge nachweisen (Fleischer-Peters, Scholz 1984 und 1985). Bei kieferorthopädischer Behandlung mit begleitender FE erwarten wir in solchen Fällen bessere Ergebnisse.

In der Kindertherapie wird die Mutter oder eine andere Bezugsperson in die FE-Behandlung miteinbezogen. Dadurch soll eine Spannungsverminderung in der Familie erreicht werden.

Der bei Sprechgestörten oder Enuretikern häufig verdrängte Leidensdruck braucht uns nicht zu imponieren. Wenn es glückt, den Patienten für seine leibhafte Befindlichkeit empfänglich zu machen. wird er selbst Verspannungen und unterdrückte Lebendigkeit entdecken.

Die ersten Probestunden zeigen, ob es gelingen wird, die Sprache des Patienten zu finden, seine Neugier auf sich selbst zu wecken. Der Spielraum ist für den Therapeuten groß. Das schreckt diejenigen ab, die nach genauen Vorschriften arbeiten wollen, und lockt die Intuitiven. Das Ziel steht fest: Fehlverhalten auflösen, tiefere Antriebskräfte entbinden, das funktionelle Gleichgewicht wiederfinden.

Weil das Lustmachende, Animalisches in uns Anrührende der Therapie den Patienten in seinem Selbstgefühl stärkt, wird er kritikbereiter für sich und seine Umwelt. Das ist der Vorteil einer Psychotherapie, die die Leibsprache zum Entschlüsseln von Schwierigkeiten und zum Aufdecken von Konflikten benutzt, um damit ein somatopsycho-sozio-dynamisches Gleichgewicht herzustellen.

Den idealen Therapeuten gibt es ebensowenig wie die ideale Mutter oder den idealen Vater. Durch die antiautoritäre Bewegung in unserer Gesellschaft ist die Bereitschaft zur Selbstkritik der Erwachsenen größer geworden, manchesmal auch die Unsicherheit oder die Gleichgültigkeit den Aufgaben der jüngeren Generation gegenüber. Wir werden den Kindern und Jugendlichen nicht gerecht, wenn wir ihnen nicht zur rechten Zeit Hilfen anbieten oder ihnen Grenzen und Verzichte zumuten.

Das Fragen nach humanen Grundwerten muß Antworten finden in alter und neuer, zeitgemäßer Sprache. Martin Buber, Viktor von Weizsäcker und andere gehören immer noch dazu. Sie vertreten beide die Wichtigkeit der einzigartigen Person, die auf den Mitmenschen angewiesen ist und sich ihm mitteilen kann: durch Aus-Druck und Ein-Druck. Mitteilen soll hier im Sinne von Wirken – auch ohne Worte – verstanden werden. Dazu gehört das Wahrnehmen dessen, was sich bewegt, mich bewegt, sich bei mir einprägt.

Wer prägt ein? Es sind eigene Bedürfnisse, die Umwelt, das Zuhause, die Sprache, soziale Verhaltensregeln, Vorbilder, die Vergangenheit, die in die Gegenwart hineinwirkt, die Hoffnung, die in die Zukunft drängt ... Ob die Prägung von außen oder von innen kommt, sie wirkt über die Leiblichkeit.

Nicht nur durch die genetische Ausstattung wird ein Charakter geprägt: Eindrücke bestimmen unser Verhalten, und Gefühle haben eine erlebte Geschichte, die für psychosomatische Zusammenhänge bedeutsam ist. Ein einfaches Beispiel ist die gute, lieblose oder einfühlungsarme Zuwendung, die ein Säugling von seiner – vielleicht überforderten Mutter – erlebt. Die Bewegungs-Reaktionen und wahrgenommenen Empfindungen können sich einprägen und die Grundlage bilden für zwischenmenschliches Vertrauen, Mißtrauen oder sich schützende Zurückhaltung. Diese Zurückhaltung ist immer auch eine Rhythmusstörung, die nur dann wirklich stört, wenn sie sich zu oft wiederholt. Auch für den Ton, das gesprochene Wort, haben Kinder feine Sinne. Am Klang der Stimme der Bezugspersonen zeigen sich liebevolle Zuwendung oder wenig Einfühlungsvermögen. Durch die neuesten pränatalen Forschungen wurde nachgewiesen, wie empfindungsfähig schon ein Fötus ist, bei dem Eigenimpulse und Reaktionen sichtbar werden. Umso deutlicher zeigt sich beim Neugeborenen, wie ausdrucksstark er seine Bedürfnisse melden kann und wie verzweifelt er reagiert, wenn er nicht verstanden wird. Der Mensch ist auf Beziehung mit seinesgleichen angewiesen. Wir merken aber auch, daß diese notwendige Verständigung zwischen Mutter und Kind zum Teil mühsam zu lernen ist und keineswegs instinktsicher bei allen funktioniert. Auch hier erfahren wir, daß wir bei der Gestaltung unserer eigenen Wirklichkeit verantwortlich beteiligt und lernfähig sind.

Wir hoffen, daß wir in Zukunft Wege finden, Müttern und Vätern zu helfen, ihren Spürsinn für sich selbst und ihr Einfühlungsvermögen für ihr Kind zu verfeinern. Damit gelingt eine Sensibilisierung der Sinne, die keineswegs nur den Bereich der Frau angeht. Schon beim Anfassen des Kindes lassen sich Verhaltenshilfen entwickeln, die mit dem eigenen mitteorientierten Selbstentspannen zusammenhängen. Dadurch entstehen – trotz Beziehung – Abstand, Ruhe und Geduld, die auch zur Erziehung gehören. Viktor von Weizsäcker sprach einmal vom Unterschied zwischen Erzieher und Therapeut: Der Erzieher bildet, der Therapeut ermöglicht, der therapeutische Erzieher, Psychagoge oder Psychosomatiker jedoch ermöglicht, daß Entwicklung, die blockiert war, frei wird und "es" im Fließgleichgewicht, veränderungsbereit weitergeht.

Noch ein Beispiel zur Verflechtung von Erleben und Reagieren oder von Wahrnehmen und Nicht-Bewegen:

Ein zweijähriger Junge bekam spontan eine dreitägige Verstopfung, als die Haushaltshilfe ihn grob beschimpfte, weil er sein Höschen wieder einmal schmutzig gemacht hatte. Er war von seiner Mutter solche Reaktionen nicht gewohnt, denn sie wollte die Sauberkeitserziehung, die zur rechten Zeit ein notwendiger Lernprozeß ist, ohne Angst erreichen. Als die Mutter am dritten Tag zu ihm sagte: "Mammi freut sich, auch wenn du ins Höschen machst!", gab er spontan her. Die Angst, er könne die Liebe der wichtigsten Bezugspersonen verlieren, war größer als der Drang, loszuwerden, was ihn bedrängte.

Die erstaunlichen Entdeckungen der modernen Säuglingsforschung (Kaplan, Mahler, Stern u. a.) bestätigen unsere behutsame Beziehungstherapie, die den Eigen-Rhythmus einbezieht. Die präverbalen Eindrücke *und* die gesunden Anteile des Patienten, sein unwillkürlich funktionierendes Lebendig-Sein sind erinnerbar, wenn uns die Mitarbeit "spielend" gelingt. In der FE spielt der Atemrhythmus eine zentrale Rolle für den Zugang zur eigenen Lebendigkeit. Atmen ist eine Grundfunktion, die sowohl bewußter als auch unbewußter Steuerung unterliegt. Das neurovegetative Gleichgewicht wird durch den beruhigenden, sich vertiefenden Rhythmus positiv beeinflußt.

Soziale Verhaltensweisen, Gebräuche und Lebensbedingungen sind in stetiger Veränderung und beeinflussen auch Therapie- und Umgangs-Methoden. Seit 1985 hat sich die Funktionelle Entspannung in der Erwachsenentherapie weiterentwickelt. Das war notwendig, weil sich die psychoanalytischen Therapieansätze sowohl durch tiefen- und sozialpsychologische Theorien und Erfahrungen als auch durch Paar-, Familien- und Körperpsychotherapie erweitert hatten. Die Beratung der Mütter oder Eltern und die Teilnahme an Gruppen ist gewachsen. Die körperbezogene Spieltherapie für Kinder, im Sinne der FE ist leider dadurch etwas in den Hintergrund geraten. Aber die Entwicklung von der psychoanalytischen Trieb- zur Ich- und zur Paar- und Gruppentherapie erweiterte nicht nur, sondern vertiefte auch das Verständnis für die menschliche Subjektivität, die eingebunden und abhängig ist von Umwelt und Mitmenschen.

Von der vorliegenden 2. Auflage der "Funktionellen Entspannung in der Kinderpsychotherapie" erhoffe ich mir vor allem ein Verständnis dieser psychosomatischen Therapie für den Praktiker.

## Literatur

Alexander, F.: Psychosomatische Medizin. Berlin, New York 1971.
Balint, M.: Urformen der Liebe und die Technik der Psychoanalyse. Frankfurt/M.: Fischer 1969.
Biermann, G.: Die psychosoziale Entwicklung des Kindes in unserer Zeit. München, Basel: Ernst Reinhardt 1975.
–: Handbuch der Kinderpsychotherapie. München, Basel: E. Reinhardt.
Buber, M.: Reden über Erziehung. Gerlingen: Lambert Schneider 1964.
Cannon, W. B.: The wisdom of the Body. (o.J.)
Eicke, D.: Der Körper als Partner. München: Kindler 1973.
Elschenbroich, G.: Du machst uns verrückt. Hilfen für unruhige Kinder und ihre Eltern. Freiburg: Herder 1983.
–: Zum Inneren Gleichgewicht finden. Stuttgart: Kreuz Verlag 1990.

–: Im Augenblick sich selbst begegnen. Freiburg: Herder 1985.
Erikson, E. H.: Einsicht und Verantwortung. Stuttgart: Klett 1966.
Fenichel, O.: Aufsätze. Bd. 1 Über respiratorische Introjektion. Olten, Freiburg: 1979.
Fleischer-Peters, A., Scholz, U.: "Orofaziale Dyskinesien aus psychosomatischer Sicht". In: Fortschritte der Kieferorthopädie. Urban und Schwarzenberg: München 1984.
–: "Psychologie und Psychosomatik in der Kieferorthopädie". München, Wien: Hanser 1985.
Freyberger, H.: In: Klinik der Gegenwart. Handbuch der praktischen Medizin. München: Urban und Schwarzenberg 1977.
Fuchs, M.: Funktionelle Entspannung. 5. Aufl. Stuttgart: Hippokrates 1984.
Gadamer, H. G.: Über die Verborgenheit der Gesundheit. Frankfurt/M.: Suhrkamp 1991.
Kaplan, L. J.: Die zweite Geburt. München: Piper 1983.
Klotz-Wiesenhütter, M.: Selbstfindung über den Leib. Stuttgart: Hippokrates 1982.
Lamprecht, Johnen (Hrsg.): Salutogenese. Ein neues Konzept in der Psychosomatik?. Frankfurt/M.: Verlag für Akademische Schriften 1994.
Mahler, M.: Die psychische Geburt des Menschen. Frankfurt/M.: Fischer 1978.
Menninger, K.: Das Leben als Balance. München: Kindler 1974.
Moser, T.: Grammatik der Gefühle. Suhrkamp TB 897 1983.
Pikler, E.: Friedliche Babys – zufriedene Mütter. Freiburg: Herder 1968.
Rosa, K. R., Rosa-Wolff, L.: Psychosomatische Selbstregulation. Stuttgart: Hippokrates 1976.
Richter, H. E.: Patient Familie. Reinbek: Rowohlt 1978.
–: Die Chance des Gewissens. Hamburg: Hoffmann und Campe 1988.
Siebeck, P.: Medizin in Bewegung. Stuttgart: Thieme 1983.
Stern, D.: Tagebuch eines Babys. München: Piper 1991.
Stierlin, H.: Das Tun des Einen ist das Tun des Anderen. Frankfurt/M.: Suhrkamp 1991.
Stolze, H. (Hrsg.): Die Konzentrative Bewegungstherapie. Berlin: Verlag Mensch und Leben 1984. (Die KBT entstand aus den Anregungen der Gymnastik Elsa Gindlers, die sich auch das "Erspüren", das "Sich-selbst-Erfahren" über den Leib zur Aufgabe machte und mit tiefenpsychologischen Therapeuten zusammenarbeitete.)
Strotzka, H.: Fairness, Verantwortung, Fantasie. Wien: Deuticke 1983.
Uexküll, T. v., Wesiack, W.: Lehrbuch der Psychosomatischen Medizin. München, Wien, Baltimore: Urban und Schwarzenberg 1979.
Uexküll, T. v., Fuchs, M., Johnen, R., Müller-Braunschweig, H. (Hrsg.): Subjektive Anatomie. Stuttgart: Schattauer 1994.

Weizsäcker, V. v.: Gesammelte Schriften. Frankfurt/M.: Suhrkamp.
- Bd. 5 Der Arzt und der Kranke.
- Bd. 6 Körpergeschehen und Neurose.
- Bd. 8 Soziale Krankheit und soziale Gesundung.

Wesiack, W.: Vorwort in: Klotz-Wiesenhütter, M.: Selbstfindung über den Leib. Funktionelle Entspannung als tiefenpsychologisch fundiertes Verfahren. Stuttgart: Hippokrates 1982.

Willi, J.: Die Zweierbeziehung. Reinbek: Rowohlt 1975.

–: Ko-Evolution. Reinbek: Rowohlt 1985.

Winnicott, D.W.: Kind, Familie und Umwelt. München, Basel: Ernst Reinhardt 1985.

Wirsching, M., Stierlin, H.: Krankheit und Familie. Stuttgart: Klett 1982.

MARIANNE FUCHS

# Funktionelle Entspannung, eine psychosomatische Therapie für Kinder und Jugendliche

Die Bedeutung übender Verfahren, die eine psychotherapeutische Behandlung unterstützen oder an ihre Stelle treten, hat Heyer (1956) beschrieben. Eine derartige Bewegungs- und Atemtherapie sucht auf leiblichem Wege beim Patienten nach Haltung und Gleichgewicht. Sie will keine körperliche Ertüchtigung im Sinne der Leibeserziehung. Ihr Ziel ist es, Körpergefühl zu wecken, Fehlhaltungen zu verändern. Schwächen anzunehmen, Fähigkeiten kennenzulernen. Das Instrument Leib soll gestimmt werden, damit es lustvoll und frei zur Verfügung steht. Das ist ein pädagogischer Weg, der sich mit Psychotherapie verbinden läßt. Kein Training zwingt zu vorgeschriebenen Übungen. Der Patient selbst entdeckt sich und sammelt Erfahrungen. Solches Üben mit dem Leibe weckt Neugier, Selbstkritik, Selbstgefühl. Der therapeutische Erzieher bestätigt, ermutigt, ermöglicht Entwicklung. Besonders Kinder, auch in kleinen Gruppen, lernen zudem Hinschauen, Hinhören, Sich-Einfühlen, und sie üben dabei die Vorstellungskraft, wenn die Aufgabe in verwandten Bildern gestellt wird, z. B. Sich-Aufrichten "wie ein Baum", Sich-Schwingen-Lassen "wie eine Schaukel". Auch ohne Musik oder Instrumente läßt sich rhythmisches Geschehen im Bewegen und Bewegtwerden entwickeln. Ein Beispiel soll zeigen, wie durch leibhaftes Gelöstwerden seelische Nöte eines 5jährigen verarbeitet wurden:

Thomas, der älteste in einer Geschwisterreihe, war ein aufgeweckter, frühreifer Junge akademischer Eltern. In der Kindergruppe versuchte er das federnde Hüpfen, eine natürliche Form der Lebensfreude, bei der aber der Umgang mit Schwerkraft und Rhythmus gelernt werden muß. Das Kind quälte sich zunächst vergeblich ab, weil es ihm mit Nachdenken und Wollen allein weniger gelang. Erst als es sich schließlich einfühlen und bewegen lassen konnte, war es unbeschreiblich glücklich und wollte kaum aufhören. Am Ende der Stunde ging Thomas auf seine Mutter zu und sagte spontan: "Ich habe die Druckknöpfe bei Plitt genommen." Die erstaunte Mutter erklärte: Seit 14 Tagen dringe sie in den Jungen, er solle ihr die Wahrheit sagen, woher er ein Briefchen Druckknöpfe habe, die nicht ihr gehörten. Es sei nichts aus ihm herauszubringen gewesen. Plitt sei ein Kurzwarengeschäft, in dem er sie "gestohlen" hatte. Der Mut, dies zuzugeben, war ihm vorher unter dem moralischen Druck der Mutter verlorengegangen. Nach dieser Übungsstunde körperlicher Erfahrung war er seelisch befreit und konnte zu seiner Tat stehen.

Leibhaftes Fehlverhalten spielt sich nicht nur im Bereich der Motorik ab. Patienten, die mit psychosomatischen oder funktionellen Beschwerden belastet sind, haben in tieferen Schichten Gleichgewichtsstörungen. Nicht ihre Bewegung, sondern ihr Bewegtsein, ihr Atemrhythmus ist gestört. Das dadurch gestörte Vegetativum kann über die FE Hilfe finden. Die übliche Atemtherapie greift zwar in die bewußte Steuerung der Atmung und Stimmbildung ein, aber derartige Behandlungen unterstützen nicht die Selbstbeteiligung des Patienten, der ja in einen Prozeß der Selbsterkenntnis, der Selbsterfahrung gebracht werden soll.

**Das "therapeutische Anfassen" in verantworteter Beziehung**

In der FE geschieht therapeutisches Anfassen nie am entkleideten Menschen. Der Patient wird aufgefordert, zu spüren, was sich unter der aufgelegten Hand des Therapeuten – etwa am Brustkorb – verändert. Jede Berührung ist Beziehung. Sie muß, wenn sie therapeutisch wirken soll, sorgfältig gelernt und verantwortet werden, um so mehr in einer Therapie, in der der Therapeut dem Patienten so wenig wie möglich, aber so viel wie nötig Hilfe zur Körperwahrnehmung geben soll.

In der Kindertherapie der FE wird meist die Mutter zum "Kotherapeuten", weil ihre verbesserte Beziehung zu sich selbst, die sie durch die FE erfahren hat, auch dem Kind zugute kommt. Therapeutisches Anfassen ist erlernbar und kann zu einem beliebten Abendritual werden, bei dem Mutter und Kind Ruhe und spielerische Zuwendung zu sich selbst erreichen. Die Mutter hat im Selbstversuch geübt, sich in einen fremden Rhythmus einzufühlen, ohne sich dabei selber zu stören, und sie versteht in der nötigen Distanz zu bleiben. Sie nimmt sich entspannend auf ihre Körpermitte zurück, um sich von dort dem oft kürzeren Rhythmus des Kindes anzupassen, ohne es zu bedrängen oder selbst in ein Atemdefizit zu kommen. Dadurch entsteht trotz Nähe keine symbiotische Beziehung.

Die Mutter hat auch erfahren, wieviel Bedrängung oder Unsicherheit über die Hand übertragen werden kann, wenn sie hart, unangepaßt oder ängstlich anfaßt. Man spürt genau, ob die Berührung dem anderen Zeit läßt sowohl für sein Loslassen als auch für die Entfaltung seines eigenen vertieften Rhythmus. Nicht die Macht des Erwachsenen führt, sondern der Atemrhythmus des Kindes wird begleitet und bekommt verbal Hilfe, damit es sich tiefer "lassen" lernt und ruhiger wird. Die im Loslassen sich verändernde Berührung der Hand wird vom Kind um so mehr gespürt, wenn dieses Loslassen durch Töne, Worte oder bildhafte Vorstellungen begleitet wird. Das rhythmische Prinzip von Loslassen und Bekommen wird hörbar und spürbar vom Kind beantwortet und an mehreren Körperstellen, vor allem am Rücken, lustvoll erfahren. Solche dialogische Zuwendung ist wie ein Einwiegen zu verstehen, das nicht einschläfert, sondern das Kind beteiligt am tieferen Spüren seiner selbst. Wir lösen angstbesetzte Anteile und bestätigen positive Erfahrungen aus der intentionalen Phase. Brummen, Schnurren, das "weiche Fell" sind Hilfen, die solche Zuwendung zu sich selbst kontrollierbar machen.

Das von Erikson (1961) beschriebene Urvertrauen, ein Eckstein der gesunden Persönlichkeit, wird ganz sicher auch über dieses animalische Körperempfinden, über den Atemrhythmus positiv oder negativ übertragen. Nicht erst seit dem Harlowschen Affenversuch kennen wir den Stellenwert der Nähe, der Berührung über das "Fell", die Haut für eine Beziehung. Es ist die beruhigende oder anregende Schwingung des Atemrhythmus, die sich – ganz unbewußt – überträgt. Wir wissen heute, daß das Kind in der oralen Phase durch die sich wiederholende, verläßliche Erfahrung der Zuwendung Vertrauen und Frustrationstoleranz gewinnt; es lernt, warten zu können. Die elementare Grundlage für das lebendige Prinzip des Aufnehmens und Abgebens wird schon in der sensiblen, taktilen, in der intentionalen Phase, die auch die respiratorische genannt wird, geschaffen. Der zärtliche Umgang mit dem Säugling ist ein Spiel mit dem Atemrhythmus, stellt eine Beziehung her. Oberflächliches Getue dagegen ergibt beim Kind Abwehr. Wir haben im Atemrhythmus eine feine Kontrolle dafür, ob wir uns zurücknehmen, ohne zu verkrampfen, ob wir Distanz halten. Deshalb geben wir in der Kindertherapie mit FE diese Kunst des therapeutischen Anfassens an die Mütter und Väter weiter.

**Die Bedeutung des Atemrhythmus**

Atmen ist eine Grundfunktion. Einatmend, vor dem ersten Schrei, fängt das Ringen um den eigenen Rhythmus an. Es findet sein Ende ausatmend mit dem letzten Hauch des Sterbenden. Zwerchfell und Lunge entwickeln sich gleichzeitig. Mit der typischen Bauchatmung muß das Kleinkind die Koordination mit der Lungenatmung und das Zusammenspiel der Atemmechanik mühsam erwerben. Erst dadurch wird das Zwerchfell schwingungsfähig. Dabei helfen wesentlich die Stimme, alles Bewegen, vor allem das Aufrichten, das Finden des Gleichgewichts. Obwohl sich das Gehirn und die Organe des Kopfes am intensivsten entwickeln, muß beim Gestaltwandel des Kleinkindes der Bauch-Becken-Raum seine Bedeutung als persönliche Mitte behalten; dann kann sich das Zwerchfell einatmend frei entfalten. In seinem Muskeltonus findet sich die wichtigste mechano-reflektorische Steuerungseinrichtung. Sie reagiert auf viele negative und positive Einflüsse, die den Menschen von innen und außen treffen und Blockaden hinterlassen können.

Wie schon eingangs erwähnt, muß, wenn Verspannungen gelöst werden, behutsam vorgegangen werden, damit nicht neue Unordnung in autonomen Bereichen entsteht. Wir sprechen in der FE von Spielregeln (Fuchs 1984). Es darf nicht lange geübt werden, weniger bringt mehr. Kurzes, im Alltag immer wieder erinnertes Spüren hilft, dort loszulassen, wo zuviel "Ich" war, damit "Es" atmet. Mit diesem "Es" ist das Zwerchfell gemeint, das sich ebenso wie das Vegetativum von der Umwelt oder der eigenen Innenwelt so leicht stören läßt. Solches Blockieren des Zwerchfells bindet Energie an falscher Stelle, stört die Dynamik des eigenen Rhythmus. Ein Circulus vitiosus beginnt, wie etwa beim Asthma. Asthmapatienten haben eine eingeschränkte Zwerchfellatmung: Beim Einatmen ziehen sie sich thoraxwärts nach oben; dadurch verstärken sie Bronchialspasmen. Auch der Nasen-Rachen-Raum wird eingeengt in dem Bedürfnis, Luft zu holen, anstatt Luft hereinzulassen. Fehlspannungen müssen daher entdeckt, Fehlgewöhnungen abgebaut werden. Auch ein Kind kann lernen, Gelenkverspannungen im Schultergürtel, an der Wirbelsäule, im Beckenbereich aufzuspüren, sich mehr Spielraum zu lassen, Öffnungen offen zu erleben.

Für den in sich ruhenden Säugling ist jede Bewegung gleichzeitig gefühlsbesetzt über das sinnliche Wahrnehmen seiner selbst. Wahrnehmungen über Geschmack, Geruch und Haut gehören zu den ersten frühkindlichen Sinneseindrücken. "Die Sinne sind die Wecker der Seele" (Carus 1958). Sie führen nach innen und außen, zu uns selbst und in die Umwelt hinaus. Sie vermitteln die zwischenmenschliche Beziehung. Der kleine Mensch reagiert und agiert stumm oder mit Stimme. Er lebt noch ganzheitlich mit seinem Leib im Alleinsein und Miteinander. Jede Wahrnehmung verbindet sich mit einem charakteristischen Gefühlston und "bebildert unsere Innenwelt" (Dührssen 1965), um von dort oder durch neue Reizeindrücke von außen Impulse zu bekommen. Fehlende Zuwendung, unangepaßte, zu heftige, unsichere oder lieblose Berührung führen zu gestörtem Empfinden, hinterlassen schlechte Erinnerungen und wirken schließlich krankend, krank machend.

Auf all diese Sinneseindrücke antwortet das Atmen. Es schwingt in behaglich ausgewogener Stimmung im eigenen Rhythmus. Damit ist die spezifische Gelassenheit gemeint, die auch das Zwerchfell ausschwingen läßt bis zu seiner von allem Wollen unbeeinflußten Umkehr zum Einatmen. Leibeigene Gefühle und der "Aufforderungscharakter der Umwelt" (Dührssen) regen das Atmen an, regen es auf oder bringen es ins Stocken. Da das Atmen bewußter und unbewußter Steuerung unterliegt, läßt sich damit auch das Gleichgewicht unseres neurovegetativen Systems beeinflussen. Im therapeutischen Fall wird in der FE vor allem der autonome Anteil der Atmung gestärkt. Er kann gestört sein durch eine Erkrankung der Atemwege durch Umwelteinflüsse, durch zu viel Erziehung oder ständige Erwartungshaltung. Stöhnen, tiefe Seufzer oder Gähnen sorgen oft spontan für die Korrektur des Gleichgewichts von Hergeben und Bekommen.

Eine solche entspannende Körperwahrnehmung verbindet sich mit der Ausatemphase und wird in der FE zunächst zeitlich begrenzt eingesetzt. Der entscheidende Unterschied z. B. zum Autogenen Training besteht darin, daß nicht die Konzentration von Gedanken und Vorstellungen geübt wird, sondern das leibliche Loslassen, das spürbare Abgeben des Gewichts. Nicht das Versenken ins Hypnoid soll gelingen, wohl aber eine organismische Selbstregulation, eine spürsinnige, rhythmusgebundene

Sinnlichkeit, ein animalisches Sichwohl-sein-Lassen. Halt, Ruhe, Raum und inwendige Bewegbarkeit werden empfunden. Es ist das eine Regression in die genetisch frühe Phase, die Kindern besonders naheliegt. Animalische Spiele, liegend, hokkend, krabbelnd, werden in der Kindertherapie genutzt. Über die Eigenbeweglichkeit – weniger ausagierend, wenn es auch, wo angebracht, geräuschvoll-aggressiv werden darf – vertieft sich dann der Atemrhythmus. Das findet freilich eine Grenze, wenn frühe intentionale Störungen vorliegen oder die störende Umwelt in keiner Weise umzustellen ist.

Rhythmusorientiertes Entspannen kann im Alltag unauffällig erinnert werden und ist damit für den Jugendlichen eine Hilfe zur Selbsthilfe. Die "Spielregeln" sind gemeinsam mit dem Patienten zu finden. Sie sichern ab, daß in autonomen Bereichen angelegt, aber nicht aufgeregt wird, und sie zeigen auf, wie wenig genügt, um in verborgenen, aber spürbaren Bereichen eine positive Veränderung zu erreichen. Für das, was er empfindet, sucht der Patient die passenden Worte. In ihrer Doppeldeutigkeit sind sie oft auch leiblicher Ausdruck für Seelisches. Im Dialog läßt sich auf diese Weise altersgerecht für psychosomatische Zusammenhänge Verständnis wecken. Hier liegt der natürliche Übergang zum Gespräch: Wo empfinde ich mich? Wie? Warum ist das so? Was kann ich ändern?

Die Grenze zur Psychagogik besteht darin, daß in der Kindertherapie der FE zwar auch spielend vorgegangen wird, das Spielzeug aber immer auch der Leib ist, der mit Lust und Neugier entdeckt wird. Wenn wir z. B. mit einem Auto spielen, werden Geräusche simuliert; wenn wir Watte blasen, wird gespürt, ob der ganze kleine Mensch – also sein lockerer Brustkorb – mitbläst. Die Hand des Therapeuten kann diese ökonomischere Beteiligung erinnern. Auch bei Aggressionsspielen, Ballwerfen oder Stampfen kommen Laute oder Wörter dazu, wobei dann die Innenbeteiligung gelingt. Alles, was zu laut wird, erfährt eine Ablenkung nach unten, zum Boden und zur Mitte. Der Ängstliche wagt so das Hergeben, der Aggressive agiert nicht aus, sondern lernt aus-drucks-voll nach innen und unten Aggression zu kanalisieren. Beide finden "innengeleiteten" Schutz, Abstand, Begrenzung im rhythmusorientierten Loslassen-Dürfen, was außerdem vitalisierend wirkt.

Anschauliche, bildhafte Vorstellungen unterstützen die leiblichen Vorgänge und sollen gemeinsam gefunden werden. Sie müssen in die Vorstellungswelt des Kindes passen und funktionsgerecht-sachlich, nicht "biolyrisch" sein (I. H. Schultz). Aus der Fülle der Möglichkeiten einige Beispiele: Für die bewegliche Wirbelsäule gibt es das Bild der "Schlange", der "Eidechse", der "Schildkröte", der "gegliederten Kette" oder des "aufzubauenden Turms". "Halt" gebende Gestalthilfen, die angstnehmend wirken können, sind das "Haus", der "Innenraum", der "Keller". Der "Fahrstuhl" mit der "automatischen Tür", die "schnurrende Katze" oder das "weiche Fell" sind sehr beliebt. Ein "bellender Hund" hilft, sich abzureagieren, ein "hechelnder" trocknet sein Fell, das rundherum zu spüren ist, bis der "Hund" wieder ruhig wird. Ein asthmatischer Junge übte gern "Winterschlaf" und stellte spürbar auf "Sparflamme", was ihm zum Einschlafen verhalf.

Nicht Stimmungen, wohl aber Empfindungen lassen sich konkret verdeutlichen durch "kleine Reize". Eine ängstlich verspannte Kopfhaltung kann durch Nicken oder Drehen tief innen, statt äußerlich gelöst werden, wenn der Patient gleichzeitig spürt, brummt oder "ja" oder "nein" sagt. Der verengte Mund-Rachen-Raum wird weit erlebt wenn "brüllender Löwe" gespielt wird. Auch wenn Schmatzen und Kauen mit geschlossenem Mund versucht werden, mit Tönen und weiteratmend, und im anderen Fall "abgestellt", den Atemrhythmus blockierend, lassen sich Unterschiede empfinden. Es geht darum, daß das Kind seine Halt gebende Struktur entdeckt und sich leben läßt, ohne fehlgeleitete Energie einzusetzen. Im Wechselspiel von Hergeben und Bekommen, von Entspannen und Gespanntwerden zeigt sich die Einheit von Gegensätzlichem oder Entsprechendem, eine notwendige Gegenseitigkeit. Im Somatischen finden wir solche Erfahrungen in der Grundfunktion des Atmens.

Weil der Atemrhythmus außerdem Bewußtes wie Unbewußtes erreicht, bietet er sich als innere Instanz für das Ich-Es-Gleichgewicht an; Gleichgewicht verstanden nicht als oberflächliche Ausgeglichenheit, sondern als Basis für die Vereinigung widerstrebender Kräfte, als spannungsvolle Harmonie.

Da der Mensch dazu neigt, negative Eindrücke zu vergessen, während entspannende Empfindungen einen wohltätigen Eindruck hinterlassen, kann mit einem "Gedächtnisoptimismus" gerechnet werden, dem lebenerhaltender, biologischer Wert zuzuerkennen ist (Dührssen 1965). Die anfängliche Aufgabe, übend zu erinnern, wird zur Lust und schließlich wieder zur unbewußten Funktion.

**Fallbeispiele**

Ein natürliches Wissen darüber, wie wir die Entwicklung unserer Kinder am besten fördern können, gibt es für uns zivilisierte Menschen um so weniger, je mehr unsere Erfahrungen von Ideologie und Rationalität bestimmt werden. Widersprechende Theorien beeinflussen uns, mehr Freiheiten schaffen neue Konflikte. Mütter verlernen das Einfühlen, das Hinhören, das Entschlüsseln von dem, was das Kind sagen will. Früher erzog man mit Strenge, heute gibt es Unsicherheit, Inkonsequenz, Verwöhnung oder Gleichgültigkeit beim Erwachsenen, was das Kind mit Entwicklungsstörungen oder Krankheit beantwortet. Es ist deshalb wichtig, Methoden der Therapie zu finden, die das psychosoziale Beziehungsgeflecht miteinbeziehen.

(1) Christine ist 4½ Jahre alt und wird wegen Pseudokrupp und spastischer Bronchitis zur FE angemeldet; häufig entwickle sich eine Lungenentzündung. Die erste entstand nach einer Bronchioskopie, weil das Kind 1½jährig eine Erdnuß inhaliert hatte, die aus einem Lungenflügel entfernt werden mußte. Die Mutter wollte nach Möglichkeit Bakterien und Gammaglobulin vermeiden und half lieber mit Ölfleck und Senfwickel. Sie ist eine intelligente, junge Frau, steht voll in einem geliebten Beruf, bemüht sich aber, durch gute Organisation ihrer Aufgabe als Mutter gerecht zu werden.

Die erste Spielstunde mit diesem Kind zeigte, daß es für Mutter und Kind einiges zu lernen gab, daß beide spürfähiger werden konnten, daß das Animalisch-Sein-Dürfen Spaß machte. Die Mutter schaute zunächst nur zu wie Christine mit Stofftieren spielte, das Schweinchen grunzen, den Bär brummen ließ und wie sie schnarchte, als beide schlafen sollten. Die "schnurrende Katze" gab Gelegenheit, das eigene "weiche Fell" zu spüren, was nun aber auch die Mutter lernen sollte; denn um ihr das therapeutische Anfassen einfühlbar zu machen, brauchte sie Selbsterfahrung.

Die Mutter wirkte auf mich ebenso verwöhnend-zärtlich wie hart und verbietend-drohend. Sie gestand mir, daß Christine oft "so garstig" sei, daß sie ihr am Tag vor Weihnachten habe androhen müssen, sie bekomme keine Geschenke. Prompt habe sie in der Nacht darauf krupparttig gehustet. Meldet sie damit ihren Protest durch Bellen oder ihre Angst vor Liebesverlust durch Einengung an? Ist es nicht ein ausdrucksvolles Körpergeschehen, das der Mutter Eindruck machen kann?

Natürlich war das eine ganz unbewußte Reaktion, die von der genetischen Grundlage und der traumatischen Vorgeschichte her gut zu verstehen ist. Das kleine, sanfte, blonde Mädchen hat viel Lebenskraft und versteht es, die Mutter zu "nerven". "Sie ist halt auch ein 'Stier'", berichtet die Mutter; sie muß in dieser Familie ihre Rolle finden, nicht nur bei ihrem geliebten Vater, weil sie noch eine zwei Jahre ältere Schwester hat.

Dieses Gespräch fand erst nach der eigenen Körpererfahrung der Mutter statt und entwickelte sich dann wie von selbst. Nebenbei erzählte sie schließlich, daß Christine noch jede Nacht zu ihr ins Bett käme: "Nach einiger Zeit bringen ich oder mein Mann das Kind wieder in sein Bett zurück." Mein Vorschlag war, das therapeutische Anfassen, dieses Beziehungsspiels, wie sie es verstanden hatte, auch als Gute-Nacht-Ritual zu versuchen, damit das Kind Sicherheit und Geborgenheit in sich finde, was beides dann glaubhaft von der Mutter ausgehe.

Die zweite Therapiestunde fand erst 14 Tage später statt: Christine hatte seit unserer ersten Begegnung nachts durchgeschlafen! Auch eine Erkältung habe keine Lungenentzündung gebracht; die Mutter habe durch therapeutisches Anfassen den Brustkorb locker erhalten. Christine habe gut mitgemacht, auch nach etwas Druck verlangt, wenn die Mutter zu zaghaft gewesen sei. Offensichtlich hatte die Mutter das Einfühlen und Mitgehen gelernt, aber auch die Beteiligung des Kindes berücksichtigt und verstanden, den Vorgang zu beenden, damit das Spiel nicht zur Verwöhnung führte.

Bei beiden hatte sich Entscheidendes geändert. Aus einer ambivalenten Beziehung wurde hier über die funktionell verstandene Entspannung eine leibhaft erlebbare Beruhigung und Vitalisierung. Unsichere Verhaltensweisen ließen sich an einer ursprünglich tief unbewußten Stelle auflösen, weil es der Mutter gelang, sich selbst im Alltag zu stabilisieren. Dadurch wurde sie sicherer im Einfühlen und Entschlüsseln von dem, was ihr das Kind sagen wollte.

Eingefahrene Verhaltensmuster lassen sich auf diesem emotionalen Weg nur durch Erinnern und Wiederholen ändern. Häufige Anfangserfolge dürfen nicht täuschen, die Therapie erstreckt sich oft über viele Monate. Wer sie in der ärztlichen Praxis ausführt, begleitet die Familie in vielerlei Situationen mit dieser Hilfe zur Selbsthilfe.

*In dem folgendem Beispiel konnte die Beziehungsproblematik, die zwischen Kind und Vater bestand, nicht gelöst werden.*

(2) Der Patient war 11 Jahre alt, als er zur FE-Behandlung kam, weil er erheblich stotterte. Er war der Jüngste in einer Familie, die den Rat eines Experten gewissenhaft befolgt hatte, das Stottern seit dem 3. Lebensjahr des Kindes nicht zu beachten. Die qualvolle Spannung, der

sich alle ausgesetzt sahen, erlebte ich mit, als ich zu Besuch in der Familie war.
Da die Mutter bei den FE-Sitzungen meistens dabei war, konnte der Wert der eigenen Selbstentspannung angesprochen werden. Außerdem suchten wir nach kurzen Erinnerungshilfen, wie der Junge, anstatt vergebliche Sprechansätze zu machen, sein Loslassen, sein Sich-Gehen-Lassen schweigend spüren lernen konnte, um damit offen zu werden für ein "gelassenes Umschalten".
Bis heute spricht er nun fließend, aber nur mit seinem kleinen Hund! Die Bearbeitung der Autoritätsproblematik ist noch nicht voll gelungen.
Stottern sehen wir immer auch als eine Beziehungsstörung, die nicht erst dann, wenn Kinder auf die Oberschule kommen, angegangen werden sollte.

(3) Auch bei der Sauberkeitserziehung geht es um ein Körpererleben, das es zu differenzieren gilt. Entspannen macht Lust. Lust, Freude sollte es machen, wenn das Kind – zur rechten Zeit – vom Erwachsenen Hilfe bekommt beim Loslassen und Behalten, beim Umgehen mit Vorgängen, die es beherrschen lernen soll. Sensibilisieren und Sich-Freuen, nicht das Bestrafen ist der Weg der FE.
Beim abendlichen Gute-Nacht-Sagen hat sich folgendes Ritual bei Enuretikern mit leichteren Beziehungsstörungen bewährt: Das Kind legt die Hände auf Brustkorb und Bauch. Beide Hände oder eine Hand der Mutter liegen entspannt darüber. Wo überall läßt sich das "weiche Fell" oder die "schnurrende Katze" empfinden? Das Entkrampfen und Rhythmisieren bewirkt ein spürbares Vertiefen und Erweitern des Bauch-Becken-Raumes. Durch das Lösen im Bereich der Blase wird noch einmal eine Entleerung möglich. Das Sensibilisieren des ehemals tabuierten Körpererlebens zeigt dem Kind, daß es sich trotz des Entspannens auf einen inwendigen "automatischen Verschluß" verlassen kann. Es spürt sein Locker- und Leersein, kuschelt sich wohlig ins Bett, erfährt Vertrauen in Körpervorgänge. "Die sich füllende Blase hat viel Platz": Das wird zu einer glaubhaften Erfahrung. Das differenzierte Spüren für den eigenen Körper verhilft zur Selbständigkeit, die gute und sachlich verstehende Beziehung zwischen Mutter und Kind, die nicht zeitaufwendig sein muß, trägt zur Ablösung bei. Geduld und Freude am Gelingen bleiben für Mutter und Kind hilfreich sowohl im Umgang mit sich selbst als auch im Umgang miteinander.

Die FE ist keine nonverbale Methode. Sie erleichtert Gespräche über Konflikte, die dem Schwächeren Stütze geben oder zur Ablösung führen sollen. Auch beim Jugendlichen, der häufig ohne die Eltern Hilfe sucht, werden Gespräch oder Klage umgelenkt in die Empfindung, mit der der Patient nach Halt, Eigenrhythmus und einem neuen Selbstgefühl sucht. Objektivierbare Begriffe, wie eng oder offen, zurückhaltend oder durchlässig, lässig oder abgeschlafft, sich durchsetzen oder sich hartnäckig behaupten, werden über das unterschiedliche Körpergefühl verstanden, einverleibt.

Mit der FE begleiten wir den Patienten über das animalische zum personalen Selbstverständnis. Er lernt sein Instrument Leib genauer kennen und stimmen, verbessert seine Beziehung auch zu seiner aufrechten menschlichen Haltung, nach innen und außen, nach unten und oben, im labilen indifferenten Gleichgewicht. Das ist das Gegenteil der Aufforderung "Nimm dich zusammen!", "Halt dich gerade!", "Beiß die Zähne zusammen!" Solche Appelle gelingen oft nicht, weil sie eine Atemrhythmusblockade zur Folge haben, die eine negative Einschränkung für das Körpergefühl bedeutet.

Die Sprache der FE benutzt Begriffe, die auch Seelisches ansprechen: "Tragender Grund", "Bodenkontakt", "Rückhalt", den wir stehend, liegend oder sitzend erfahren, "Gewicht", das wir über unsere Gelenke abgeben und empfinden, die Wirbelsäule, die wir als "Ich-Achse" verstehen, als "beweglichen Halt" spüren u. a.

Das begrenzt erfahrene Loslassen ist über das Rhythmusprinzip auch für die Schlaffen, die Kraftarmen ein Gewinn, weil es zu "Halt" "Antrieb", "Entfaltung" und "Abgrenzung" führt. Mit solcher Selbsterfahrung kann das Loslassen gewagt, auch das Hergeben und Alleinsein riskiert werden. "Dynamische Haltung" setzt eine Beziehung zu sich selbst voraus, die gelernt hat, zu warten, auf sich und seine inneren Bedürfnisse zu hören.

(4) Paul gab sich zurückhaltend. Er war 16 Jahre alt und überspielte seine quälende Sprechstörung mit scheinbarer Sicherheit. Er sah gut aus und war intelligent, hatte es aber nötig, sich abzuschirmen einmal vor dem schwierigen, von der Mutter geschiedenen Vater, der um ihn warb, zum andern vor der Mutter und der jüngeren Schwester, zu denen er ambivalent eingestellt war. Mit ihnen lebte er zusammen. Es zeigte sich bei ihm eine flache Atmung ohne Beziehung zum Becken-Bauch-Raum bei starrer Haltung. Beim Suchen nach seinem Fehlverhalten gewann er zunächst an seiner Wirbelsäule die Einsicht, daß Loslassen und Ausatmen und schließlich Ausatmen und Sprechen zusammengehören. Liegend und stumm erlebte er diese Achse innen

# Funktionelle Entspannung, eine psychosomatische Therapie 41

gegliedert und nach unten fließend verbunden. Das konnte er später auch aufrecht erinnern und mit Brummen oder mit Tönen besetzen. Seinem introvertierten Wesen lag diese Spürarbeit, die er aber als etwas Dynamisches, funktionell Natürliches erlebte. Er lernte unterscheiden, was verspanntes Zurückhalten oder gelassenes Abrücken war, oder wie verschieden es sich anfühlte, ob er sich behauptete oder durchsetzte. Die Vorteile des "längeren Atems" lernte er bald schätzen, merkte aber auch, wie oft er ihn selbst abstellte: An den Lippen, den Kiefergelenken, an der Zunge oder am "hinteren Mundloch", wie er den Rachenraum nannte. Er lernte zu spüren, daß Auflassen und Sichgehen-lassen eine dynamische Kraft entbindet, die er zum Sprechen so nötig hatte. Seine bisherige Haltung war überkorrekt gewesen, er hatte sich selbst eingeengt und damit auch sein Atemvolumen.

Als Paul durch kleine Bewegungsreize empfindungsfähiger für sich und seine Gestalt geworden war, fand er spielend die Verbindung zu seiner Mitte. Er gewann "Boden unter den Füßen" und merkte, wie er sich weniger mit Kraft als mit Gleichgewicht durchsetzen konnte. Sitzend, gehend oder stehend half ihm diese neue, lässige Haltung. Er konnte sie leicht wiederholen wenn er sein Brustbein und die Schulterblätter als Gewicht erinnerte. Diese Haltung vertiefte spontan sein Ausatmen.

Seine Mutter, die einige therapeutische Gespräche nötig hatte, verstand nun, daß für Pauls Selbständigkeit eine "lange Leine" notwendig war. Auch er selbst mußte sich diese Freiheit erlauben. Erst als die Phase des "langen Atems" leibhaft, als Druckveränderung abwärts – einwärts spürbar geworden war, wurde sie zum Sprechen benutzt: zunächst Vokale, Zahlen, Wörter dann erst Sätze und freie Einfälle. Abgelenkt vom sinnvollen Sprechen konnte Paul das Fließende des Vorgangs geschehen lassen, mit weniger oder mit mehr Ausdruck. Wichtig wurde für ihn das spürbare Beenden des Loslassens im Bauch-Becken-Raum, warten können, sich und dem andern Zeit lassen. Spielerisch mit Lauten umgehend – später auch mit Sprechen – spürte er sich mittewärts bezogen. "Sag's dir, was du sagst": Damit fand er eine heilsame Distanz zum Gegenüber, das ihm oft Angst gemacht hatte. Diese neue Beziehung zu sich selbst nannte Paul "meine Wurzeln finden", "anwachsen in mir selbst". Es wurde für ihn, der in der Entwicklung zum jungen Mann stand, sehr wichtig, sich seiner Entfaltung angstlos zu stellen.

Die spürbare, rhythmusbezogene Entspannung, die zu Ruhe und Selbstentfaltung führt, verändert die Beziehung zu sich und zur Umwelt. Psychosomatische Störungen können nun von mehreren Ebenen her bearbeitet werden. Die lustvolle Eigenerfahrung erinnert an die Kontaktspiele mit der Mutter, die das Kind einst erfahren hat und die es nun allein auslösen kann.

Diese "Funktionslust", von der auch Biermann (1975) spricht, hat gewiß mit dem rhythmischen Prinzip des Bewegtwerdens zu tun, das ein Kind auch schon vor der Geburt über den Atemrhythmus der Mutter erfährt. Wieviel Verantwortung trägt eine Mutter, und welch große Folgen hat es, wenn sie selber nicht im Gleichgewicht ist. Loslassen und bekommen, geben und nehmen, sich einsetzen und sich zurücknehmen. Bedürfnisse annehmen und verzichten können: Wer, auf seine Mitte bezogen, veränderungsbereit, Spannungen aushalten kann, findet sein Gleichgewicht immer wieder.

**Literatur**

Biermann, G.: Die psychosoziale Entwicklung des Kindes in unserer Zeit. München, Basel: Ernst Reinhardt 1975.
Carus, C. G.: Vorlesungen über Psychologie. Neu aufgelegt, Darmstadt 1958.
Dührssen, A.: Psychogene Erkrankungen bei Kindern und Jugendlichen. Göttingen: Verlag Mediz. Psychologie 1965.
Elschenbroich, G.: Du machst uns verrückt. Hilfen für unruhige Kinder und ihre Eltern, Freiburg: Herderbücherei 1983.
Erikson, E. H.: Kindheit und Gesellschaft. Stuttgart: Klett 1961, 1965.
Fuchs, M.: "Der Weiherschlapp". Asthmabehandlung mit Atem-Entspannungstherapie. In: Biermann, G. (Hrsg.): Handbuch der Kinderpsychotherapie, Bd. I. München, Basel: Ernst Reinhardt 1969.
–: Funktionelle Entspannung. 3. Aufl. Stuttgart. Hippokrates 1984.
Heyer, L.: Bewegungs- und Atemtherapie. In: Handbuch der Neurosenlehre und Psychotherapie. München, Berlin: 1956.

CHRISTINE TACKENBERG
# Aus dem Gestaltkreis Viktor von Weizsäckers
## Theoretische Bemerkungen für die Praxis

Funktionelle Entspannung ist in Gegenstand und Aufgabe sehr eng verwandt mit gängigen Therapien unterschiedlichster Ausrichtung. In der kindertherapeutischen Arbeit und in der Erwachsenenberatung haben es die ärztlichen, pädagogischen und psychologischen Fachkräfte mit einzelnen Menschen zu tun. Diese Aussage erscheint auf den ersten Blick trivial, bestimmt aber wesentlich Praxis und Theorie der therapeutischen Arbeit. In der FE versucht man, diesem persönlichen, subjektiv verstandenen Charakter der Beschäftigung mit Menschen in besonderem Maße gerecht zu werden[1]. Man beschränkt sich auf wenige grundsätzliche Regeln (z. B. die drei Spielregeln der FE, s. Fuchs 1994[2]). Folgerichtig versteht sich die FE auch als eine offene, pluralistische und integrierende Methode.

Wie soll sich nun der Therapeut darstellen, wonach hat er sich bei der als "offen" deklarierten Methode auszurichten? Sicher wird er sich in Theorie und Praxis immer wieder an das besondere Merkmal des Umgangs[1] mit Menschen (im Unterschied zur Erforschung und Behandlung unbelebter Gegenstände) zu erinnern haben. Andererseits ist es gerade für eine Methode, die Therapeut und Patient viel Spielraum gewähren will, notwendig, sich der gemeinsamen Grundlagen ihrer Therapie zu vergewissern und diese zu diskutieren.

Wie ich mit einem Menschen *umgehe*, hängt nun entscheidend davon ab, was ich von ihm halte. Anders ausgedrückt: Die Haltung des Therapeuten seinen Klienten gegenüber wird wesentlich beeinflußt von seinem *Menschenbild*. Dieses wiederum wird geprägt von Erfahrungen im Umgang mit sich selbst und anderen Menschen und von angeeignetem theoretischem Wissen. Nicht zuletzt durch die Ausbildung zum FE-Therapeuten festigen sich Erfahrung und Wissen. Beides ist also mit dem bisherigen Menschenbild des werdenden Therapeuten verknüpft.

„Die Haltung des Therapeuten, der FE lehrt, wird bestimmt vom Menschenbild der medizinischen Anthropologie" (Fuchs 1994, 26). Der Fachausdruck "medizinische Anthropologie" stammt von Viktor von Weizsäcker und vertritt das dialogische Prinzip (M. Buber), das die menschliche Beziehung und die Lebensgeschichte des Patienten in den Heilungsprozeß miteinbezieht. Mit diesem Begriff versuchte V. v. Weizsäcker, seine Vorstellungen vom Menschen und die sich für ihn daraus ergebende Arzt-Patient-Beziehung in die Medizin einzuführen. Dieses Modell, beziehungsweise seine Praxis, kann ebenso auf andere Berufsfelder, z. B. die Pädagogik und Psychologie ausgedehnt werden.

Weizsäcker, wohl einer der bedeutendsten Mitbegründer der Psychosomatik, beschäftigte sich in seinen theoretischen und praktischen Arbeiten mit dem "Gestaltkreis"[3]. Dabei ging es ihm immer wieder um die Frage: Wie läßt sich die Mannigfaltigkeit der Lebensvorgänge beschreiben? Und auf die aktuelle Fragestellung bezogen: Was geschieht im therapeutischen Prozeß – einem personalen Lebensvorgang mit besonderen Merkmalen – zwischen Therapeut und Pathient?* "Gestaltkreis" bezeichnet ein *Denkmodell*, von dem Weizsäcker zudem noch sagt, daß es nicht anschaulich sei; denn der Kreis ist ohnehin nicht als geometrische Figur gedacht, sondern eher als Symbol. Wie jedes methodische Denken hat auch das Gestaltmodell die Aufgabe, zu klären und zu ordnen.

Für Weizsäcker ist sein Modell auch "Anweisung zur Erfahrung des Lebendigen". Dabei beschreibt er nicht Lebensvorgänge oder speziell die therapeutischen Prozesse, vielmehr handelt es sich um Richtlinien. Vom Leser wird darüber hinaus noch als eigene Leistung verlangt, diese Richtlinien in seine subjektive Arbeit einzubeziehen.

Da Weizsäckers Theorie sehr eigenwillig ist, fällt es zunächst schwer, seine Grundgedanken zu verstehen. Hat man jedoch

---

*Ich folge bei dem Terminus "Pathient" einer mündlichen Anregung von M. Fuchs. Dieses Wort erscheint auch mir im Anklang an die Qualität des "Pathischen " von V. v. Weizsäcker geeigneter als der bisherige Versuch, zwischen "Patient" und "Klient" zu unterscheiden. Das "Pathische" meint in Abgrenzung zum "Ontischen" der Erkenntnisphilosophie die alltäglich erfahrbare Wirklichkeit des leidenden und freudigen Menschen. Vgl. hierzu V. v. Weizsäcker: Pathosophie. Gesammelte Schriften; Bd. 10. (noch nicht erschienen).

die Prinzipien des Gestaltkreises begriffen, dann wird man sicher auch die darauf fußende FE-Theorie besser verstehen. Als wichtigste Prinzipien aus der Gestaltkreislehre lassen sich für die Arbeit des FE-Therapeuten erkennen:

>das Kohärenzprinzip
>das Drehtürprinzip,
>das bipersonale Prinzip
>das antilogische Prinzip und
>das Prinzip der Stellvertretung.

Das *Kohärenzprinzip* wendet sich gegen die übliche Vorstellung einer Grenze zwischen Innen- und Umwelt, zwischen Subjekt und Objekt. Weizsäcker kann in seinen physiologischen Untersuchungen (die sich ja klassisch nur mit den inneren Lebensvorgängen der Menschen beschäftigen) nachweisen, daß bereits hier ein Zusammenhang gegeben ist zwischen Mensch und Umwelt. Er spricht von einer komplementären, d. h. sich gegenseitig ergänzenden Struktur der Begegnung Ich/Umwelt. Frei nach Goethe könnte man auch sagen: "Was ich weiß, sehe ich erst." Genauso gut könnte man aber auch sagen: "Was ich wahrnehme, weiß ich erst." Eines beeinflußt das andere, und die Gestaltkreislehre will diesen integrativen Prozeß von Mensch und Umwelt erfassen.

Es gibt auch kein Erkennen (Wissen) ohne *Tun* oder – wie Weizsäcker es in seinen physiologischen Experimenten nachweisen konnte – kein Wahrnehmen ohne Bewegung.[2]

In der FE interessiert das Verhältnis von *innerer* Wahrnehmung – man spricht von *Spüren* – und Selbstbewegung, den "kleinen Bewegungen". Trotz der Verschränkung von Wahrnehmung und Bewegung kann man, wie Weizsäcker dies formuliert, eine "gegenseitige Verborgenheit unserer Existenzen im Gestaltkreis" feststellen. Anders ausgedrückt: Spüren und Bewegen (verschiedene Existenzen) sind nicht gleichermaßen in unserem Bewußtsein vertreten, eines wird immer zugunsten des anderen in den Hintergrund treten, also vorbewußt bleiben. Vergleichbar ist dieser Sachverhalt mit dem Passieren einer Drehtür, man kann dabei entweder das Innere oder das Äußere des Hauses sehen. Deshalb bezeichnet Weizsäcker diesen Vorgang auch als *Drehtürprinzip*. Erschwerend kommt in der FE noch hinzu, daß dem Klienten nicht nur zwei, sondern drei Vollzüge auf einmal abverlangt werden, nämlich Bewegen, dem

Atemrhythmus folgen (vgl. Spielregeln, Fuchs 1994) und Erspüren der wahrnehmbaren Druckveränderungen. Auf das "leibliche Unbewußte" (vegetatives Nervensystem) wirken diese Angebote nur dann, wenn man dem Drehtürprinzip folgt und nicht zuviel von diesen Vollzügen ins Bewußtsein heben will. Erfahrungsgemäß erfordert dies oft einen längeren Lernprozeß. In der Sprache des Weizsäckerschen Modells heißt das: Man kann den Gestaltkreis (der ja die Mannigfaltigkeit der Lebensvorgänge beschreiben will) nicht in seiner Ganzheit besitzen. Immer wieder wird man die Voraussetzungen oder die Wirkungen von Tun, Wahrnehmung oder Bewegung, Atemrhythmus oder leiblicher Befindlichkeit aus dem Auge verlieren. Ein Teil des Gestaltkreises wird immer verborgen bleiben. Man ist darauf angewiesen, darauf zu *vertrauen*, daß das, was vorbewußt und unbewußt ist, auch (mit FE) als ordnende Kraft erinnerbar wird. Ein mündliches Zitat von Weizsäcker macht das Neue des Gestaltkreismodells nochmals deutlich. Marianne Fuchs (1994): "Bei einer Fallbesprechung sagte er zu mir: Wir in der Psychoanalyse haben – mit Freud – gemeint, aus "Es" muß "Ich" werden. Ich glaube, es ist ebenso wichtig, daß aus "Ich" auch wieder "Es" wird (siehe auch S. 18 unten).

Auch die Beziehung Therapeut/Patient hat für Weizsäcker eine gestaltkreishafte Struktur. Um das Besondere im therapeutischen Gestaltkreis Weizsäckers erkennen zu können, sollte man sich zunächst die üblichen Therapeutenhandlungen vergegenwärtigen.

Es lassen sich grob zwei verschiedene Handlungen unterscheiden: ein *didaktisches*, d. h. lehrendes Tun und ein *interpretierendes*, d. h. deutendes Tun. Beim lehrenden Handeln wird der Therapeut überwiegend *monologisch* vorgehen (Beispiele: Informationen über FE Theorie, Beratung von Eltern; Durchführung von Vorträgen, Verfassen von Büchern). Die Initiative geht also immer vom Therapeuten aus, er bestimmt die Vorgehensweise und den Inhalt des Handelns. Befaßt sich der Therapeut gründlicher mit den Möglichkeiten und Klagen seines Patienten, so handelt er einfühlend. Die grundsätzliche Offenheit für den Dialog mit dem andern ist eingeräumt und wird genutzt. Auch hier ist der Therapeut davon überzeugt, daß die heilende Wirkung überwiegend von seinen Vorschlägen ausgeht.

Weizsäcker will mit seinem Gestaltkreis in der Begegnung

Therapeut-Patient darüber hinausgehende Akzente setzen, denen sich auch der FE-Therapeut verpflichtet fühlt. Für Weizsäcker ist der therapeutische Gestaltkreis ein *personaler Gemeinschaftskreis*, in dem der Therapeut weder "Führer, noch Deuter, noch Weiser ..., kein Bewirker, sondern ein Ermöglicher ist"[5]. Er ist aber auch nicht ausschließlich Katalysator, sondern in anderer Weise ein *Beteiligter* in bezug auf den Klienten.

Was bedeutet das für den FE-Therapeuten? Es ist in der FE ein – wie ich es nennen will – pragmatisch verstandener, sokratischer Dialog mit dem Patienten anzustreben, indem Fragen an ihn gestellt und seine verbalen und nonverbalen Angebote aufgenommen werden. Auf Belehrung ist weitgehend zu verzichten, eine voreilige Deutung des leiblichen Geschehens und des Gesprächs ist zu vermeiden. FE-Therapeuten wissen nicht von außen und vorher, was für den Patienten richtig ist, sondern sie entwickeln gemeinsam Veränderungsmöglichkeiten. Der therapeutische Prozeß ist in diesem Sinne ein ständiges Geben und Nehmen, ein Reden und Antworten, Therapeut und Patient stellen sich laufend aufeinander ein. Eine sokratische Vorgehensweise nimmt die Selbstwahrnehmung des Patienten ernst und hilft ihm, diese in Sprache auszudrücken. Gefragt wird mit der Voraussetzung, daß es eine "richtige" Wahrnehmung des Patienten *nicht* gibt, man vielmehr von mehreren Möglichkeiten der Selbstwahrnehmung ausgehen muß.

Im personalen Gemeinschaftskreis stehen den FE-Therapeuten an Dialogmitteln neben dem fragenden Wort (wo? wie? was?) ergänzend die fragende Hand und der fragende Blick zur Verfügung. Dabei fällt der Hand des Therapeuten die Aufgabe zu, den Eigenrhythmus des Klienten zu erspüren, also sein Lassen-Können, seine Spannungszustände oder sein Verhalten im Atemrhythmus. Mit dem fragenden Blick gilt es, den äußeren Körperausdruck und die Motorik des Gegenübers zu erfassen, denn auch solche nonverbalen Signale werden im therapeutischen Dialog vom Therapeuten aufgenommen, um Hilfen für Veränderungen anbieten zu können. Bei der Auslegung der Signale sind Wissen, Geduld und eine ausgiebige Erfahrung notwendig. Auf diese integrierende Kraft der Praxis der Funktionellen Entspannung kann nicht oft genug hingewiesen werden. Die eigene alltägliche Praxis ist für das Verständnis und die Wirkung dieser Kraft unerläßlich.

Entsprechend der Verschränkung Therapeut/Patient im Gestaltkreis ist der FE-Therapeut nicht nur ein Beteiligter an der gemeinsamen Arbeit, sondern auch ein Betroffener. Weizsäcker schreibt über dieses *bipersonale Prinzip:* "Nichts in dieser Sache (dem Heilungsprozeß) geschieht im Kranken, wovon nicht die Resonanz im Arzte und umgekehrt"[6]. Er meint damit, daß ein effektiver Heilungsprozeß in gegenseitiger Resonanz ablaufe. Der Therapeut hat mit der Methode der FE vielfältige – leibliche – Möglichkeiten zur Verfügung, diese Resonanz wahrzunehmen und mit ihr umzugehen.

In Beachtung der gegenseitigen Resonanz – des bipersonalen Prinzips – ergeben sich nun verschiedene Konsequenzen für die Rolle des FE-Therapeuten. Die Arbeit mit seinen Patienten bleibt nicht ohne Einfluß auf sein therapeutisches Wissen und seine Haltung. Da die Therapeuten und Pädagogen in vielen Bereichen vorher nicht wissen, was das Richtige ist, werden sie sich beim gemeinsamen Suchen auch selbst verändern. Wir wissen allerdings auch, daß es viele einseitige Umbildungsversuche gibt. Weizsäcker versucht zu überzeugen, daß solche Technizismen nur unter bestimmten Bedingungen überhaupt wirksam sind. Dies kann gelingen, wenn Arzt oder Pädagoge bedingungslos als Autorität anerkannt werden. Leider wirken in der modernen Gerätemedizin oft die Maschinen als Autorität, wobei die Verantwortung oft abgegeben wird und keine personale Beziehung entsteht. Längerfristig dürfte aber wohl nur ein sokratischer Dialog (weizsäckerisch: das Handeln im Gestaltkreis) wirksam bleiben. Ein FE-Therapeut sollte sich demnach immer wieder dagegen wehren, daß seine Methode als Technik bezeichnet wird.

Die Einmischung, so möchte ich das Weizsäcker-Modell zusammenfassen, ist also beiderseits: Der Patient mischt sich in das Leben des Therapeuten ein, und der wiederum kann nicht vermeiden, sich in das Leben des Patienten einzumischen. Die Bewegung der Veränderung ist nicht einseitig orientiert, sondern doppelseitig und kehrt kreisförmig in sich selbst zurück (Symbol des Kreises). Der Therapeut praktiziert – was die eigene Person angeht – in der FE eine Haltung der Enthaltung, indem er Übertragung und Gegenübertragung zwar beachtet, aber – läßt er sich auf die pathische Qualität des Gestaltkreises wirklich ein – ein engagierter und beteiligter Mitmensch in Beziehung und Distanz bleibt. Ist dieses – vor nun 50 Jahren –

entwickelte Modell ein utopisches Paradigma? Oder wird es in Gegenwart und Zukunft zu bedenken sein?

Dem Leser wird aufgefallen sein, daß meine Aussagen über die Rolle des Therapeuten an manchen Stellen widersprüchlich sind: Der Therapeut beeinflußt den Patienten, er soll aber kein Deuter und Führer sein; oder: Der Therapeut wird vom Patienten verändert, obwohl dieser eigentlich nur gekommen ist, sich selbst zu ändern. Solche Sachverhalte lassen sich verstehen mit Weizsäckers *Prinzip der Antilogik*; denn er sieht den Gestaltkreis als ein Modell, in dem das antilogische Prinzip wirkt. Konkret heißt das, wir erfahren im Leben allgemein – und speziell im therapeutischen Gestaltkreis – den Widerspruch, das Ambivalente. Das Eindeutige, das die Schulbildung vermitteln will, ist konstruiert, vom denkenden (reflektierenden) Menschen gemacht, um sich Orientierung zu schaffen. Da es im therapeutischen Prozeß aber nicht nur um den rationalen Menschen geht, muß sich der Therapeut auf das Gegensätzliche, Individuelle, Paradoxe einlassen. Das ist aber nur möglich unter der Voraussetzung seiner Selbsterfahrung, des Kennenlernens und Umgehens mit seinen eigenen Ambivalenzen. Im Mittelpunkt der therapeutischen Arbeit stehen also nicht "entweder – oder", sondern "sowohl als auch"; denn ein antilogischer Sachverhalt ist "ein solcher, in welchem sowohl eine Aussage wie ihre Verneinung wahr sind"[7].

Und so zeigt sich das antilogische Prinzip: Die praktische Arbeit vollzieht sich in entgegengesetzten Orientierungen, denn auch der Atemrhythmus ist ein polar dynamischer Ablauf. Auch die Haltung des Therapeuten sich selbst gegenüber ist antilogisch, wenn er auf sich und zugleich auf den Patienten bezogen sein soll. Bei dem Gegensätzlichen steht jedoch, wie ich glaube, die Integration und die mögliche Versöhnung der Gegensätze, die Arbeit am Gleichgewicht und, der sinnvolle Umgang mit den Widersprüchen des eigenen Leibes, ja der ganzen Persönlichkeit, im Mittelpunkt jeder FE-Arbeit.

Das Weltbild des FE-Therapeuten kann demnach nur ein offenes und pluralistisches sein. Er läßt sich ein auf Mehrdeutiges, Individuelles und Gegensätzliches. FE wird hier als *kreatives,* nicht als strategisches Spiel verstanden; denn Krankheit sehen wir nicht als Defekt, den es zu reparieren gilt, sondern als einen lebensgeschichtlichen und existentiell pathischen Vorgang im Menschen. Und nicht nur körperliche Beschwerden interessieren, auch die *seelische* Verfassung, die *sozialen* Beziehungen und die *geistigen* Bezüge. Der Therapeut erfährt in der konkreten FE-Arbeit ständig, wie sich ein Konflikt auf verschiedenen Ebenen darstellen kann.

Ein Beispiel: Bei der FE-Arbeit am Schultergürtel einer Mutter von vier Kindern, die wegen Kopfschmerzen kam, wird dieser klar, daß die ganze Last der Verantwortung für die Familie auf ihren Schultern ruht. Sie fühlt sich überfordert, möchte selbst einmal umsorgt und bedient werden. Es wird klar, daß neben den körperlichen Beschwerden noch andere Ebenen mit der Leibarbeit angegangen werden müssen.

Ein weiteres Beispiel: Wenn eine Mutter ihr Kind mit einem somatischen Symptom zur Behandlung bringt, weiß der FE-Therapeut aus Erfahrung, daß er die sozialen Bezüge des Kindes, nämlich seine Familie, miteinbeziehen muß. Denn familientherapeutisch ausgerichtete Untersuchungen an psychosomatisch erkrankten Kindern haben ergeben, daß eine somatische Erkrankung auf der sozialen Ebene entstanden sein kann (Mutter-Kind-Konflikt, Elternkonflikte). Weizsäcker bezeichnet diesen Sachverhalt des Wechselns und gegenseitigen Austauschens verschiedener menschlicher Ebenen (sozial, seelisch, geistig, körperlich) als *Stellvertretungsprinzip*. Für die therapeutische Arbeit wird daraus die *biographische Methode* abgeleitet (Anhören der ausführlichen Krankengeschichte).

Wie sehr das Menschenbild der FE, ihre Theorie und ihre Methode, mit dem Weizsäckerschen Gedankengut verflochten sind, dürfte nun offensichtlich sein. Allerdings verlangt das Verständnis des Gestaltkreises einige Anstrengungen, da das Modell einer noch ungewohnten – antilogischen – Denkweise folgt[8]. Es ist unvermeidlich, daß die Bemühung um Sprache und theoretische Klarheit einen Sachverhalt kompliziert, der sich in der Praxis als viel einfacher darstellt. In der konkreten FE-Arbeit helfen in vielen Fällen bereits einfache Angebote dem leidenden Menschen, besser mit sich selbst und seinen Konflikten umzugehen.

Abschließend sei noch auf die Situation hingewiesen, in der sich Leser und Verfasserin dieser Darstellung befinden:

Ein Artikel ist stets ein Zugeständnis an publizistische Konventionen, so daß man sich damit außerhalb eines personalen Gestaltkreises befindet. Hier liegen wohl auch die Grenzen dieser (und jeglicher) theoretischer Ausführungen. Auch Viktor v.

Weizsäcker war der Ansicht, daß sich ein Gestaltkreis nur unzulänglich theoretisch darstellen läßt und man sein Wirken erst dann ganz begreift, wenn man ihn praktiziert.

**Anmerkungen**

[1] Nach vielen Jahren systemtheoretischen Denkens und Handelns rückt der einzelne Mensch wieder in den Blickpunkt der Therapie. Helm Stierlin beschreibt den Wandel in der Familientherapie in anschaulicher Form und stellt die Frage nach dem Individuum wieder neu. FE entfaltet schon immer als Methode in der Einzelarbeit erst seine ganze Kraft und Wirkung, ohne dabei das vielseitige "Netz" menschlicher Beziehungen und Bezüge zu vernachlässigen (vgl. hierzu H. Stierlin: Ich und die anderen. Psychotherapie in einer sich wandelnden Gesellschaft. Stuttgart: Klett-Cotta 1994.)

[2] M. Fuchs: Funktionelle Entspannung. 5. Auflage. Stuttgart: Hippokrates Verlag 1994, 42 f.

[3] vgl. zur Originalliteratur von V. v. Weizsäcker die neu herausgegebenen Gesammelten Schriften. "Der Gestaltkreis". Gesammelte Schriften (GS) Bd. 4. Herausgegeben von P. Achilles u. a. Frankfurt/M.: Suhrkamp 1996.

[4] V. v. Weizsäcker: Der Gestaltkreis. Suhrkamp TB 1973, 33 f. und Gesammelte Schriften, Bd. 4.

[5] V. v. Weizsäcker: Zwischen Medizin und Philosophie. In: Gesammelte Schriften; Bd. 5. Frankfurt/M.: Suhrkamp 1986, 192. Weizsäcker bezieht sich in diesem Vortrag vor der Kantgesellschaft auf ein Paracelsuszitat: "Nicht der Arzt heilt, sondern die organische Natur ..."

[6] V. v. Weizsäcker: Gesammelte Schriften; Bd. 5, 192 f.

[7] Zum Prinzip der "Antilogik" vgl. V. v. Weizsäcker: Anonyma 1946. Gesammelte Schriften; Bd. 7, S. 13 und v. Weizsäcker: Der Gestaltkreis. Gesammelte Schriften; Bd. 4.

[8] Einen guten Einblick in Viktor von Weizsäckers Denk- und Lebensweise gibt sein Neffe C. F. v. Weizsäcker: Zeit und Wissen. München: Carl Hanser 1992, 922–946.
Zitat C. F. v. Weizsäcker: "Denn wir werden in unserer eigenen Zukunft genau das nötig haben, woran Viktor v. Weizsäcker ein Leben lang gearbeitet hat. (1992, S. 922)

BARBARA EBERSPÄCHER

# Die Entwicklungsphasen des Kindes und spezielle Schwerpunkte der FE-Arbeit

Mit der Funktionellen Entspannung haben wir eine Methode, die einen Weg zeigt, sich bewußt dem Eigenrhythmus anzuvertrauen und sich den autonomen Kräften und Antrieben zuzuwenden. Menschen, die zu uns kommen, leiden unter Störungen, die letztlich der Ausdruck dieses gestörten Eigenrhythmus sind. Im Verlauf der Therapie suchen wir auf leiblichem Weg die Hemmungen und Zurückhaltungen zu lösen und Sicherheiten erlebbar werden zu lassen, so daß ein Sich-Trauen und -Anvertrauen wieder möglich wird. Innere Konflikte, die durch Unsicherheiten, Verbote oder Gebote entstanden sind, können durch Handlungen und verbal ausgedrückt werden, sie können sich lösen und damit wieder dem Fluß der eigenen Kräfte Raum lassen, sie stärken das Selbst-Sein.

Wir gehen in der Therapie vom jeweiligen Stand des Patienten aus und bieten Möglichkeiten an, um nicht gemachte, blockierte oder in der Entwicklung fehlende Erfahrungen nachzuholen. Da dies in der FE vor allem über das leibliche Erleben geschieht, gelangen wir in sehr frühe – teils präverbale – Phasen der kindlichen Entwicklung, in denen das leibliche Erleben zentral ist. Dabei ist FE vorrangig kein aufdeckendes Verfahren. Indem andere, neue Erfahrungen gemacht werden, können durch "Aha"-Erlebnisse rückwirkend Unterschiede deutlich werden. Das Neue, Andere kann alte und neue Bilder wachrufen, die dann bewußt integriert werden können. Ein Patient kann zum Beispiel staunend das Getragen-Sein vom Boden (im weitesten Sinne symbolisch auch als "Mutter Erde" zu verstehen) erleben, nachdem er sein Sich-(Fest)-Halten gelöst hat. Dabei darf eine mögliche Unsicherheit in der Mutter-Kind-Beziehung aus frühen Jahren unbewußt bleiben. Es geht darum, jetzt die neue Erfahrung erinnernd in sein Leben zu integrieren. Damit verlieren alte Spuren der Unsicherheit an Bedeutung; das Erlebnis von Sicherheit und Sich-tragen-lassen-Können knüpft an primäre positive Erfahrungen an und verstärkt sie. Zur Orientierung für uns, als Begleiter auf diesem Weg, möchte ich die Entwicklung des Kindes aufzeigen mit speziellen Hinweisen für die FE-Arbeit. Ich stütze mich dabei vor allem auf die Darstellungen von:

- M. Mahler: Die psychische Geburt des Kindes
- E. H. Erikson: Kindheit und Gesellschaft
- D. W. Winnicott: Vom Spiel zur Kreativität
- F. Riemann: Grundformen der Angst
- J. Bopp: Jugend
- Ehlhard: Einführung in die Tiefenpsychologie

Margret Mahler hat besonders die ersten drei Lebensjahre des Kindes beobachtet. Sie bezeichnet die ersten vier Wochen nach der Geburt als *absoluten primären Narzißmus* oder als *normalen Autismus*. Diese Phase dient der Erlangung des "Homöostatischen Gleichgewichts" des Organismus in der neuen Umgebung mittels somatopsychischer physiologischer Mechanismen. Das gesunde Neugeborene ist mit den Reflexen des Wühlens, Suchens, Saugens, Greifens und Anklammerns ausgerüstet.

In dieser ersten Zeit werden Reize, die die hohe Reizschwelle dieser Phase überschreiten, global bzw. diffus bzw. synergistisch beantwortet; eine Reaktionsweise, die dem fötalen Leben entspricht. Das Neugeborene reagiert positiv auf Reize, die dem intrauterinen Zustand entsprechen, wie zum Beispiel eingebettet, gehalten, gewiegt und geschüttelt zu werden und elastischen Widerstand zu spüren. Alle anderen Reize werden erst einmal als störend, das heißt als negativ erlebt und mit Spannung abgewehrt, was durch Schreien und Strampeln ausgedrückt wird.

Das Baby lebt in einem "sozialen Uterus" (Portmann) und wie es in diesem sozialen Feld aufgenommen, gehalten und gewiegt wird, erfährt es über die Hände, die Stimme und die Stimmung der Personen dieses sozialen Umfeldes. Haltung und Einstellung, im Weizsäcker'schen Sinne auf alle Ebenen bezogen – leiblich, sozial, emotional und geistig –, haben in dieser Anfangszeit entscheidende Wirkung auf den Säugling. Ein Beispiel:

Eine Mutter kam mit ihrem ca. 5 Wochen alten Säugling, der seit drei Tagen an Verstopfung litt und wegen Verdacht auf Darmverschluß ins Krankenhaus sollte. Der Therapeut hatte das Kind in der Hand und achtete auf seine Beziehung zur Unterlage und auf seine Durchlässigkeit und Flexibilität in der Wirbelsäule. Er löste mit den Händen die Verspannung des Babys an dessen Wirbelsäule vor allem im Lendenbereich. Wie die Mutter dann berichtete, löste sich eine halbe Stunde danach der Darminhalt in reichlichem Maße. Die Mutter kam zu weiteren Stunden. Es zeigten sich bei ihr Verspannungen im Schultergürtelbereich und der Wirbelsäule. Es war ihr erstes Kind und sie war unsicher und zurückhaltend bei der Handhabung des Kindes. Sie lernte schnell, über Erspüren ihres Eigengewichtes und durch Sich-Hinlassen zum Boden wieder Sicherheit zu erfahren, auch im Umgang mit dem Säugling. Weitere Themen in der Beziehung zu sich und zum Kind waren der flexible Rückenhalt, das oben und unten Offen-Sein, der Spielraum in den Schultergelenken und am Schulterblatt und ihr Rhythmus als Symbol des Austausches, des Gebens und Nehmens. Das Kind gedieh ohne weitere Störungen.

Vom zweiten Monat an beginnt mit dem verschwommenen Gewahrwerden des bedürfnisbefriedigenden Objektes die Phase der *normalen Symbiose*. Im Unterschied zum biologischen Symbiosekonzept, das von zwei getrennten Individuen verschiedener Spezies ausgeht, die zum beiderseitigen Nutzen zusammenleben, verstehen wir hier einen intrapsychischen Zustand, in dem zwischen dem eigenen Selbst und den anderen nicht unterschieden wird. Dabei braucht das Kind die Mutter absolut, während umgekehrt das Bedürfnis nur relativ ist. In der Symbiose spielt das Kontakt-Wahrnehmungs-Erleben des ganzen Körpers, besonders der Tiefensensibilität, eine große Rolle. Das menschliche Antlitz in Bewegung ist dabei der erste "Wahrnehmungsgegenstand", der das sogenannte "soziale Lächeln" hervorruft. Innerhalb der Mutter-Kind-Beziehung spielt die adäquate libidinöse Besetzung des Körpers durch liebevolle Fürsorge eine entscheidende Rolle bei der Entwicklung des Körperschemas. Dabei ist die Verschiebung der vorwiegend körperinnenorientierten (proprioceptiv-enteroceptiven) Besetzung auf die umweltorientierte (sensoriperceptive) Besetzung der Peripherie des Körpers ein wichtiger Schritt.

Die inneren Empfindungen des Säuglings bilden den Kern des "Selbst„. Sie scheinen der Kristallisationspunkt des Selbstgefühls zu bleiben, um das herum sich das Identitätsgefühl formt. Mit Identität ist die früheste Wahrnehmung eines Daseinsgefühls gemeint; es ist das Gefühl, "daß ich bin" und ist der erste Schritt auf dem Weg zur Entfaltung der Individualität, der Entdeckung "wer ich bin". Diese Besetzungsverschiebung stellt eine wesentliche Vorbereitung für die Bildung des Körper-Ichs dar. Das Körper-Ich umfaßt zwei Arten von Repräsentanzen, die im rudimentären Ich enthalten sind und zwischen innerer und äußerer Wahrnehmung vermitteln.

Bei der Versorgung des Kindes innerhalb der engen Mutter-Kind-Beziehung geschieht also die erste libidinöse Besetzung, wobei der Körper des Kindes zum Objekt seines *sekundären Narzißmus* wird, der die Identifizierung mit äußeren Objekten ermöglicht. Diese ersten Beziehungserfahrungen bilden den Urgrund, auf dem sich alle späteren Beziehungen entwickeln.

Nach Freud'scher Terminologie wird diese Zeit von 0–4 Monaten als *frühe orale, sensorisch intentionale Phase* bezeichnet. Störungen dieser hauptsächlich versorgenden Phase können zu einer *schizoiden Charakterstruktur* führen. Riemann nennt Veranlagungen, die diese Charakterstruktur begünstigen: eine feine Sensibilität und ein zu offenes, "hautloses" System, das zum Beispiel leicht durch Überlastung der Sinnesorgane, Einschränkung der Bewegungsfreiheit und Einsamkeit sowie Überfremdung des Eigen-Seins durch zuviel überrennende Nähe und Eingriffe anderer zu Unlust und Angst führt. Unlust und Angst finden ihren Ausdruck in Aggression und Abwehrversuchen in Form von ohnmächtiger Wut, Schreien, später Strampeln und Um-sich-Schlagen. Wenn die Suche nach adäquatem Kontakt und/oder die Abwehr störender Einflüsse ohne Erfolg bleibt, zieht sich die beginnende Außenorientierung wieder auf das Körperinnere zurück.

Mütter, die in ihrer Einstellung nur beim Kind sind, sich in das Kind "hineinversetzen" und aus Fürsorge und Hilfreichsein-Wollen das Bei-sich-Sein vergessen, sind eine Gefahr für die Entwicklung des Selbst-Seins des Kindes. Es erlebt die "überschwappende" Energie genauso wie ablehnende oder aggressive Behandlung als Eingriff, dem es ausgeliefert ist. Da dieses frühe, unbewußte Erleben die Grundlage für alle weiteren Beziehungen ist, kann es geschehen, daß später jede Form von Nähe als bedrohlich erlebt wird, oder auch, daß Wahnvorstellungen wie "jemand macht in mir etwas" hierin ihren Ursprung haben.

Ziel der FE-Arbeit mit Müttern ist, daß sie lernen, sich zu spüren, bei sich zu sein, sich innerlich bewegt zu erfahren, besonders dann, wenn sie mit dem Kind umgehen. Wie wirksam dies sein kann, zeigte sich bei einem Säugling, als er von jemandem gehalten wurde, der ängstlich darauf bedacht war, es ja recht zu machen und dabei die Schultern hochgezogen hatte. Das Kind schrie los. Als die Person dann den Boden unter sich spürte, sich an den Schultern und Schulterblättern mit kleinen Bewegungen löste und sich innerlich "Platz ließ', war das Kind sofort still. Ein weiteres Beispiel:

Eine Mutter berichtete in einem Gespräch, daß ihr Säugling ständig Ekzeme im Genital- und Analbereich hätte, nichts würde helfen. Ihre eigene Einstellung zu diesen Bereichen kam zur Sprache und ins Gespür. Wie bin ich dort? Wie verändert sich mein Erleben mit entsprechenden FE-Angeboten? Die Mutter hatte diese Bereiche neu entdeckt und gelernt, sich ihnen gelassen zuzuwenden. Die Ekzeme verschwanden.

Kommen Erwachsene mit so früh angesiedelten Störungen, so ist es wichtig, daß sie ihre Grenzen z.B. die Haut an der Unterlage oder unter der Hand, in der rhythmusbedingten Veränderung (=Austausch) erleben. Entdeckende Bewegungen sind in ihrer Nachwirkung besonders wichtig dort zu spüren, wo entwicklungsphasengemäß das Körperliche libidinös besetzt ist: im Mundbereich, an Händen, Füßen und allgemein der Haut.

In der FE haben wir das therapeutische Halten, um an dieser Stelle neue Erfahrungen zu ermöglichen. Sich hinlassen zur Hand, die da ist und hält, sich unter der Hand spüren, der Druckveränderung nach innen und außen gewahrwerden, all das bietet eine Möglichkeit, diesen "Kern des Selbst" wieder zu er-innern. Gleichzeitig wird auch durch die Reize an der Wirbelsäule und den Gelenken, also mehr zur Peripherie und der Struktur des Körpers hin, das Identitätsgefühl ent-deckt. Wichtig ist zudem, die Haut als Grenze und Schutz zu erfahren.

Rhythmusbezogen ist hierbei das *Aus*, das lösungs-, zentrums- und Selbstorientiert ist und das *Ein*, das Spannkraft-, Struktur-, Peripherie-, Umwelt- und Identitätsorientert ist. Durch das Gewahrwerden der Unterstützung, des Gehalten-Werdens vom Boden und durch das Sich-Überlassen-Können ohne Angst vor Entgrenzung oder Verschlungen-Werden einerseits, und durch das Erlebnis, sich stattdessen bewegt zu erfahren und sich durch den eigenen Rhythmus bewegen zu lassen andererseits, wird Urvertrauen (wieder) angesprochen. Es kann jetzt bewußt erlebt und wieder-er-innert werden. Dies ist ein weiter Weg mit vielen Ängsten und Abwehr.

Auf diese symbiotische Phase folgt die *spät orale* oder *oral-aggressive Phase* (5–12 Monate). Mahler nennt diese Zeit *Loslösungs- und Individuationsphase*, ein Prozeß, in dem das Gewahrwerden der Trennung zwischen dem eigenen Selbst und dem Anderen ständig zunimmt. Die erste Subphase dieses Prozesses nennt sie *Differenzierung*. Das Baby, das sich bisher vor allem angeschmiegt hat, fängt an, sich vom Körper der Mutter abzustemmen und wieder anzuschmiegen. Alles Greifbare der Mutter wie Gesicht, Haare usw. wird jetzt untersucht, abgetastet und verglichen. Dabei scheint sich die Fähigkeit zur Unterscheidung von Objekten rascher zu entwickeln als die Fähigkeit zur Unterscheidung von Selbst und Objekt. Die körperliche Berührung ist für den Prozeß der Abgrenzung sowie für die libidinöse Besetzung des kindlichen Körpers von großer Bedeutung. Wie diese Berührung geschieht, ob zupackend, ärgerlich, gespannt, ängstlich, zurückhaltend, eingreifend, usw., hat eine tiefe Wirkung auf das *Wie* des Selbst- und Identitätsgefühls.

Eine Mutter kam mit ihrer 5jährigen Tochter, die mit 9 Monaten den ersten Asthmaanfall hatte. Auffallend bei der Begrüßung war, daß die Mutter viel wohlmeinende Energie "rüberbrachte", die mich aber einen Schritt zurückgehen ließ. Im Verlauf der Therapie mit Mutter und Kind lernte die Mutter bei sich und im Kontakt zu sein, eigenen Impulsen gemäßen Ausdruck zu geben. Durch diese Nachentwicklung der eigenen lebensfördernden Impulse konnte sie der Tocher Spielraum geben und Grenzen setzen. Jetzt nutzte das Kind die Möglichkeit, seinen eigenen Impulse wie Trotz, Schimpfen, Verweigerung, Schmusen usw. nachzuholen. Bald konnte das Cortison abgesetzt werden, da auch die Mutter mit ihren Ängsten umgehen konnte. Einfachere medizinische Hausmittel halfen bei sonst gefürchteten Erkältungen.

Erikson faßt die frühe und späte orale Phase zusammen in der *oral-sensorischen Phase* mit dem Kernkonflikt Urvertrauen gegenüber Mißtrauen. Bei aller liebevollen Fürsorge gibt es auch in der positiv verlaufenden Entwicklung zentral frustrierende Situationen für den Säugling, die ihn der Umwelt gegenüber auch mißtrauisch werden lassen. Überwiegen die positiven Erlebnisse, so bleibt das Urvertrauen stärker als das Mißtrauen. Dann kann sich das Urvertrauen mit der Zeit in ein positives Selbstvertrauen verwandeln. Frau Piers übersetzt dies etwa so: aus "du wirst mir schon helfen, mich trösten" wird dann "ich werde mir schon zu helfen wissen".

Mit zunehmenden motorischen Möglichkeiten wie Krabbeln oder Kriechen überschneidet sich die *Differenzierungsphase* mit der *frühen Übungsphase*. Erst mit der freien aufrechten Fortbewegung beginnt die eigentliche Übungsphase (12–15 Monate). Das Kleinkind investiert dabei viel Libido, das heißt, viel Energie, in seine autonomen Funktionen und die Besetzung seiner belebten und nichtbelebten Umwelt. Dies ist die "psychische Geburt" des Kindes, das "Ausschlüpfen" aus dem "sozialen Uterus'. Das Kind scheint von seinen eigenen Fähigkeiten und der Größe seiner Welt wie berauscht. Der *sekundäre Narzißmus* ist auf seinem Höhepunkt. Wichtige Auslöser für das Sicherheitsgefühl des Kindes scheinen Hoffnung und Vertrauen zu sein, die von der Mutter ausgehen, wenn sie glaubt, daß ihr Kind nun im Stande ist, "es da draußen zu schaffen".

Während der Übungsphase steht die Frustrationstoleranz für Ablehnendes, wie zum Beispiel Nicht-Beachtung durch die anwesende Mutter, im Vordergrund. Doch mit 18 Monaten, wenn die wachsende Erkenntnisfähigkeit und die zunehmende Differenzierung seines Gefühlslebens fortschreiten, wird ihm sein Getrennt-Sein auch deutlich bewußt. Das Kind zeigt gesteigerte Trennungsangst. Es beobachtet genau, wo die Mutter ist, und geht oft wieder zu ihr, um ihr Dinge und Fähigkeiten zu zeigen, sie Anteil nehmen zu lassen. In dieser *Wiederannäherungsphase* (der 3. Subphase um den 15. Monat) ist eine optimale emotionale Verfügbarkeit der Mutter von großer Bedeutung. Unvereinbarkeiten und Mißverständnisse sind in dieser Zeit jedoch kaum zu vermeiden – das Kind drängt einerseits nach Unabhängigkeit, andererseits möchte es, daß die Mutter an jedem Aspekt seines Lebens Anteil nimmt. Manche Mütter können diese Anspruchshaltung des Kindes nur schwer akzeptieren – anderen fällt es schwer, das Loslösen des Kindes hinzunehmen. Die Wiederannäherungskrise (vom 18. bis 24. Monat oder mehr) ist ein Kampf mit dem Liebesobjekt, wobei die Auseinandersetzungsmethoden sehr verschieden sein können. Es ist notwendig, auf symbiotische Allmacht zu verzichten. Der Glaube an die Allmacht der Mutter ist erschüttert. Es besteht die Angst, die Liebe der Mutter zu verlieren, wenn man eigenwillig handelt.

In dieser Periode entdeckt das Kind die anatomischen Geschlechtsunterschiede, was darüberhinaus die Entdeckung der Wahrnehmung des eigenen Körpers und seiner Beziehung zum

Körper anderer Menschen schärft. Es erlebt seinen eigenen Körper mehr als persönliches Eigentum und will nicht, daß damit "hantiert" wird. Es ist ja auch mitten in der *analen Phase*, wo körperliche Vorgänge und die Macht darüber erlebt werden. Dazu gehört natürlich auch, einen Penis zu haben, die Möglichkeit, einen Busen zu bekommen oder Kinder bekommen zu können. Diese Inhalte werden mit den charakteristischen Merkmalen der analen Phase, Habsucht, Eifersucht und Neid erlebt und agiert.

Die Wiederannäherungsphase mit ihren Entwicklungsaufgaben ist ungeheuer bedeutsam. Orale, anale und frühe genitale Zwänge und Konflikte treffen zusammen und häufen sich an diesem wichtigen Scheideweg der Persönlichkeitsentwicklung. Die sich entfaltenden Individuationsmerkmale, die dazu beitragen, daß Kinder ohne die körperliche Nähe der Mutter existieren können, sind:

1. Sprache, das heißt, das Benennen von Objekten und das Äußern von Wünschen mit bestimmten Wörtern. Die Anfänge des Ich-Sagens.
2. Der Verinnerlichungsprozeß, der sich sowohl aus Identifizierung mit der guten Mutter und dem guten Vater, als auch aus der Verinnerlichung von Vorschriften (Überich-Anfänge) ableiten läßt.
3. Die gesteigerte Fähigkeit, Wünsche und Phantasien durch symbolisches Spiel erlebbar werden zu lassen.

Riemann ordnet dieser Phase der Loslösung und Individuation (5. Monat bis ca. 2 Jahre) vor allem die Angst vor Verlust des Liebesobjektes zu; bei Störungen entwickelt sich die *depressive Persönlichkeitsstruktur*. Genauer gesagt, müßte man die depressive Persönlichkeitsstruktur in Störungen während der Differenzierungsphase suchen, in der noch die Trennungsangst vorherrscht; das Kind lebt noch in der Welt, in der die Mutter allmächtig, allgültig und bedingungslos gebend ist.

Das Kind wird also versuchen, sich anzupassen an die Wünsche und Erwartungen des Liebesobjektes. Dies kann geschehen durch die Aufgaben eigener Wünsche und des Eigen-Seins, womit das Kind sich auch der gefürchteten Individuation entzieht. Die Folge ist eine Ich-Schwäche. Unerwünschte Affekte wie Neid, Haß, ohnmächtige Wut oder Kränkungen werden unterdrückt; die vielen Versagenserlebnisse erzeugen Minderwertigkeitsgefühle; durch nicht gewagte Aggression, Nicht-Zugreifen, Nicht-Fordern-Können entwickelt sich ein geringes Selbstwertgefühl. Aus dem Konflikt, der entsteht aus dem Sich-Trauen zu agieren und reagieren wie es den Eindrücken spontan entsprechen würde, können körperliche Störungen, vor allem des Aufnahmetraktes entstehen, so zum Beispiel Affektionen des Schlundes, der Rachenmandeln, der Speiseröhre, des Magens sowie Fett- und Magersucht, Süchte als Ersatzbefriedigung, Weltflucht oder Gedächtnisschwäche im Sinne der Schwierigkeit, sich etwas anzueignen. Hier sind sicher auch Grundlagen des späteren Stotterns zu finden.

Gerade in dieser Phase der Differenzierung und Übung zur Zeit der "psychischen Geburt" des Kindes hat die FE ihr ganz spezifisches Wirkungsfeld. Im geschützten Rahmen, unter Begleitung und ständiger Verfügbarkeit des Therapeuten der selbst "bei sich ist", kann der Patient sich in seinen körperlichen "Spielräumen" entdecken: an den Gelenken, an seiner Körperstruktur, die Halt gibt und zugleich Beweglichkeit, bezogen auf innen und außen, oben und unten. Haut und Öffnungen werden erfahren im Aufnehmen und Abgeben, im Zupacken und Loslassen, im Sich-Abgrenzen und Bezogen-Sein. Das Erarbeiten der Öffnungen, das Erleben der eigenen Räume und der Haut, die Erfahrung, Schutz und Behaglichkeit bei sich zu finden, mit sich zu sein, zu bekommen, anzukommen sowie ein Gefühl für Rhythmus, Umschwung und Wiederkehr sind zentrale Elemente der Funktionellen Entspannung. Es gilt, die E-motionen, die inneren Gefühlsregungen zu wagen, den spontanen Impulsen Raum zu geben, nachzuspüren und eine Sprache zu finden für die vielen Erfahrungen. Nicht gewagte Aggressionen, die sich nicht äußern durften sind nachzuholen und ein angemessener verantworteter Umgang damit zu finden. So kann ein "Ja" gefunden werden zu dem Eigen-Sein und dem In-der-Welt-Sein, leiblich, emotional, sozial und geistig.

Die vierte Subphase, die grob gesprochen das dritte Lebensjahr betrifft, und nach oben offen ist, ist die der *Konsolidierung der Individualität* und die der Anfänge der *emotionalen Objektkonstanz*. Das bedeutet, daß das Kind nicht nur die Repräsentanz des abwesenden Liebesobjekts bewahren kann, sondern daß es gleichzeitig das gute und das böse Objekt zu einer Gesamtrepräsentanz vereinigen kann, die als letztes Stadium der Entwicklung einer reifen Objektbeziehung anzusehen ist.

Die Konsolidierung der Individualität, der Selbstidentität oder Selbstkonstanz ist in ihrer Entwicklung schwer zu beobachten. Von den frühesten Wahrnehmungen der inneren Körperempfindungen rückt die Wahrnehmung immer mehr nach außen. Die Begegnung mit der unnachgiebigen, unbelebten Umwelt scheint zu einer Art Aggressivierung, gewissermaßen zu einer Festigung und Abgrenzung der Körper-Selbst-Grenzen zu führen. Zusammen mit den kinästhetischen Empfindungen durch die vermehrte motorische Aktivität kann das Kind sein Körperschema integrieren, die Körperselbstrepräsentanz wird gebildet. Die gefühlsmäßige Besetzung (Libidinisierung) der Körpergrenzen geschieht dagegen durch den Umgang mit der Mutter oder durch die körperliche Berührung mit dem Kuscheligen, Weichen.

Hier sind auch die von Winnicott beobachteten *Übergangsphänomene*, zu denen die *Übergangsobjekte* gehören können, zu erwähnen: es sind "Beschwichtiger" und "Beruhigungsmittel', die eine der Mutter ähnliche Funktion haben, und die das Erlebnis der Trennung von der Mutter leichter ertragen lassen. Es handelt sich dabei weder um ein inneres Objekt, noch – obwohl es ein Besitz ist – um ein äußeres; aus der Sicht des Kindes bedeutet es den Übergang der Integrierung der Mutterfunktion in die Selbststeuerung. Eine Integrierung des geschlechtsspezifischen Körperselbstbildes kann erst mit der phallischen Phase stattfinden.

Die *späte anale Phase* (2. bis 4. Lebensjahr) umfaßt die vierte Subphase und geht über sie hinaus. Bei Erikson ist dies etwa die zweite Phase mit dem Kernkonflikt Autonomie gegenüber Scham und Zweifel. Riemann sieht in dieser Zeit den Ausgangspunkt für die *zwanghafte Persönlichkeitsstruktur*. Diese Phase ist gekennzeichnet durch zunehmende Verfügungsgewalt über die Muskeln. Beim Kind zeigt sich dies in Expansionsdrang, dem Drang nach Welteroberung durch konstruktives, destruktives und defensives Anpacken (Ad-gredi) und dem Drang nach unbestrittener Selbständigkeit. Hierbei stößt das Kind mit Geboten und Verboten der Umwelt zusammen, denn seinen Selbständigkeitswünschen steht seine Abhängigkeit von der Umwelt entgegen.

Reagiert die Umwelt nun zu früh oder zu stark auf diese lebendigen, aggressiven, affektiven, gestaltenden oder verändern wollenden Impulse wie Wut, Haß, Trotz, Feindseligkeit oder spontane Äußerungen gesunden Eigenwillens, indem sie sie bestraft oder ganz unterdrückt, so entsteht Strafangst oder Schuldgefühlsbereitschaft. Der Zweifel schiebt sich als Schutz vor "gefährliche" Spontaneität: "Darf ich ich selber sein und tun was ich will? oder "muß ich gehorchen und auf meine Impulse verzichten?" Die Aggression wird nur versteckt zugelassen, ist "verschlagen". Sie zeigt sich auch in Fehlleistungen und dient der Macht. Die Angst vor unbekümmerter Aktivität, vor Risiko, vor Veränderung führt zur Neigung, lieber alles beim Alten zu lassen, sich zu kontrollieren, zu beherrschen, zusammenzunehmen.

So kann das Kind kein gesundes Körpergefühl entwickeln, es ist bei sich nicht zuhause, hat Angst, anzuecken. Seine Bewegungen werden unsicher, linkisch bis tölpelhaft, was den sekundären "Gewinn" hat, daß dem Kind viel abgenommen wird, was sein Körpergefühl aber weiter schwächt. In diese Zeit fällt auch die Entwicklung von Zwangshandlungen und Phobien, um starke Versuchungssituationen für verdrängte Impulse zu meistern.

In der FE wäre hier der Schwerpunkt die allgemeine spontane Beweglichkeit. Es geht darum, den inneren flexiblen Halt zu suchen, die Gelenke lösen zu lernen, sich gehen zu lassen an langer Leine, zu lernen, sich zu überlassen, durchlässig zu sein, sich zu versammeln, im Aus zu sich hinkommen, den ordnenden Rhythmus zu erleben.

In der *frühen genitalen Phase* (5–7 Jahre), die Erikson als die dritte Phase mit dem Kernkonflikt Initiative gegen Schuldgefühl bezeichnet, steht das Lustprinzip dem Realitätsprinzip gegenüber. Vorher war das Streben nach Autonomie gewissermaßen ein Selbstzweck. Jetzt verwandelt es sich in Initiative. Dem Eigensinn wird also eine Richtung und ein Ziel gegeben, es gibt ein "Wohin". Eroberungs- und Angriffslust, Neugier und Entdeckerfreude charakterisieren jetzt das kindliche Verhalten. Dabei zeigen Jungen mehr phallisch eindringende Verhaltensweisen, während Mädchen mehr ein- und umschließende Neigungen in Form von etwas geschenkt bekommen, behalten, besitzen wollen, zeigen. Dabei ist wichtig, daß das aktive, aggressive, zielbewußte Verhalten des Kindes nicht mit Schuldgefühlen eingedämmt wird, sondern daß es den Mut zu Neuem und die Lust zum Anpacken bewahrt.

Das Kind wächst also in die Erwachsenenwelt hinein, lernt

deren Spielregeln kennen, übernimmt ansatzweise die Geschlechtsrolle durch Identifikation mit dem gleichgeschlechtlichen Elternteil, was zur Überwindung des Ödipuskomplexes dient. Es erfährt das Sich-Bewähren und -Messen in der Erwachsenenwelt. Nun muß es seine magische Wunschwelt und die Vorstellungen von unbegrenzten Möglichkeiten aufgeben zugunsten der Realität.

Im Rollenspiel werden Identitätsmöglichkeiten unbegrenzt entworfen, beziehen sich aber trotzdem noch nicht konkret auf die äußere Realität. Das Kind erlebt wieder deutlich die Begrenztheit seines eigenen Wollens und Könnens; gefordert werden Einsicht, Verantwortlichkeit und Vernunft. Die Eltern spielen hier eine wichtige Rolle als Vorbilder. Sie sind nicht mehr allwissend und allmächtig, sondern werden hinterfragt und in ihrer Handlungsrealität kritisch beobachtet. Die Welt der Erwachsenen muß reizvoll sein, und ihre Ordnungen und Lebensformen müssen nachahmenswert erscheinen, verbales und averbales Verhalten muß im Groben übereinstimmen, damit der Verzicht auf kindliches Verhalten gelingen kann.

Ist das Milieu chaotisch, widerspruchsvoll, unverständlich, ohne Führung und gesunde Leitbilder, so gibt es dem Kind zu wenig Orientierung und Halt, so daß es lieber ein unverantwortliches Kind bleibt. Sind die Eltern zu wenig wirkliches Vorbild, so kann sich das Kind entweder trotzdem mit ihnen und ihren Scheinwerten identifizieren, oder es nimmt die Eltern nicht mehr ernst, geht in Opposition und fühlt sich verlassen. Sind die Geschlechtsrollen der Eltern vertauscht, das heißt, bestehen Zerrformen des Männlichen und Weiblichen, gibt es beim Kind Verwirrung, was die eigene Geschlechtsrollenentwicklung erschwert. Störungen in dieser Phase führen zu einem Verharren-Wollen im Kindlichen und Scheu bis Angst vor Verantwortung, Notwendigkeiten, Verbindlichkeiten, vor Endgültigem. Das zentrale Problem dieser Zeit ist, daß die Identität mit sich nicht gefunden wird, daß das Kind aus der Identifikation mit den Eltern nicht herauskommt, in der Rebellion gegen die Eltern fixiert bleibt oder daß es sonstige ihm aufgedrängte oder angebotene Rollen weiterhin übernimmt.

Hier spielen die unbewußten Tendenzen und Wünsche der Eltern an das Kind (Delegationen) eine entscheidende Rolle: die Tochter als Selbstverwirklichungsobjekt der Mutter, der Sohn entsprechend für den Vater. Außerdem kann die Tochter als Ersatzpartnerin des Vaters, bzw. der Sohn als Ersatzpartner der Mutter fungieren, was besonders in der Pubertät zu großen Verwirrungen führt und eine Ablösung erschwert. Weiterhin kann das Kind zum Träger einer Anima- bzw. Animusfunktion der Eltern werden, das heißt, alle nicht im Selbst oder der Partnerschaft integrierten Anteile der Eltern werden an das Kind delegiert und von diesem unbewußt in sein kognitives Selbstbild eingebaut.

In der FE könnte man hier vor allem den inneren beweglichen Halt, die Verbindungen und die Schwerkraft, das heißt, die Realität und eigene Identität erlebbar werden lassen. Gemeint ist damit, das Tun und die Effekte spüren, nachfühlen "wo" und "wie" sie sich auswirken, den eigenen Gefühlen und Empfindungen trauen lernen und sie von denen anderer trennen lernen.

Die nun folgende *Latenzphase* oder nach Erikson die 4. Phase betrifft das Schulkind. Der Kernkonflikt Leistungsfähigkeit gegen Minderwertigkeit rückt in den Vordergrund. Mit der FE können wir hier das gelassene Leisten üben: sich etwas aneignen, einverleiben, behalten, integrieren. Störungen in dieser Phase haben meist auch Wurzeln in früheren Phasen, wie zum Beispiel dem Sich-etwas-Aneignen in der Wiederannäherungsphase.

Die *Pubertät* als Übergang vom Dasein als Kind zum Dasein als Erwachsener aktiviert durch den Zugewinn an Körperenergie alle früheren Phasen. Es ist eine umfassende Wandlungskrise (Im chinesischen bedeutet Krise zugleich auch "Chance" und "Gefahr").

Abschließend noch ein kurzes Beispiel aus der Therapie mit einem 12jährigen Mädchen: Seine Eltern kamen beide in der ersten Stunde mit und im Gespräch wurde die verbohrte, festgebissene Haltung des Mädchens deutlich. Sie saß zusammengezogen da und hatte tatsächlich die Fäuste gegen die Zähne gepreßt. Ich bot ihr an, daß ich da etwas hätte, was sie ja mal ausprobieren könnte, ob sie damit etwas anfangen könne? Sie war neugierig und kam mit. Sie ließ sich auf ein "Mit-sich-Spielen" ein, wie sie es nannte. Mit Lust nahm sie ihren flexiblen Halt wahr, merkte, daß sie Gewicht hatte, Grenzen setzen konnte und sich gegenüber den Geschwistern und anderen angemessen zu wehren verstand. Sie erlebte sich als werdende Frau, verstand es, für sich zu sorgen und ihre Fähigkeiten zu nutzen, zu pflegen und im Austausch mit ihrer Umwelt zu sein.

Selten hat man als Therapeut die Gelegenheit, mitzuerleben, wie ein "verfahrener Karren" innerhalb kurzer Zeit wieder flott wird und sich Lebensfreude ausbreitet beim Klienten und seiner Umgebung.

GABRIELE ELSCHENBROICH

# Funktionelle Entspannung als Hilfe in der frühen Mutter-Kind-Beziehung

Was ich hier beschreiben möchte, bezieht sich auf die Phase der noch bestehenden, aber allmählich sich lösenden Mutter-Kind-Symbiose.

Es ist zunächst wohl nicht leicht zu verstehen, weshalb die FE eine Beziehungshilfe für Mutter und Kind sein kann oder auch nur, warum eine solche Beziehungshilfe manchmal notwendig ist. Wir setzen doch voraus, daß die Mutter-Kind-Beziehung in der frühen Phase auf naturgegebenen Verhaltensmustern beruht (früher hätte man sie "Instinktsicherheit" genannt). Und wenn diese Verhaltensmuster einmal nicht ausreichen sollten, etwa weil die Mutter noch zu unreif oder zu unerfahren ist, dann gibt es doch immer noch die festen Regeln, die von Generation zu Generation weitergegeben werden in Form von Traditionen.

Die erste Annahme, nämlich daß in jeder Mutter ein präexistentes Wissen angelegt ist, wird im Menschenbild der anthropologischen Medizin, das auch der FE zugrunde liegt, voll bejaht. Wir schenken dem intuitiven Wissen der jungen Mutter, auch der unreifsten und unerfahrensten, nicht nur Vertrauen, sondern sehen einen wesentlichen Anteil unserer Arbeit darin, ihr eigenes Vertrauen in dieses vorgegebene Wissen zu stärken und darauf zu bauen.

Durch eine an sich selbst erprobte Funktionelle Entspannung können Empfindungsqualitäten entwickelt und gefördert werden, die im Umgang mit dem Kleinkind nützlich sind. Diese Empfindungsqualitäten sind wohl vorhanden, aber häufig durch verwirrende und kopflastig verarbeitete Bruchstücke von äußerem, angelesenem Wissen verschüttet. Es geht also in der FE darum, intuitives Wissen wieder freizulegen und nutzbar zu machen.

Bei den von Generation zu Generation weitergereichten Regeln für den Umgang mit dem Säugling muß die Einschränkung gemacht werden, daß sie – zumindest in unserer westlichen Welt – so fest und unumstößlich gar nicht sind. Wir verfügen nicht über ein Kontinuum von erprobten Praktiken, die die Mutter an die Tochter weitergibt – wie etwa die indische Babymassage (Leboyer 1979). Eine solche "Be-Handlung", sanft und doch fest, und mit der ganzen Sicherheit eines auch auf sich selber bezogenen Körperwissens, würden die meisten Mütter unserer Breiten nur einer "Fachkraft" zutrauen.

Außerdem ist in unserer pluralistischen Gesellschaft mit ihren rasch wechselnden Rollenerwartungen an die Frau auch das Maß von Nähe und Distanz zwischen Mutter und Kind großen und zeitbedingten Schwankungen unterworfen. Denken wir nur an den jahrhundertelang geübten Brauch, die Säuglinge bei Ammen auf dem Land unterzubringen – oder an die Tendenzen zur Früherziehung im Kollektiv, wie sie zeitweise in der Sowjetunion und in manchen Kibbuzim herrschten, bis sie auch dort wieder aufgegeben wurden.

Erinnern wir uns daran, daß der Mutterschaftsurlaub erst vor wenigen Jahren auf sechs Monate ausgedehnt wurde, oder denken wir an die Kontroversen über das Tagesmüttermodell, das doch gegenüber der Einrichtung der Krippen schon eine große Verbesserung darstellte.

Auch die Einstellung zur Brusternährung hat in den letzten 100 Jahren häufig gewechselt, vor allem in bezug auf Frequenz und Reglementierung von Stillzeiten, vom zwanghaften Beharren auf festen Fütterungszeiten bis zur völligen Freiheit des "feeding on demand". Auch hinsichtlich der Dauer der Stillzeit gibt es große und nicht nur generationsbedingte Meinungsverschiedenheiten.

Es besteht also kein Konsensus darüber, wie eng die Mutter-Kind-Beziehung sein sollte und wo das Optimum liegt.

Eine flexible und achtsame Grenzsetzung, die auf feststehende Regeln und Normen verzichtet, ist das Anliegen der FE: Keine statischen Verhältnisse schaffen, die die Beteiligten unter Druck setzen, sondern zu einer labilen, veränderbaren Balance Mut machen, die alle berücksichtigt!

Die FE als Methode kennt keine starren Regeln, sondern nur ein paar "Spielregeln", die sich übrigens auch auf die Mutter-Kind-Beziehung übertragen lassen.

Die erste Spielregel lautet:
*Alles tun und handeln mehr im Sinne von Lassen als von Leisten ... also mit weniger Aufwand ... "gelassener"!*
Die zweite Spielregel:
*Nichts zu oft oder gar mechanisch wiederholen.*
*Etwas Ruhe lassen können und darauf vertrauen,*
*daß es von selber wächst und sich entwickelt.*
Schließlich die dritte:
*Nachspüren, wo und wie sich etwas verändert hat –*
*d. h. im Kontakt mit sich selber bleiben*
*und nicht schon wieder bei der nächsten Aufgabe sein!*
*Sich Zeit lassen, um kleine Fortschritte wahrzunehmen!*

Wie geht das nun aber in der Praxis? Zunächst: Die FE versteht sich vor allem als Beziehungshilfe für den einzelnen Menschen im Umgang mit sich selber. René Spitz hat für die symbiotische Mutter-Kind-Beziehung den Ausdruck "Dual-Union" geprägt. Das wird in der FE im psychosomatischen Sinn auf die Wechselbeziehung zwischen Leib und Seele übertragen Dual-Union mit sich selber! Die Art, wie eine Mutter mit sich selber umgeht, ob sie sich *nur* schindet oder *nur* verwöhnt, ob sie sich über oder unterfordert, ob sie ihr eigenen Bedürfnisse leugnet oder versucht, sie wenigstens zu verstehen – das wird sich in der Beziehung zum Kind irgendwie spiegeln.

Frauen, denen das Maß im Umgang mit sich selber fehlt, ersticken das Kind oft geradezu mit ihrer überprotektiven Zuwendung. Es sind die vom Kinderarzt so gefürchteten "Asthmamütter", die dem Kind "aufsitzen" – ihm "keine Luft lassen" und schwer einsehen können, daß sie mehr für das Kind täten, wenn sie weniger täten und dafür ein bißchen mehr bei sich selber wären. Durch Vorwürfe werden aber bei solchen Müttern nur Schuldgefühle verstärkt, und gerade das will die FE vermelden. Sie arbeitet überhaupt nicht mit Imperativen im Sinne von "Sie sollten" oder "Sie müßten", sondern weckt die Lust, für sich selber etwas zu tun. Bei Schwierigkeiten und Unstimmigkeiten zwischen Mutter und Kind wird die Mutter zunächst mit ihrem Leidensdruck angenommen, gleichgültig, welche Fehlhaltung wir bei ihr vermuten. Wie sagen also nicht: "Es liegt an Ihnen!" sondern fragen "*Wo* liegt es bei Ihnen?"

Gerade weil in der symbiotischen Phase beide Wesenheiten

in der participation mystique noch so starken Anteil aneinander haben, ist es wichtig, daß die Mutter mit ihrem eigenen leiblichen Unbewußten in Kontakt ist. Die FE versucht, über die Rhythmisierung des unwillkürlichen Atemablaufs, wie er sich in der Entspannung einspielt, eben diesen Kontakt zu fördern. Sensibilisierung für sich selber in tieferen, bisher nicht so recht wahrgenommenen Schichten wird angestrebt und kann geübt werden. Die FE ist in der Frühphase der Mutter-Kind-Beziehung also ebensosehr auf die Bedürfnisse der Mutter wie auf die des Kindes zentriert. Sie versucht, der Mutter – auch leiblich – erlebbar zu machen, wie sie sich auf sich selber rückbesinnen und für sich sorgen kann, ohne dem Kind dadurch etwas wegzunehmen. Das Bild der Katzenmutter, die – wohlig am Boden ausgestreckt – ihr eigenes Fell leckt, während die Jungen um sie herumspielen, tut hier oft mehr als viele Worte.

Spielerisch-improvisierend wird also im Alltag von Mutter und Kind nach Verhaltensalternativen gesucht, nicht über festgelegte Übungen, sondern über häufig wechselnde, oft spontan erfundene Spielangebote, die jedem Druck, der zu neuen Zwängen führen könnte, ausweichen. Diese Spielangebote werden vom Kleinkind in der präverbalen Phase unbewußt ins Körpererleben aufgenommen und wirken in noch undifferenzierten, leibseelischen Schichten ordnend, z. B. bei Einschlafschwierigkeiten oder wenn in ungewohnten Situationen der vegetative Rhythmus des Kindes gestört ist.

Die FE ist einmal halb im Scherz eine "Spieltherapie für Erwachsene" genannt worden. Denn ähnlich wie das kleine Kind seinen Körper, die Welt und seine Beziehung zu ihr in tastenden Schritten spielend entdeckt, so kann sich auch der Erwachsene einer ursprünglichen, verlorengegangenen Funktionslust wieder erinnern lernen. Der Leib ist in der FE gleichzeitig Spiel*subjekt* und Spiel*objekt*.

Für den Menschen in unserer leistungsorientierten Zeit ist das eine eigenartige Vorstellung – aber sie kann zur Erfahrung werden und kann ihm helfen, das neugierig-schöpferische Kind in sich selber wieder freizulassen.

Odent, der Mitarbeiter Leboyers, spricht im Zusammenhang mit Schwangerschaft, Geburt und Stillen geradezu vom "Wieder-Erlernen der Lust" und sagt: "Wir können nicht umhin, für Kreativität im spezifisch menschlichen Sinne das Wort "Lust„ zu gebrauchen."

Es geht also nicht einerseits um die Arbeit mit Müttern und andererseits um die mit Kleinkindern, sondern um die Weise, in der gerade die FE die verschiedenen Ich-Zustände anspricht. In jedem von uns steckt ein Kind mit seinen Wünschen nach Geborgensein, aber auch nach Spielendürfen und Selbstentdeckung. Und umgekehrt lebt schon im kleinen Kind zeitweilig der Wunsch, stark und selbständig zu sein, allein auf Entdeckung zu gehen – wie wir wissen, allerdings im Wechsel mit Phasen des Wieder-Zurückstrebens zur Mutter ("Rapprochement"-Subphase nach Mahler, 1978).

In der FE können all diese Strebungen zu ihrem Recht kommen. Die Mutter darf und soll zeitweilig ihre "regressiven" Wünsche ausleben, sich z. B. dem Boden wie dem Schoß einer Mutter überlassen, oder ihre eigene Haut als das Bergende, Umschließende empfinden – vor allem aber immer wieder Neues an sich und in sich entdecken lernen – wie ein Kind es tut.

Die Symbiose mit dem Kind wird dadurch nicht verstärkt, sondern sie läßt sich im Gegenteil allmählich abbauen, indem beide – Mutter und Kind – in sich selber Wesensanteile entwickeln, die sie sonst im anderen brauchen würden. Eine Mutter, die das "Kind" in sich selber freilassen kann, läßt ihr Kind leichter groß werden – sie "braucht" es dann nicht für ihr eigenes Selbstgefühl als hilfloses abhängiges Baby. Und umgekehrt wird ein Kind, das aus dem Verhalten der Mutter ihr Vertrauen in sein Wachstum erfährt, das im FE Spiel erlebt: ich bin stark, ich kann das alleine! – schon auf früher Stufe ein Stück Internalisierung der "guten" Mutter-Imago schaffen und sich in manchen kleinen Nöten selber helfen können.

Bereits im Rahmen einer psychosomatischen Geburtsvorbereitung kann die FE dazu beitragen, die "selbstreflektierte" Mütterlichkeit von der Molinski (1972) spricht, zu entwickeln. Die Frau ist in der Schwangerschaft mehr als sonst bereit zu einem leib-seelischen Intro vertieren, ihre Empfindungsfunktion ist stärker nach innen, auf den eigenen Leib und auf die Bewegungen des Kindes gerichtet. So ist sie ansprechbar für die Angebote der FE: wache Selbstwahrnehmung im Zustand des Entspanntseins, Aufsuchen des eigenen Atemrhythmus, Anspannung ohne unnütze Spannung. FE mit schwangeren Frauen ist nicht *nur* Vorbereitung auf die "sanfte Geburt" nach Leboyer, obwohl dies ihr unmittelbares Ziel ist. Es werden dabei

auch Erlebnisqualitäten erfahren, die später im Umgang mit dem Kind notwendig sind.
Das Hineinwachsen in die Mutterrolle ist oft mit Versagensangst verbunden. Das zeigen die Träume von Schwangeren. Wenn sie uns berichtet werden, nehmen wir sie auf, ohne zu deuten und versuchen, das Traumgeschehen mit Hilfe der FE, also über leibliches Erleben, zu verarbeiten. Hierzu ein paar kurze Beispiele:

Eine sehr ängstliche, noch muttergebundene junge Frau träumt, daß sie das Baby tagelang liegengelassen, es "vergessen" habe, und daß es schon ganz wund gewesen sei. Wir versuchen, Mut und Vertrauen zu entwickeln dadurch, daß sie am eigenen Atemrhythmus erleben lernt, wie "im rechten Augenblick das Rechte geschieht" und wie sie sich ohne Angst auf Kräfte verlassen kann, die ohne viel bewußtes Zutun in ihr selbst vorhanden sind. Sie atmet ja auch jetzt ganz selbstverständlich für sich und für ihr Kind – ebenso wird es ihr später selbstverständlich sein, für ihr Kind zu sorgen.

Bei einer anderen Schwangeren ist die Vertrauensbasis schon stärker, obwohl auch bei ihr noch die Angst da ist: "Werde ich genügen?" und ein Stück Abhängigkeit von der Mutter hineinspukt. Sie träumt: "Ich hatte ein hübsches kleines Fohlen und auch genug Heu dafür, egal, was meine Mutter mir alles vorredete. Mein Fohlen fraß mir aus der Hand und ließ sich von mir streicheln." Wir freuen uns mit ihr, daß sie schon darauf vertrauen kann, genug für sich und ihr Kind zu haben und helfen ihr, sich weiter von der negativen Erwartungshaltung der Mutter (in ihr selber!) zu emanzipieren, indem sie Wohlgisein und Zärtlichkeit, auch sich selber gegenüber, zuläßt. So wie sie im Traum das Fohlen gefüttert und gestreichelt hat, so kann und darf sie es jetzt mit sich selber tun, als Vorübung zum Umgang mit dem Kind.

Bilder, die ein Traumerlebnis gebracht hat, können in der FE leibhaftig erinnert werden. Sie "bilden sich ein", werden zu Inbildern.

Ein gutes Beispiel für eine – in diesem Sinne – gelungene Geburtsvorbereitung mit FE ist der Traum einer Patientin, kurz vor der Geburt ihres ersten Kindes. In der vorausgehenden Stunde hatten wir uns vorgestellt, wie das Neugeborene auf ihrem Bauch liegen und wie sie es streicheln würde. In der Nacht darauf träumte sie (die übrigens trotz ihrer 40 Jahre selbst noch sehr abhängig von den Eltern war) folgenden Traum: "Ich liege auf dem Klinikbett, das Baby ist da – es liegt auf meinem Bauch und ich streichle es. Hinter dem Kopfende stehen aber meine Eltern und wiederholen immer wieder in einer Art Sprechgesang: ‚Wir haben mit Dir zu reden! . . .' Ich schaue mich gar nicht um, ich sage nur: ‚Ich rede jetzt aber mit meinem Baby!' Da sind sie plötzlich weg – ich höre ihre Stimmen nicht mehr."

Und so ist es ja auch: Die Hände der Mutter, die in den ersten Lebensminuten mit dem Kind "reden", wecken in ihm Sinnesempfindungen, die die Basis der späteren Beziehungen schaffen. Der allererste Kontakt über die Haut hat nach Biermann (1979) "überragende Bedeutung für das Zustandekommen des rooting-Refelexes". In seiner – nach Fuchs (1979) – "präoralen" Phase wird das Kind von seiner Hautempfindung geleitet, so daß es die Brust finden und ergreifen kann. Odent (1979) spricht von der Haut als dem "primären Sinnesorgan, von dem sich die anderen Empfindungen ableiten" und auch Margaret Mahler (1978) meint, daß beim Neugeborenen "das kontaktperzeptuelle Erleben des ganzen Körpers und insbesondere die Tiefensensibilität der Hautoberfläche zusammen mit der Bewegungsempfindung eine wichtige Rolle in der Symbiose spielt".

Die FE nutzt – schon in der pränatalen Arbeit mit der Mutter – diese Erkenntnis, indem sie großen Wert auf die Entwicklung der Tiefensensibilität auch ihres Hautempfindens legt. Beim Stillen kann und soll sich die Mutter ebenso wohl fühlen wie das Kind. Wir üben daher schon vorbereitend bequeme, entspannte Sitzhaltungen mit gutem Bodenkontakt und Basisgefühl und mit der Möglichkeit, sich im Schultergürtel loszulassen – in der Körpermitte weit und frei für den Atem zu sein.

Die Insuffizienzängste von überehrgeizigen oder verunsicherten Müttern lassen sich oft dadurch abbauen, daß der Hauptakzent für den Hautkontakt mit dem Kind auf die Sensibilisierung der Brust gelegt wird. Wir raten den Frauen, das Kind nach dem Stillen noch eine Weile an der Brust spielen und dort einschlafen zu lassen. Aus dem Vertrauen heraus, dem Kind in *jedem* Fall "gute Brust" sein zu können, konnte bei vielen Frauen, die anfangs Schwierigkeiten oder eine negativ geprägte Erwartungshaltung hatten, die Milchbildung angeregt werden – ein Beispiel dafür, wie stark die FE über gelassenes Vertrauen in vegetativ gesteuerte Vorgänge hineinwirken kann. Auch das Stillen kann vorbereitet werden über die Erfahrung des "In-Fluß-Bleibens" und des "Strömen-Lassens", das am Atemrhythmus erlebbar ist.

Einer der wichtigsten Ansatzpunkte der FE ist die Bekämpfung von Perfektionismus bei der Mutter. Wir arbeiten ja auch im Bereich der Haltung viel mit der Vorstellung und Erprobung eines labilen Gleichgewichts, das im Gegensatz steht zu dem Ideal der Selbstunterdrückung und ständigen Beherrschung eigener Impulse. Die FE macht Mut dazu, sich so anzunehmen, wie man gerade ist, also auch einmal ungeduldig oder ärgerlich. Eine blockierende Verspannung bei sich selber zu entdecken und sich auf sie einzulassen, heißt oft schon sie halb zu lösen. Wer leiblich an sich selber erlebt hat, daß Balance etwas ist, das man immer wieder neu finden muß, der wird auch im Umgang mit dem Kind nicht so leicht dem Zwang verfallen, immer ausgeglichen zu sein.

Die Signale des eigenen Körpers zu verstehen macht auch hellhörigen für die Signale des Kindes. Frauen, die gelernt haben, sich selber anzunehmen, gehen auch mit dem erkrankten Kind meist gelassener und sicherer um. Solche Mütter haben dann auch oft im therapeutischen Sinne eine gute Hand für ihr Kind und finden mit wenig Anleitung bald aus eigener Phantasie Gelegenheiten für spielerisch-veränderndes Tun.

Margaret Mahler spricht von der Entstehung der "Erinnerungsinseln" beim Kind, zu einer Zeit, in der noch keine Unterscheidung von Innen und Außen, Selbst und Anderem besteht: "Imagines des Liebesobjekts und Imagines des eigenen Körpers und später des psychischen Selbst entstammen den ständig zunehmenden Erinnerungsspuren lustvoller und unlustvoller Gefühlserlebnisse, sowie auch den Wahrnehmungen, mit denen diese vorbewußten Erinnerungen assoziiert wurden" (Mahler 1978).

In unserem Sinne bedeutet das: Je lustvoller die Mutter sich selbst im Körperkontakt mit dem Kind erleben kann, um so lustvoller ist auch die Erinnerung des Kindes, die später sein Selbsterleben bestimmen wird.

Nun gibt es freilich im Umgang mit dem Kind auch unlustvolle und beunruhigende Erfahrungen, und auch für diese möchte die FE eine Hilfe anbieten.

In Augenblicken, in denen die Mutter wirklich nicht mehr weiß, was dem Kind fehlt – wenn es erregt, "unansprechbar" für all ihre Tröstungsversuche ist, etwa in der Periode des Zahnens, bei einer Achtwochenkolik oder bei einer fieberhaften Erkältung –, ist es wesentlich, daß sie bei aller Besorgtheit und inneren Unruhe nicht in Panik gerät und damit unter den Zwang, "etwas tun zu müssen".

Niemand kann sich zur Ruhe zwingen, das wäre schon wieder ein Zuviel an Bemühung, aber es ist möglich, ein wenig Abstand von der eigenen Angst zu gewinnen und damit auch ein Stück heilsamer Distanz zum Kind. so daß es wieder als ein eigenes Lebewesen mit *seinem* – im Moment vielleicht gestörten – Rhythmus gesehen werden kann.

Die FE macht Mut dazu, in solchen Augenblicken erst einmal "zu sich" zu kommen, die eigene Angst oder Ratlosigkeit leibhaftig – z. B. am eigenen Atemrhythmus! – zu spüren und zu sehen, was man im Hier und Jetzt damit machen kann, etwa: Sich innerlich etwas mehr Raum geben, indem man die blockierenden Schultern fallenläßt und sich körperabwärts weit und "gegründet" werden läßt. Dadurch wird der Bodenkontakt verstärkt, man braucht sich nun nicht mehr "an den eigenen Händen festzuhalten" – die werden frei dafür, sich dem Kind zuzuwenden mit einer intuitiven Sicherheit, die nicht über den Verstand geht.

Wenn die Hände der Mutter nun am Brustkorb oder am Rücken des Babys anliegen, so suchen sie sich zunächst in den kindlichen Atemrhythmus hinein, der ja bekanntlich viel kurzer als der der Mutter ist. Ganz sachte und ohne Zwang versuchen sie die Ausatemphase beim Kind zu verlängern, wobei die Mutter mit dem Kind spricht oder Laute macht, die es freuen. Es ist wichtig, daß sie dabei selber im Atemfluß bleibt, sich nicht anstrengt und nicht unter Erfolgsdruck gerät. Am besten ist es, wenn ihre Hände sich auf den Umschwung im Atemrhythmus des Kindes (nach der Ausatmung, bevor der Atem wieder "kommt") einstellen und zwar ganz zart und ohne zu bedrängen, aber mitgehend, und so, als wollte sie damit sagen: "Ich lasse Dich, aber ich bin bei Dir!" Die Mutter spürt an der Reaktion des Kindes, wann sie mit ihm im Einklang ist. Diese beruhigenden oder schleimlösenden Griffe können während des Wickelns, beim Spielen miteinander, im Bad oder als "Einschlafritual" angewandt werden. Mutter und Kind lernen sich dabei ebensosehr in ihrer Verbundenheit wie in ihrer – sich immer mehr entwickelnden – Eigenständigkeit kennen.

Beim Ein-, Zweijährigen wird ein Kuscheltier miteinbezogen, mit dem das Kind brummt oder miaut und dessen weiches Fell es streichelt, so wie die Mutter das seine. In der Identifikation mit der Mutter teilt das Kind dem Bären oder dem Hasen etwas von seiner eigenen Weichheit und Zärtlichkeit mit und ist so gleichzeitig zu sich selbst hingewendet und von sich abgelenkt. Das fördert die ersten Schritte zu der allmählich angestrebten "heilsamen Distanz" von der Mutter, wenn die Phase des Entdeckens und Eroberns der Umwelt beginnt. Gut ist es, wenn die Mutter nicht nur das Kind "be-handelt", sondern sich auch selber dabei etwas Gutes zukommen läßt, so daß ihre eigene Haut, ihr Körpergefühl und ihr Atem auf den Kontakt mit dem Kind antworten. Dann kann echtes Geben und Nehmen bewirkt und damit eine verlorengegangene Ordnung im Rhythmusgeschehen wiedergefunden werden.

An einem Fallbeispiel möchte ich aufzeigen, daß es in manchen Fällen sinnvoll sein kann, mit der Mutter allein zu arbeiten, ohne also das erkrankte Kind direkt in die FE-Therapie einzubeziehen. Es ging hier um ein beginnendes frühkindliches Asthma, das in der Mutter starke, vorgeprägte Ängste mobilisiert und sie unfähig gemacht hatte, in der Weise mit dem Kind umzugehen, die es gebraucht hätte.

Anna, eine junge Sportlehrerin, eckig, überaktiv, stark leistungsbetont, war in Panik geraten wegen ihres elf Monate alten Sohnes Manuel. Das Kind hatte im Anschluß an eine spastische Bronchitis einige leichtere asthmaartige Anfälle gehabt. Seine Klinikeinweisung und damit die Trennung von der Mutter hatte gerade noch vermieden werden können und der behandelnde Kinderarzt schickte mir nun die Mutter zur FE-Therapie, um ihren Spannungszustand zu lösen.

Es zeigte sich bald, daß Anna seit ihrer eigenen Kindheit Angst gehabt hatte, der Atem könne nicht "reichen" für irgendeine von ihr angestrebte sportliche Leistung. Sie war sehr ehrgeizig gewesen und nach ihren eigenen Worten gewohnt, sich "am Riemen zu reißen", um mehr aus sich herauszuholen. Spiel um des Spielens willen war ihr völlig fremd. Hinter der forschen Sportlerinnen-Fassade, die auch in ihren Bewegungen zum Ausdruck kam, steckte aber das verschüttete Bedürfnis, einmal nicht zu müssen", sondern sich gehenlassen zu dürfen. Der Schock, daß der kleine Sohn – gleichsam stellvertretend für sie! – gerade das Symptom bekam, vor dem sie sich immer gefürchtet hatte, Atemnot, machte sie aufnahmefähig für die Angebote der FE.

Allmählich konnte Anna ihren Nachholbedarf an Spielen ohne Ziel und Zweck entdecken. Bald fand sie Spaß daran, mit Manuel auf dem Teppich herumzurollen, mit ihm zu schnurren und zu schmusen und alle möglichen Tiermutter- und Tierkind-Spiele mit ihm zu machen, die sie vorher albern gefunden und abgewertet hätte.

Das Kind sah ich erst, als es ihm – nach etwa zwei Monaten – wieder gut ging und seit Wochen kein Asthmaanfall mehr vorgekommen war. Offenbar hatte er genau *das* von der Mutter gebraucht, was sie ihm in ihrer eigenen leistungsbetonten Verspanntheit nicht hatte geben können, und sie hatte seine Signale nicht verstanden.

Nachdem die Mutter in der FE ihre eigene verdeckte Angst hatte erkennen können, wurde sie auch spüriger für die Bedürfnisse des Kindes, konnte spielend darauf eingehen und wurde damit zu seiner – und ihrer eigenen – Therapeutin.

Dieser Fall verlief gut. Es gibt aber auch Mütter, die den Weg zur Rückbesinnung auf sich selber nicht über den Körper finden können, weil ihre Beziehung zum Körper-Ich zu tief gestört ist und sie sich nur in der Symbiose mit dem Kind, also während der Schwangerschaft und Stillzeit, als vollwertig erleben können. Sie "müssen" dann die Symbiose aufrechterhalten, auch wenn sie biodynamisch nicht mehr sinnvoll ist. Bei solchen Frauen ist die FE als therapeutische Möglichkeit begrenzt, denn sie setzt ein Mindestmaß an gesundem Ichwertgefühl voraus, um darauf aufbauen zu können.

In manchen Fällen wird das Kind zum Partnerersatz, und alle Zärtlichkeitswünsche werden *nur* an ihm befriedigt. Auch das kann zu einem überlangen Aufrechterhalten der Symbiose führen, weil das Kind dann eine Alibifunktion für die nicht gereifte oder abgewehrte Sexualität der Mutter erhält. Auch hier ist es oft schwer, einen Ansatz für die FE zu finden. Meist ist zusätzlich eine Partnertherapie nötig.

Für Mutter, die ihr Kind nicht wirklich annehmen und sich daran freuen können, es vielmehr nur als Zumutung und übermäßige Belastung empfinden, ist die Symbiose oft am allerschwersten lösbar, und die Findung des "Fließgleichgewichts" zwischen Mutter und Kind es die FE anstrebt, erfordert am meisten Arbeit. Das Schuldgefühl, dem Kind nicht genug geben zu können, muß ständig durch Überprotektivität und durch eine Verwöhnungshaltung, die keinen Raum für eigene Bedürfnisse läßt, überkompensiert werden: Das Kind kann und darf nicht selbständig werden! Solche Frauen klagen oft unablässig über ihre – auch real vorhandene – Überbelastung, sind aber schwer zu einer Selbstverantwortung zu motivieren und neigen bei körperlichen Beschwerden, vor allem bei den häufigen Kreuz schmerzen, eher zu Verfahren, in denen sie passiv bleiben dürfen, wie Massage oder Bestrahlungen. Es kommt vor, daß der Versuch, ihnen mit FE zu helfen, dann an ihrer Grundhaltung scheitert: "Man kann über alles reden, aber es gibt *eine* Spielregel: Es darf sich nichts verändern!"

Mit zwanghaften Patientinnen ist es in der FE – wie in anderen Therapieformen auch – schwer, zu arbeiten. Denn die FE zielt ja auf Veränderung, hier aber muß erst die Lust an der Veränderung einer eingefahrenen Situation, die Lust am Sich-Selber-Verändern-Dürfen geweckt werden. Wir beginnen mit ganz konkreten, körperbezogenen Angeboten und ermutigen immer wieder zum Suchen nach Veränderungsmöglichkeiten im Hier und Jetzt in bezug auf Lagerung, Sitz, Haltung, sich Platz lassen, sich Zeit nehmen, eine Pause genießen können, u. a. m. Wir fragen: "Wo hat sich jetzt etwas verändert? Wo noch? Wie spüren Sie es? Ist es für Sie besser so oder weniger gut? Was möchten Sie noch verändern?"

Auch diesem vorgegebenen Instinktwissen, das die Mutter für sich selber sorgen läßt, schenken wir Vertrauen und bauen darauf, daß es sich wiederfinden läßt, wenn es durch Selbstaufopferungstendenzen oder Kopflastigkeit verlorengegangen war. FE kann so zu einer Arbeit an der Basis der frühen Mutter-Kind-Beziehung werden, nämlich an der Beziehung der Mutter zu sich selber. So läßt sich dann auch die Mitte finden, die nicht das "Ich *oder* Du", sondern das "Ich *und* Du" meint, nicht das Geben *oder* Bekommen, sondern das Geben *und* Bekommen.

## Literatur

Biermann, G. u. R.: Schwangerschaft. Geburt und Wochenbett aus psycho-Mhygienischer Sicht. Der praktische Arzt (1979). H. 31.

Elschenbroich, G.: "Du machst uns verrückt ...". Freiburg: Herder-TB 1983

–: Zum inneren Gleichgewicht finden. Stuttgart: Kreuz 1980.

Erikson, E. H.: Identität und Lebenszyklus. Frankfurt: Suhrkamp 1966.

Fuchs, M.: Funktionelle Entspannung. 2. Aufl. Stuttgart: Hippokrates 1979.

Leboyer, F.: Der sanfte Weg ins Leben. München: Desch 1974.

–: Sanfte Hände. Die traditionelle Kunst der indischen Baby-Massage. München: Kösel 1979.

Mahler, M.: Die psychische Geburt des Menschen. Frankfurt: Fischer 1978.

Molinski, H.: Die unbewußte Angst vor dem Kind. München: Kindler 1972.

Odent, M.: Die sanfte Geburt. München: Kösel 1979.
Pikler, E.: Zufriedene Babies – glückliche Mütter. Freiburg: Herder 1983.
Rich, A.: Von Frauen geboren. Mutterschaft als Erfahrung und Institution. München: Frauenoffensive 1979.
Rosa, K R., Rosa-Wolff, L.: Psychosomatische Selbstregulation. Stuttgart: Hippokrates 1976.
Sichtermann, B.: Leben mit einem Neugeborenen. Frankfurt: Fischer 1981.

GABRIELE JANZ
# Funktionelle Entspannungstherapie im Schulkindalter

Im folgenden wird aus der praktischen Arbeit der FE mit Schulkindern berichtet.

Besondere Erfahrungen liegen vor mit Atemrhythmusstörungen und Asthma, Konzentrationsstörungen, Stottern, Obstipation, Einnäßen, Ein- und Durchschlafstörungen, kindlichem Kopfschmerz und Pubertätsproblemen. Wenn man annehmen darf, daß solche Störungen nicht nur das Symptom zeigen, sondern Ausdruck einer Gesamtstörung sind, die das ganze Kind mit seiner ihm eigenen Geschichte und seinem familiären Hintergrund betreffen, dann ergibt sich für die Therapie, daß nicht in erster Linie das Symptom behandelt werden muß, sondern das Kind in seiner Gesamtpersönlichkeit.

Die Erfahrung hat gelehrt, daß sich verborgene und unausgesprochene Ängste, Beunruhigungen, Versagens- und Verlassenheitserlebnisse hinter den sichtbaren Leiden verbergen. Aufgabe der FE ist es, das Kind durch eine differenziertere Körperwahrnehmung erleben zu lassen, wann, wie und wo sein Körper auf eben solche Beunruhigungen reagiert im Sinne eines Fehlverhaltens. Die Atmung spielt hierbei, für das Kind unbewußt, eine entscheidende Rolle. Mit Hilfe der Stimme und mit kindlichen Bildvorstellungen wird der Atemrhythmus beeinflußt, reguliert und vertieft. Auf diese Weise erfährt das Kind seinen Eigenrhythmus, der in Angstsituationen so äußerst sensibel und störbar reagiert, so erlebt aber eine Stärkung seiner Haltung und eine wachsende Gelassenheit bedeutet.

Wir leiten die Mutter – nach einer FE-Selbsterfahrung – an zum abendlichen "Gute-Nacht-Ritual", das an anderer Stelle beschrieben wird und das wir als zusätzliche Zuwendung verstehen, durch die sich die Mutter-Kind-Beziehung verbessert und Beruhigung und Angstabbau bewirkt. Das Kind spürt Nähe und Wärme und reagiert mit Entspannung und Aufatmen unter den sich einfühlenden Händen der Mutter.

Wie verläuft nun aber der Umgang mit dem Kind direkt, wie geht eine Stunde vor sich? Man denke an ein etwa 6- bis 9jähriges Kind: je nach Alter, Reife, Vorstellungs- und Begriffswelt wird es aktiv beteiligt, indem man Dinge, die es kennt, spielerisch miteinbezieht. Man wird sich z. B. mit ihm in ein Tier "verwandeln", versuchen und anregen, sich wie dieses zu bewegen und die typischen Tierlaute von sich zu geben: wie eine Katze im weichen Fell schnurren oder sich brummend wie ein fauler Bär behaglich am Boden hinkuscheln, alle Viere von sich strecken oder sich räkeln, einen Katzenbuckel machen, mit dem Schwanz wedeln oder sich schlängeln. Der Phantasie von Therapeut und Kind sind keine Grenzen gesetzt. Wichtig ist, darauf zu achten, daß daraus keine Gymnastik entsteht, sondern nur kleinste Bewegungen, verbunden mit geringstmöglichem Stimmaufwand, und zwar in der kraftsparenden Ausatemphase. Die differenzierte Stimmbeteiligung macht innere Druckunterschiede spürbar und stoppt, verkürzt oder verlängert diese "Aus"-Phase. Da das entspannende Loslassen an die Ausatemphase gebunden ist, ist es naturgemäß begrenzt und wirkt auf diese Weise nie hypnoid, verhindert so auch ein Absacken, das Angst hervorrufen könnte, und gibt die qualitativ bessere Voraussetzung für das Einatmen und damit für den Rhythmus, den wir ja im Auge haben.

Im Laufe der FE wird das Kind nun sensibler für Druck und Stau, aber auch für das Wohlgefühl, das entsteht, wenn der Druck sich löst. Wir stellen uns z. B. Verkehrsampeln vor: Stoppt der Rhythmus, gebe ich rotes Licht; wie kann ich nun wieder auf die grüne Welle schalten?

Je älter die Kinder sind, desto mehr Begriffe kann der Therapeut miteinbeziehen, so daß nicht "Übungen" entstehen, sondern, mit Hilfe dieser Bildvorstellungen, kleine Veränderungen, die Lust machen, leibhaft erfahren werden und ein Sich-Wohl-Fühlen in der eigenen Haut, ein Zu-Sich-Kommen bewirken.

Bei der *Asthmabehandlung* mit FE wird bei kleineren Kindern, wie oben beschrieben, die Mutter miteinbezogen, weil gerade bei ihnen die angstnehmende abendliche Beruhigung und regelmäßige Zuwendung wichtig sind. Je jünger die Fehlhaltung, desto erfolgreicher ist die Behandlung. Großen Eindruck macht natürlich ein momentaner "Wundererfolg", wenn es mit Hilfe der FE gelingt, einen Anfall zu kupieren, was dann stärker motiviert, die FE zu erlernen und damit umzugehen.

Die Fehlhaltung bei Asthma besteht darin, daß das Kind mit der Angst: "Ich kriege keine Luft!" unfähig ist, Luft herzugeben und herauszulassen, woraus eine verkrampfte hochgezogene Atmung resultiert. Das Zwerchfell ist starr, die Bauchdecke eingezogen bei stark betonter, aktiver, also angestrengter Einatmung, wobei über der Brust und zum Hals hin ein Engegefühl entsteht. Diese Fehlhaltung gilt es zu unterbrechen und umzupolen zum Mehr-Hergeben und Leermachen und zum Verlagern der Empfindung in den Bauch-Beckenraum, d. h. zu einer Vitalisierung des Zwerchfells. Wenn das einmal gelingt, erlebt das Kind eine große Befreiung und kann nach dem Loslassen abwarten. Es spürt das Einatmen nicht als aktiv "gemacht", sondern als Entfaltung, wie von selbst, im Bauchraum. Das Herannahen von Anfällen, die ja in Krisensituationen immer wieder auftreten, wird spüriger wahrgenommen, und man kann ihnen gewappneter und rechtzeitig begegnen. Der oft sehr rasche Erfolg beim Asthmatiker darf jedoch nicht darüber hinwegtäuschen, daß es immer wieder Rückfälle geben kann. Eine Behandlung zieht sich über Jahre, wenn auch mit großen zeitlichen Abständen, krisenbegleitend hin. Dies verdeutlicht der folgende Fall.

Gregory kam als 10jähriger zu mir. Seine Mutter erzählte, er habe seit seinem ersten Lebensjahr oft Husten und Schnupfen gehabt und dabei immer schwer geatmet; zweimal im Jahr waren es ernstere Zustände mit Fieber. Seit der Geburt der drei Jahre jüngeren Schwester habe er wieder mit Bettnässen begonnen. Zu Beginn der Therapie war neu, daß das Bettnässen aufgehört hatte, aber sechs Wochen zuvor regelrechte Asthmaanfälle aufgetreten waren, etwa zweimal wöchentlich. Sie dauerten zehn Minuten und gingen dann in eine den ganzen Tag andauernde Atemnot über, wobei Gregory unruhig und unkonzentriert im Haus herumlief und zu keiner Tätigkeit und zu keinem Spiel fähig war. Da er auch appetitlos wurde, hielt die Mutter die regelmäßigen Mahlzeiten nicht mehr ein und ließ ihm in beständiger Sorge alles durchgehen. Der Junge aß nach Lust und Laune irgendetwas aus der Speisekammer, fast ausschließlich Pommes chips und Süßigkeiten.

Der Vater erschien nur selten, aus Berufsgründen, wie den Kindern und auch mir zunächst gesagt wurde. Erst später erfuhr ich, daß zu dieser Zeit die Ehe schon kriselte. Der Vater wurde von der Mutter als unzuverlässig in seiner Zuwendung zu den Kindern und in seiner Erziehung als inkonsequent beschrieben und angeklagt. Er hatte schon eine andere Beziehung. Heute leben beide getrennt, der Vater wieder verheiratet, die Mutter mit einem Freund und den Kindern.

Als ich die FE mit Gregory begann, war er kindlicher, als es seinem Alter entsprach. Er war schmal, blaß, zappelig und verängstigt, aber hellwach, jede Gefahr witternd und ihr ausgeliefert. Die Mutter, überängstlich und stark auf ihn fixiert, benutzte ihn als Ersatzpartner, schleppte ihn zu Theateraufführungen mit und benutzte ihn zu langen Gesprächen, in denen sie den Vater anklagte, was den Jungen überforderte. Ich bezog sie nicht mit in die Behandlung ein, um die Bindung nicht noch zu verstärken. Zu der Zeit nahm sie gerade wieder eine neue Berufsausbildung halbtags auf, was sich für die Zukunft günstig auswirkte.

Die ersten Stunden mit dem Jungen waren bestimmt von starker Unruhe und Atemnot. Er kam aber gerne, mit zunehmendem Vertrauen, und fühlte sich wohliger. Wenn er sich hinkuscheln konnte und wie in einem weichen Fell brummeln durfte, trat ein großes, lang anhaltendes und kaum zu unterbrechendes Gähnen auf. Die Arbeit im Sitzen war kaum möglich, weil er in sich zusammensackte, ein Zeichen der vorherigen enormen Anspannung und Wachsamkeit, in der er leben mußte. Ganz langsam lernte er, sich loszulassen, dem Boden angstfrei anzuvertrauen und dabei die aktive, hochgezogene Inspiration aufzugeben, die ihm das so quälende Gefühl der Beklemmung, Anspannung und Enge in der Brust gab. Mit zunehmender vertiefter Zwerchfellatmung, die vorher kaum vorhanden war, fand er eine Mitte und erlebte, daß die Atmung auch ohne den Kraftaufwand des Hochziehens funktionierte, zu einem ihn beruhigenden Rhythmus. Vor allem aber konnte er selber herausfinden, in welchem Zusammenhang die Anfälle kamen. "Immer wenn ich Wut kriege", sagte er und konnte mir Beispiele aus dem täglichen Leben nennen. Diese Wut war meistens aus einer Art Angst entstanden, z. B. wenn er etwas nicht bekam, was er erhofft hatte und was ihm fest versprochen worden war, oder wenn eine Reise der Mutter bevorstand und er immer noch, trotz seiner zehn Jahre, befürchtete, sie könnte einmal nicht wiederkommen. Er sagte einmal: "Wenn ich mich ganz doll ärgere, dann wird es ganz schlimm mit der Enge, aber dann kriege ich es auch besser weg, weil ich weiß, worüber ich mich ärgere. Aber wenn so ständig was hinter der Mauer lauert, dann geht es schwerer und dauert den ganzen Tag." Die Zustände kamen also wirklich wie ein Anfall, wie ein Angefallenwerden, von einem Moment zum andern. "Wenn vorher eigentlich alles ganz ruhig war, geht es plötzlich los", sagten Mutter und Gregory einstimmig.

G. hat im Verlaufe der Behandlung immer besser die ersten Anzeichen eines Anfalles spüren gelernt, auch in der Schule. Er isolierte sich dann rasch, durfte nach Rücksprache mit dem verständigen Lehrer aus der Schulstunde heraus auf den Hof gehen und schilderte mir, wie er sich dann an eine Mauer anlehnte, sich auf das, was er in unseren Stunden gelernt hatte, konzentrierte und so den Anfall selber kupieren und auffangen konnte. Nach etwa 25 Stunden traten auf diese Weise keine großen Anfälle mehr auf und sind bisher auch nie wiedergekommen. Nach der intensiven Behandlung in diesen ersten dramatischen Monaten verblieben aber eine ständige Labilität und Irritation, was sich dann und wann in Rhythmusstörung bis zu ärgerer Atemnot äußerte. Deswegen behielt ich G. krisenbegleitend im Auge. In großen Abständen kam er immer wieder in den drei folgenden Jahren zur Kontrolle. Er mußte die Veränderungen in der Familie verarbeiten und kam allmählich in die Pubertätsphase. In der Schule gab es keine Probleme. Heute ist er ein großer, kräftiger, sportlicher Junge, eher etwas frühreif. Er weiß ganz genau, wann und warum ihn etwas ‚anfällt'. Er hat die FE erstaunlich gut erlernt und bleibt damit selbstverantwortlich am Ball, täglich, wie er sagt. Wenn er meint, er hätte es nötig, meldet er sich von selbst und kommt heute noch zu mir. Er weiß sich zu helfen. wenn er von Zeit zu Zeit die Enge auf der Brust spürt, durch das Aufsuchen und Erspüren von Blockaden in sich. Durch behutsames Bewegen, Ruhenlassen und Nachspüren hat er eine verbesserte Selbstwahrnehmung seiner leiblichen Veränderung erlangt. Kürzlich sagte er, indem er sich an das Brustbein faßte: "Es breitet sich hier etwas Ruhiges aus."

Ein anderer Fall war sehr viel schneller erfolgreich als der eben beschriebene.

Sylvia, ein 9jähriges Mädchen, kam mit einem Symptom, das man vielleicht als ein Nach-Luft-Schnappen oder als Lufthunger bezeichnen könnte und das mehrmals täglich auftrat. Während der Inspiration stoppte sie plötzlich, der Mund blieb dann erwartungsvoll offen stehen wie bei einem jungen Vogel, der auf Futter wartet. Wenn man dieses Nach-Luft-Schnappen einmal nachzumachen versucht, dann merkt man selber, was dabei vor sich geht: Nach einer heftigen, fast ruckartigen Einatmung mit Anheben des gesamten Brustkorbes bis zum Hals und Mundboden hielt das Mädchen an, quasi in Erwartungshaltung. Sie sagte dazu, sie könne nicht so richtig durchkommen, auch nicht durchgähnen. Das empfand sie natürlich als äußerst quälend. Sie lernte erstaunlich rasch, daß das Loslassen und Leermachen bis auf den Grund die Voraussetzung für das Wieder-Etwas- und Genug-Kriegen ist. Schon nach fünf Stunden ist dieser quälende Zustand nie wieder aufgetreten. Sie blieb noch eine Zeitlang bei mir, konnte sich aber nun immer selber helfen, sobald sie einen Anflug der einengenden Spannung kommen spürte.

Einen wichtigen Anwendungsbereich findet die FE bei Schulkindern mit *Konzentrationsstörungen, motorischer Unruhe* und *Schulängsten*, die heute so häufig von Lehrern und Eltern beklagt werden. Wir können hier gute Erfolge verzeichnen, die sich nicht zuletzt in der Schule positiv ausgewirkt haben. Die Kinder wurden von Lehrern, mit denen es eine gute und verständnisvolle Zusammenarbeit gab, oder vom Kinderarzt geschickt: Das Kind sei sehr lebhaft und werde von Unruhe und Zappeligkeit beherrscht, es könne nie länger bei einer Sache bleiben und lasse sich leicht ablenken. Dadurch wirke es in der Schule störend, und die Leistungen ließen nach. Es wurde aber auch hervorgehoben, daß es sehr intelligent und wach sei, lebhaft mitmache und rasch, allzurasch mit Antworten bei der Hand sei.

Solche Kinder imponieren im ersten Moment durch scheinbar Positives. Bei näherem Kennenlernen aber merkt man, daß sie alles und nichts wahrnehmen, und daß die im ersten Moment so beeindruckende Aufmerksamkeit genau das Gegenteil von Konzentration ist. So gesehen sind Aufmerksamkeit und Konzentration polare Einstellungen in der Zuwendung zur Umwelt. Eine so geartete Aufmerksamkeit muß als diffuses Interesse verstanden werden, das nicht auf etwas Bestimmtes gerichtet ist, Konzentration dagegen hat ein bestimmtes umgrenztes Ziel.

Ein konzentriertes Kind ruht in sich und bleibt bei einer Sache, bis sie beendet ist. Es fühlt sich sicher und geborgen. Das überwache hingegen muß ständig, quasi als Schutzmaßnahme, alle seine Antennen ausstellen, um gewappnet zu sein gegen das, was jeden Moment hereinbrechen könnte. Schreck, Aufregung oder Angst wirft solche Kinder aus der Bahn und blockiert sie für eine adäquate Reaktion. Aus ihrer Biographie erfährt man die verschiedensten Faktoren, die zu einem derartigen Verhalten führen, wie Uneinigkeit und Zank der Eltern, Scheidungssituationen, Rivalität mit Geschwistern, erhöhte Erwartung und Ehrgeiz der Eltern und Lehrer in bestimmten angespannten Schulsituationen. Auch stellt sich oft heraus, daß zu Hause Unruhe herrscht, die die Mutter verbreitet, indem sie selber unkonzentriert verschiedenen Beschäftigungen nachgeht, ohne damit zufrieden zu sein, die Hausarbeit als lästig empfindet und vage Berufswünsche hat. Sie bleibt selber nicht kontinuierlich bei einer Sache, auch hört sie nicht zu, wenn das Kind etwas erzählt, so daß dieses nur mangelhaft erfährt, was Zuhören ist und deshalb auch nicht lernen kann, konzentriert zuzuhören. gerade das, was ihm so sehr fehlt.

Die Liste der Beunruhigungsfaktoren läßt sich verlängern.

Die Ursachen können oft nicht beseitigt werden; doch kommt es in der FE vor allem darauf an, daß das Kind mit der es umgebenden Realität besser fertig wird d. h., daß es sich selber erfährt, um in sich ruhen und Halt bei sich selber finden zu können. Denn sich wohl zu fühlen in sich selber gibt Geborgenheit und damit Sicherheit. Hier ist der Ansatzpunkt für die FE.

Ich habe an anderer Stelle[1] über meine Erfahrungen mit *Kindergruppen* berichtet und möchte dies im folgenden zusammenfassen.

In Gruppen zu maximal fünf Kindern, im Alter und Reifegrad möglichst gleich, haben wir bei etwa 15 bis 20 Stunden gute Erfolge erzielt. Auch Nebensymptome, wie Einnässen und Einkoten am Tag, Nägelkauen oder ticartiges Augenblinzeln, Kopfschmerzen und Schlafstörungen verschwanden während der Behandlung. Wie sah so eine Stunde nun aus?

Das sichtbare Symptom ist motorische Unruhe, Zappeligkeit. Wie kann diese Energieverschwendung in sinnvolle Bahnen gelenkt werden? Man läßt die Kinder sich auf den Boden legen wie sie wollen. Man läßt sie sich ausbreiten, alle Viere von sich strecken und es sich bequem machen, die Augen schließen. Was ist dann? Man sieht nichts mehr. Man läßt sie horchen und wahrnehmen, was sie hören; daß man in der Nähe, aber auch weiter weg etwas hört, im Haus und draußen, daß Geräusche kommen und wieder leiser werden bis zum Verschwinden. Jeder darf sagen, was er wahrnimmt. Ein Tuch über den Augen hilft, sie geschlossen zu halten. Sieht man trotz der geschlossenen Augen etwas? Alle Antworten sind richtig.

Auch sich eine Landschaft vorzustellen, die die Kinder kennen oder die sie phantasieren, ist ein guter Einstieg und macht Spaß. Wer will, darf sie beschreiben, auch sein Haus, seinen Garten oder sein eigenes Zimmer. Die anderen hören zu, "sehen" mit und sagen dann, ob sie sich das Geschilderte vorstellen können.

Seine Sinne zu benutzen, ist ein Zur-Besinnung-Kommen. Dazu gehört auch das Sich-Fühlen. Wo und wie fühlt man was? Die Kinder antworten z. B.: "Das Herz klopft", "Der Bauch geht rauf und runter", "Der Kopf ist schwer", "Es kribbelt in

---

[1] Janz, G.: Funktionelle Entspannung bei Kindern mit Konzentrationsstörung. Praxis der Kinderpsychologie (1978), H. 6.

den Händen und Füßen". Bei längerem Warten kommt immer mehr dazu, jeder darf sich äußern, und alles ist wichtig und richtig. Die Kinder sind fasziniert von all diesen Wahrnehmungen, etwa: Wie lang bin ich, wo ist oben und unten, wo ist das Ende, und was ist dort? Wo ist die Mitte zwischen oberem und unterem Ende? Wo liege ich am Boden, wo nicht? Wie kann ich's mir noch bequemer machen? Wie ist es, wenn ich "strammstehe", also wie ein Soldat daliege, und wie ist es mit "Rührt euch"? Die Kinder merken, daß dann Arme und Beine loslassen, zur Seite fallen, daß sie vorher wenig und nachher mehr Platz am Boden einnehmen und daß sich das eine besser anfühlt als das andere. Das gibt ein erstes Wohlgefühl. Sie geben ihre Schwere an den Boden ab, "versinken" nicht in ihm.

Wenn so das Interesse geweckt ist, sie eingestimmt sind in sich selber und nicht ständig außer sich etwas wahrnehmen, kann mit dem Erspüren dessen, was wir das Material der FE nennen, begonnen werden: Das gesamte Körpergerüst, die Wirbelsäule als die zentrale Achse, dazu die Querachsen von Schulter zu Schulter und von Hüfte zu Hüfte, die mit der Längsachse Kreuze bilden, dann die gelenkigen Übergänge in Arme und Beine und schließlich die dieses Gerüst umschließenden Räume mit den Öffnungen nach innen und außen.

Dieses Aufspüren und Entdecken geht mit wenigen Spielregeln vor sich. Die gefundene Stelle am Körper wird mit einer kleinen, gezielten Bewegung noch einmal intensiver wahrgenommen, wenn sie unaufwendig mit Stimme begleitet wird, also unbewußt im "Aus". Das genügt dann, um sie, ohne zu bewegen, noch einmal nachspüren zu können.

Eine Art von FE-Biologieunterricht dann und wann einzuschieben ist gut, und zwar einen, den sie am eigenen Leib erfahren. Es ist z. B. nicht wichtig, wieviel Rippen wir haben, sondern daß alle zusammen einen Korb bilden, der etwas umschließt, der eng sein, sich aber auch weiten kann und nachgibt. Die Kinder wollen wissen, wie ihr Körper funktioniert, aber ihre Vorstellungen davon sind verschwommen: Der Kopf sitzt auf der Brust, Brust und Bauch sind ein Raum, Essen und Luft gehen durch eine dicke Röhre in den Bauch, das Herz befindet sich bei vielen auf der rechten Seite, die Arme sind lange Knochen, die an der Schulter angewachsen sind, das Zwerchfell ist klein – vom Zwerg – und ein Sack, vorne und hinten haben wir Schulterblätter usw.

Schritt für Schritt müssen sie nun an sich selber erleben, wie ihr Körper ist, was z. B. ein Gelenk ist, daß der Arm nicht knöchern angewachsen, sondern kugelartig beweglich in allen Richtungen ist. Wieso fällt er dann nicht ab? Vielleicht sind da Sehnen, und was ist das? Wie stellt ihr euch das vor? Sie antworten: Vielleicht so wie Gummibänder, die nach allen Richtungen nachgeben können. Und wenn der Arm ein einziger langer Knochen wäre, wie wäre das? Wir könnten dann mit der Hand nicht zum Mund reichen usw. Alle Vorschläge sollte man ausprobieren und erleben lassen. Ebenso ist es mit den Beinen. Sie haben oben auch zwei Kugeln, die sich genau in einer dafür passenden Höhle drehen können. Nun kann man noch einmal das Strammstehen, den Soldaten, machen lassen und dann fragen: "Wo rührt es sich jetzt?" Mit einem "Ach ja!", – das ist ein Ausatmen, also ein Loslassen und Gewicht-Hergeben bodenwärts – wird die Entlastung noch einmal erlebt.

Die Kinder suchen und erleben, wo es noch solche Gelenke, solche Schaltstellen gibt. Ellbogen und Knie können nicht kugeln, sondern nur beugen und strecken, die Finger auch. Wie ist das mit der Wirbelsäule? Auch da müssen solche Gelenke sein. Die Kinder merken ja, daß die Wirbelsäule beweglich ist und nicht eine starre, gerade Säule. Wir lassen das ausprobieren: Wo geht es besonders gut, wo weniger, und was würde geschehen, wenn sie wirklich eine Säule wäre? Die Kinder probieren, schauen sich gegenseitig an und verstehen dann: Sie könnten sich nicht vor- und rückwärtsbeugen, nicht drehen und nicht mit dem Kopf nicken und ihn wenden. Gemeinsam suchen sie nach einem Wort, das besser ihrer Vorstellung von dem so einerseits Beweglichen und andererseits als Halt Erlebten entspricht. Ähnlich ist es mit dem Kiefergelenk: Gibt es das? Wo ist es? Wie funktioniert es? Wofür brauchen wir es? Was wäre, wenn wir es nicht hätten? Beißen, Kauen und Gähnen wären unmöglich.

Wichtig ist nun, daß sie merken, daß man sich an all diesen gelenkigen Schaltstellen feststellen kann und daß man das in bestimmten Situationen von Angst, Schreck oder Erwartung auch tut. Wie kann man sich nun helfen, wie kann man in solchen Momenten wieder loslassen? Auch der Atem stockt dabei, wird angehalten. Mit Hilfe der Ausatmung löst sich alles wieder, geht abwärts, bodenwärts, innerwärts, wird als befreiend erlebt. So entlastet, können die Kinder nun adäquater reagieren, etwa in einer Schulsituation. Eine Frage kann nun in Ruhe überlegt werden; sie können sich Zeit lassen und antworten nicht vorschnell und unter Druck. Fast alle konnten diesen Vorgang subjektiv äußern, etwa: Ich kann mich abregen, ich lasse einfach ab, ich fahre nicht mehr so leicht aus der Haut, ich fühle, wo ich einen Block in mir habe, wo es stockt; wenn ich drankomme, weiß ich, wie ich mit dem Schreck, der Angst fertig werde. Durch das Wohlgefühl und die spürbare Hilfe, die die Kinder erfahren, ist es nicht schwer, sie dazu zu bringen, jeden Mittag nach dem Essen eine kurze, konzentrierte Zäsur einzulegen mit einem FE-Selber-Tun, danach noch etwas liegenzubleiben, eventuell lesend, und dann den Tag noch einmal neu zu beginnen mit Schulaufgaben und anderen Aktivitäten. Gespräche mit der Mutter nach einigen Stunden und auch am Ende der Behandlung sind wichtig, damit sie hilft, eine solche Pause in Ruhe zu ermöglichen.

Naturgemäß ist in der *Einzeltherapie* eine differenziertere Einstellung auf den Patienten möglich als in der Gruppenarbeit.

Im folgenden Fall handelt es sich um einen 9jährigen Jungen, Ralph, der tagsüber noch einnäßte, eine leichte Stotter-Sprachstörung hatte, die auch in der Schule moniert wurde, und unter Schweißausbrüchen litt, vor allem an den Händen, die ständig feucht waren.

Dahinter stand ein mächtiger, leistungsfordernder Vater. Als dieser mich fragte: "Soll ich nun, wenn der Junge bei Ihnen ist, auch noch mit ihm arbeiten, soll ich mit ihm sprechen und lesen üben, wie bisher?" und ich ihm abriet, meinte er: "Na gut, dann arbeite ich eben sportlich mit ihm". Auf meine Frage, warum er das arbeiten nenne und nicht spielen, warum er nicht einmal mit dem Jungen spielen würde, wurde er stutzig und sagte: "Ach so, ja, darüber muß ich einmal nachdenken: vielleicht ist es das."

Wenn der Junge etwas von sich erzählen wollte, hieß das immer so: "Mein Vater tut das und das..." Oder: "Mein Vater macht das so und so..." Oder: "Mein Vater meint..." Nie kam ein "ich". Er machte einen zaghaften, ängstlichen Eindruck, ließ den Kopf hängen, ein kleines Männlein, das sich nichts zutraute. Die Mutter erzählte, er sei, weil er nicht pariere wie der drei Jahre ältere Bruder, und weil er viel und laut geschrieen habe, sehr häufig bestraft worden. Der Vater sei ungeduldig, weil er so langsam und stotternd spräche, er würde den Jungen nie ausreden lassen. Immer würde er mit ihm nur lesen üben, dabei aber auf die Uhr schauen, weil er eigentlich schon wieder etwas anderes machen wolle oder fort müßte. Die Mutter beklagte sich vor allem über die ständige Arbeit mit der vielen Wäsche, die durch das Einnässen anfiel. Das führe zu täglichen Auseinandersetzungen.

In der FE-Behandlung nun, 30 Stunden über ein Jahr verteilt, erlebte Ralph sich selber; was er wahrnahm, war er selber, von Kopf bis Fuß; was er fühlte, war *sein* Gefühl; was *er* an Bewegung spürte, war *in ihm* und bewegte ihn. Darauf konnte er sich zunehmend verlassen, und das gab ihm mehr und mehr Ich-Stärke. Er lernte rechtzeitig zu spüren, wenn er aufs Klo mußte, und dann auch zu gehen. Er lernte, ruhig und loslassend, strömend zu sprechen, weil er erfuhr, daß ihm in Ruhe zugehört wurde, er konnte sich "aussprechen". Mit dem Abbau der Angst wurden auch die Schweißausbrüche seltener. Er sagte einmal: "Ich halte nicht mehr an wie ein Stau, es strömt überall hin, bis in die Fingerspitzen."

In dieser Zeit wurde er, wie die Mutter berichtete, zu Hause zunehmend aggressiv, ein "unartiges Kind". Diese Phase, erst beklagt, wurde aber nach einem Gespräch mit den Eltern von diesen verständnisvoll durchgehalten. Als er auch in der Schule mehr Erfolg hatte und Freunde gewann, entließ ich ihn. Nach einem halben Jahr besuchte er mich wieder. Auf meine Frage, wie es ihm gehe, antwortete er spontan, lachend und etwas kiebig: "Ich bin froh, daß ich auf der Welt bin und nicht mehr von der Kugel herunterrutsche!"

Eine ähnliche Rhythmusstörung wie beim Asthmatiker liegt auch beim *Stotterer* vor. Auch hier ist das Herauslassen und Hergeben nicht möglich, und es gilt, die Beziehung zur eigenen Mitte zu entdecken und herzustellen. Durch die Rhythmisierung der Atmung wird eine tiefere Schicht berührt zu einem inneren Bewegtsein, und das Fließenlassen bewirkt so eine Abfuhr von Gestautem. Sprechen ist, wie schon erwähnt, ein Ausatmen. Dieser Atemstrom wird von Gefühlsregungen beeinflußt und stört ihn in seinem Fließen durch ein Stop oder Poltern. Stotterkinder berichten häufig, daß sie "fließend schimpfen" könnten. So wirkt es in der FE-Therapie befreiend, wenn sich gestaute Aggression oder Wut entladen kann, z. B. beim Hin- und Her-Ballspiel, wenn jedesmal beim Werfen des Balles ein dem Kind spontan einfallendes Schimpfwort gerufen werden darf. Die häufig äußerlich zur Schau getragene Sicherheit und Zurückhaltung wird überspielt, der Mund wird "aufgemacht", und es gibt keinen Stau zum beengten und zugemachten Hals. Erst dann kann im weiteren Verlauf auf das störende Symptom, das Nicht-fließend-sprechen-Können, eingegangen werden, mehr oder weniger spielerisch, je nach dem Alter des Kindes. Der Mund wird nun als Raum erlebt, weiter oder enger, und daß er einen hinteren Ausgang hat mit Öffnung nach unten, wo die Zunge in schwebender Spannung gehalten wird und wohin sie sich ablegen kann. An Kiefergelenk und Zähnen wird erfahren, daß sie verbissen geschlossen sind, daß sie sich aber auch öffnen können. Das Kauen und Schmatzen und Mümmeln im "Aus" schafft Platz und wird im Nachspüren als Weite lustvoll erlebt, das entspannte Öffnen und Schließen als Voraussetzung des bewegten Austausches: Das ist Sprechen.

Abschließend noch der Fall einer Pubertätskrise.

Die Pubertät muß mit der geschlechtlichen Reife als die letzte Stufe der kindlichen Entwicklung angesehen werden. Krisen symptomatisieren sich bei Mädchen häufig mit der sogenannten Amenorrhöe, die erfolgreich mit der FE behandelt wird. Wenn die kindliche Entwicklung durch traumatische Erlebnisse geprägt war, kommt es zur infantilen Regression, die das Akzeptieren der weiblichen Rolle verhindert, etwa bei einem negativ erlebten Mutterbild, oder wenn ein Mädchen als Junge gewünscht war und diese Rolle übernehmen mußte. Es kann oder will nicht Frau werden, häufig gibt es sich betont sportlich und jungenhaft. Eine rasch wirkende Medikation kann zwar zur körperlichen Reife führen, aber die psychische Reifung vollzieht sich nicht mit. Hier ist ein Ansatz für die FE.

Yvonne ist ein 12½jähriges Mädchen. Die Eltern sind seit zwei Jahren geschieden, die Mutter macht einen vernünftigen, verständnisvollen Eindruck, sie ist ein etwas harter, hagerer Typ. Das Mädchen klagt über häufigen Kopfschmerz in der Schule und über Obstipation.

Sie hat keine Schulschwierigkeiten, eher die Ehrgeizhaltung, alles immer besonders gut und gründlich zu machen. Körperlich wirkt sie präpubertär, überall etwas zu speckig und wie gestaut, ohne eigentlich dick zu sein.

Ich sah die FE-Behandlung als Vorbereitung zur fälligen Menstruation an, die sie, wie sich im Gespräch herausstellte, auch erwartete, weil sie bei ihren Freundinnen schon eingetreten war und viel in der Schule darüber gesprochen wurde. Andererseits fürchtete sie sich aber auch davor, wußte nicht so recht, was sie davon halten sollte und war sich auch nicht klar darüber, was dabei im Körper passiert. Sie meinte: "Das ist doch ganz blöd und unangenehm, ich möchte lieber ein Junge sein." Sie war übrigens eine passionierte Reiterin. Ein klärendes Gespräch darüber half ihr und nahm ihr ihre Befürchtungen. Vor allem aber wirkte schon nach wenigen Stunden das entspannende Gefühl durch die FE, das leibhafte Hinlenken vom Kopf zum Bauch, den sie weder schlaff noch straff, sondern lebendig-veränderungsbereit wahrnehmen konnte. Sie lernte ihn als Innenraum zu akzeptieren und fand zu ihrer Rolle als Mädchen. Nach neun Monaten – vielleicht keine zufällige Zeit – setzte die erste Menstruation ein, die Kopfschmerzen nahmen ab, die Obstipation verschwand. Zunächst blieb dann die Periode wieder aus, die Ambivalenz wurde nochmals deutlich. Aber nach drei Monaten, in denen sie in größeren Abständen noch zu mir kam, regelte sich dies zu einem normalen Rhythmus.

ANNETTE FLEISCHER-PETERS

# Der Mundraum als Ausdrucksfeld psychosozialer Störungen

Der Mund ist in hochsensibles Organ, das für das Erleben jedes Menschen vom Lebensanfang an von zentraler Bedeutung ist. Denken wir daran, wie sensibel beim Tasten mit der Zunge und den Zahnreihen, wie beim Schmecken Schleimhäute und Speicheldrüse reagieren. Mit dem Mundraum werden nicht nur Nahrung und Sinneseindrücke aufgenommen, sondern in ihm drückt sich auch psychisches Erleben aus, das sich in der Physiognomie dauerhaft niederschlagen kann. Der Volksmund hat verschiedene Redensarten dafür, wie "die Zähne zusammenbeißen" (zur Bewältigung von Schmerz und Kummer), "da bleibt einem die Spucke weg" (vor Angst und Schrecken), "einen harten Brocken schlucken" (ein schwieriges Problem lösen).

**Der Mund als Kontaktorgan**

Schon von Geburt an sind in der Mundhöhle die verschiedenen Sinneswahrnehmungen wie Geschmack, Gefühl, Temperatur, Geruch- und Schmerzempfindungen in hohem Maße ausgeprägt. So ist die Mundhöhle das erste Sinnesorgan und besser als jede andere Körperregion geeignet, eine Brücke zwischen innerer und äußerer Wahrnehmung zu bilden. Das Stillerlebnis mit all seinen Empfindungen ist in der Mundhöhle zentriert, von Spitz deshalb als "Urhöhle" bezeichnet. In der oralen Phase ist der Mund das Kontaktorgan zu Mutter und Umwelt. Gestillt werden bedeutet deshalb nicht nur Befriedigung des vitalen Hungertriebes, sondern gleichzeitig Empfindung mütterlicher Zuwendung und Zärtlichkeit. Ob Wärme, Geborgenheit und Liebe erfahren werden oder Kühle, Ablehnung und Gleichgültigkeit, ist entscheidend für die Ausbildung von gesundem Selbstbewußtsein und Urvertrauen bzw. Enttäuschung und Angst. Diese frühen Erfahrungen wirken hinein in die Gestaltung der zwischenmenschlichen Beziehungen des späteren Lebens. Mit dem Durchbruch der Zähne erweitert sich die Funktion der Mundhöhle zum Beiß-, Tast- und Greiforgan, das, über die wahrnehmungsmäßige Erfassung der Gegenstände hinaus, eine erste aggressive Auseinandersetzung mit der Umwelt ermöglicht.

**Spannungsabfuhr über den Mund**
Ähnlich wie das Stillen des Säuglings einen körperlich-seelischen Akt darstellt, der die ungeheure, durch Hunger ausgelöste Triebspannung des Kindes aufzulösen vermag, hat auch das Daumenlutschen die Funktion, Spannung zu vermindern und über den Mundbereich abzuführen. Mit Hilfe des Daumens kann der Säugling sich orale Lust verschaffen und Unlustgefühle wie auch Trennungsängste für eine begrenzte Zeit kompensieren.

Solche zunächst normalen Funktionen können bei psychischen Entwicklungsschwierigkeiten zu einem Gewohnheitszwang bzw. zu einem übersteigerten, regressiven Lutschbedürfnis werden. Deshalb sind ausgeprägte Lutschgewohnheiten oft ein Hinweis auf emotionale Versagungen und werden häufiger bei Kindern beobachtet, deren Bedürfnisse nach Geborgenheit und Liebe nicht adäquat erfüllt werden.

Nach unseren Erfahrungen lassen sich zwei unterschiedliche Gruppen von Gewohnheiten unterscheiden und zwar solche, die mit Zärtlichkeitsbedürfnis und Suche nach Wärme und Liebe in Zusammenhang stehen. Hierzu gehören Lutschen von Daumen, Finger, Haut oder Gegenständen, Saugen an Zunge, Wangen und Lippen oder an Spielzeug sowie Lecken von Lippen, Handrücken oder Gegenständen. Demgegenüber steht eine Gruppe von funktionellem Fehlverhalten, das meist mit Aggressionen einhergeht: Beißen von Lippen, Zunge, Nägeln, Gegenständen, wie z. B. Bleistiften und Spielzeugteilen, Beißen von Nagelhaut und Haaren, Schorfabkratzen sowie Pressen der Zahnreihen, Knirschen und Anspannen der Muskulatur.

## Fehlentwicklungen

Fehlfunktionen und Störungen funktioneller Art im Mundbereich sind häufig und außerordentlich vielgestaltig. Nicht selten kann schon an der Art der Fehlstellung der Zähne und der Verformung des Kiefers das Vorliegen solcher Habits abgelesen werden, die es dann durch gezielte Verhaltensbeobachtungen während des ärztlichen Gespächs aufzuspüren gilt. Trifft ein solches Habit auf eine in ähnliche Richtung wirkende genetische Disposition, sind besonders ausgeprägte Kieferfehlbildungen die Folge.

Der psychosomatisch orientierte Kieferorthopäde wird deshalb fragen, warum z. B. ein Schulkind noch lutscht, um damit an die eigentliche Ursache der Fehlentwicklung heranzukommen. Als Gründe für das motorische Fehlverhalten (Habits, Dyskinesien oder Parafunktionen genannt) findet man oft weit zurückreichende Beziehungsstörungen und mißglückte Erlebnisverarbeitungen, die sich letztlich in Entwicklungshemmungen und -entgleisungen niederschlagen. Einem Kind mit lutschoffenem Biß fehlt die Geschlossenheit der Mundhöhle, was man auch interpretieren könnte als fehlende Abgrenzung des eigenen Selbst infolge eines verzögerten Individuationsprozesses.

Auch bei Erwachsenen ist die Mundregion Austragungsort körperlicher bzw. psychischer Spannungen. Patienten mit Kiefergelenkbeschwerden leiden häufig unter nächtlichem Zähneknirschen und -pressen, dessen psychische Genese heute unbestritten ist. Es konnte nachgewiesen werden, daß diesen Funktionsstörungen oft eine übersteigerte Aktivität, aber auch Angst und Aggressivität zugrunde liegen. Bei emotionalem Streß kann es also zu muskulären Hyperaktivitäten kommen, die bevorzugt im Mundbereich auftreten mit allen neuromuskulären, zirkulatorischen, respiratorischen und vegetativen Korrelaten. Dabei handelt es sich meist um autodestruktive Prozesse, die bis zur Zerstörung der Zahnreihen führen können.

Ausgesprochen schlechte, unzureichende Pflege der Zähne, d. h. ein Mangel an Zuwendung zum eigenen Ich, wird u. a. bei depressiven Zuständen beobachtet, die mit Beziehungsstörungen zum eigenen Körper einhergehen. Darüber hinaus kann es bei depressiven Zuständen zu einer negativen Besetzung des Mundraumes kommen in Form von Schmerzen und Sensationen, die Zahnerkrankungen vortäuschen. In diesem Zusammenhang muß auch die Unverträglichkeit von Zahnprothesen gesehen werden.

## Kieferorthopädie – psychosomatisch gesehen

In der Zahnmedizin gibt es seit einigen Jahren Bestrebungen, psychologische Gesichtspunkte stärker zu beachten und im Rahmen einer entsprechenden Weiterbildung das Verständnis für psychosomatische Zusammenhänge zu vermitteln. Die den beschriebenen Fehlfunktionen und Dyskinesien zugrunde liegenden Störungen sind nicht nur auf das Kauorgan beschränkt, sondern manifestieren sich meist am Gesamtorganismus. Bei Angst- und Spannungszuständen sind die verschiedenartigsten, meist stereotypen Reaktionen am Mund zu beobachten, die unbewußt das Fehlen des leib-seelischen Gleichgewichts anzeigen. So kann der Zahnarzt aus Verhaltensbeobachtungen und im ärztlichen Gespräch Hinweise auf psychische Komponenten des jeweiligen Habits erhalten. Doch dieses Wissen allein versetzt ihn nicht in die Lage, dem Problempatienten nachhaltig zu helfen.

Auch die Kieferorthopädie mit ihren funktionellen Übungsgeräten zur Veränderung des motorischen Verhaltens und zur Harmonisierung der Form des Kauorgans kann die eigentliche Ursache des Fehlverhaltens nicht erreichen.

Im Bemühen, von einer symptomatischen zu einer mehr kausalen Therapie zu gelangen, ist nach unserer langjährigen Erfahrung insbesondere der Einsatz der Funktionellen Entspannung in der Zahnheilkunde und Kieferorthopädie eine wirkungsvolle Hilfe.

## Funktionelle Entspannung und Kieferorthopädie

Auf der Suche nach einer Therapiemethode, die vom Körper ausgehend tiefenpsychologische Ansätze berücksichtigt und auch bei Kindern und Jugendlichen einsetzbar ist, lernte ich vor vielen Jahren die Funktionelle Entspannung kennen. Sie erschien mir deshalb besonders geeignet, weil sie die Möglichkeit bietet, auch die bei kieferorthopädischen Problemen oft zugrundeliegenden Beziehungsstörungen des psychosozialen Umfeldes einzubeziehen. Hierzu ein Beispiel:

Ein 18jähriger Oberschüler hatte durch ständiges "Auf-die-Backenzähne-Beißen" eine Hypertrophie der Kaumuskeln (M. masseter), die sogar zu röntgenologisch sichtbaren Veränderungen (Exostosen) am Unterkieferrand geführt hatte. Eine auffällig gewordene Gesichtsasymmetrie machte den Eltern und dem Patienten Sorge und war Anlaß für eine Untersuchung beim Kieferorthopäden. Im therapeutischen Gespräch ergaben sich Anhaltspunkte für erhebliche familiäre Spannungen im Zusammenhang mit der Trennung der Eltern und der noch nicht vollzogenen Ablösung vom Elternhaus im Sinne einer Persönlichkeitsreifung.

Da mit kieferorthopädischen Behandlungsmitteln diesem psychosomatischen Problemkreis nicht beizukommen war, wurde die FE eingesetzt. Über das spürbare Loslassen beim Ausatmen wurden dem Patienten die Verspannungen nicht nur im hinteren Mundraum, sondern auch am übrigen Körper bewußt; Funktionsabläufe, die auch den Atemrhythmus beeinflussen. Diese Erfahrungen brachten den jungen Mann zu einer besseren Beziehung zu sich selbst und einer angemessenen Distanz zur Außenwelt. Unbewußte psychische Spannungen, die sich in der Hyperaktivität der orofazialen Muskulatur ausgedrückt hatten, erfuhren über den vertieften Atemrhythmus und die Ich-Stärkung einen Ausgleich. Aus dieser körperlichen Selbsterfahrung ergaben sich entlastende Gespräche über die Familiensituation unter dem besonderen Aspekt seiner Ablösungsprobleme und neu erlebten Selbstsicherheit.

Bei einer Vielzahl unterschiedlichster Gebißanomalien mit psychischer Beteiligung erweist sich die FE als psychotherapeutische Methode bei Problempatienten in unserer kieferorthopädischen Universitäts-Poliklinik als sehr hilfreich.

## Literatur

Balters, W.: Zur Kunst der Menschenbehandlung. In: Deutscher Zahnärztekalender. München: Hanser 1954, 165–174.
Biermann, G.: Die Mundwelt des Kindes. Fortschr. Kieferorthop. 43 (1982), 91.
Fleischer-Peters, A., Zschiesche, S.: Ist Lutschen wirklich schädlich? Fortschr. Kieferorthop. 41 (1980), 563.
Fleischer-Peters, A.: IV Psychosomatische Probleme in der Zahnmedizin, Einführung. In: Schneller, Th., Fleischer-Peters, A.: An-

wendung psychologischer Methoden in der Zahnmedizin, Fachbuchhandlung der Psychologie, Frankfurt a. M. 1985.

Fleischer-Peters, A., Scholz, U.: Psychologie und Psychosomatik in der Kieferorthopädie, München-Wien: Hanser 1985.

Fleischer-Peters, A.: Die funktionelle Entspannung als unterstützende Maßnahme bei kieferorthopädischen Patienten. In: Ehrmann, M., Neuhauser, W. (Hrsg.): Der orofaziale Schmerz, Berlin: Quintessenz 1990.

Fuchs, M.: Funktionelle Entspannung bei kieferorthopädischen Problempatienten. Fortschr. Kieferorthop. 44 (1983), 48.

Gerlicher, K.: Zahn-, Mund- und Kieferprobleme aus der Sicht psychoanalytisch orientierter Familientherapie. Fortschr. Kieferorthop. 43 (1982), 224.

Scholz, U.: Psychologische Studien in einer kieferorthopädischen Poliklinik. Fortschr. Kieferorthop. 43 (1982), 467.

URSULA SCHOLZ-GLADE

# Kinder und ihr Körper in der Funktionellen Entspannung

„Wer wäre imstande, von der Fülle der Kindheit würdig zu sprechen! Wir können die kleinen Geschöpfe, die vor uns herumwandeln, nicht anders als mit Vergnügen, ja mit Bewunderung ansehen: denn meist versprechen sie mehr als sie halten, und es scheint, als wenn die Natur unter andern schelmischen Streichen, die sie uns spielt, auch hier sich ganz besonders vorgesetzt, uns zum besten zu haben." (J. W. v. Goethe in: Gerlach, Herrmann 1972)

**Zunächst eine Theorie**

Da ist der Körper der Mutter und alles, was er erlebt und erleidet, bis der Körper des Kindes entsteht, herausgepreßt und abgenabelt ist. Und da ist diese verteufelt-göttliche Verquickung zwischen Körper und Seele/Geist/Psyche, die in irgendeiner Form von Anfang an zu bestehen scheint und sich entwickelt. Letztlich ist kein Übergang vom Physischen zum Psychischen erkennbar, hypostasiert wird er entweder über neurologische Mechanismen oder ideologisch.

Die Mütter der sogenannten zivilisierten Welt sehen sich wohlvorbereitet auf Schwangerschaft und Geburt. Doch für die Zeit danach gibt es meist nur Bücher über Psyche und Erziehung, Angebote für Säuglingsgymnastik, Rhythmik und Babyschwimmen. So wachsen im alltäglichen Leben die Unsicherheiten und Konflikte oft rapide heran. Trotz gewissenhafter Hygiene und Rund-um-die-Uhr-Stillbereitschaft sowie Einbeziehung des Vaters schläft so manches Baby schlecht, es hat Blähungen, es schreit (Berger 1981). Die Mütter und Väter werden nervös beim Beobachten der "Entwicklungsschritte" ihres Kindes.

Hat man also doch etwas falsch gemacht? Wann? Wie? Wo liegt denn nun die Schwierigkeit, der Bruch, das Trauma nach der sanften Geburt? Gibt es eine unbewältigte Deprivation für das Kind? Liegt sie vielleicht doch im Verlust der Urhöhle, dem Verlust dieser und keiner anderen Geborgenheit? Sollten wir uns nicht auch einmal überlegen, wie diese Urhöhle aussieht, wie sie beschaffen ist, welche ihrer Bedingungen unwiederbringlich für das Kind verloren sind (wie Ernährung und Sauerstoffaustausch durch die Nabelschnur, die Abgeschlossenheit der Bauchhöhle) und welche über die Geburt hinaus qualitativ ähnlich, also teilweise, wiederhergestellt werden können, um einen langsameren Übergang zum eigenständigen Leben zu schaffen?

Die Problematik der Reizüberflutung ist bekannt, und dennoch werden kleinste Kinder bereits solchem Streß ausgesetzt, von Zivilisationslärm über häusliche Unruhe bis zu aufputschendem und übererregtem Verhalten dem Kind gegenüber. Begründung bzw. Entschuldigung bieten immer wieder die jeweiligen Umstände. Grund genug, sich die wichtigste Frage zu stellen: Wie hast du dir dein Leben eingerichtet? und: Wie richtest du es dir zusammen mit deinem Kind ein? oder: Weshalb stört dich dein Kind so? Paßt es nicht in deinen Lebensplan?

Kommen wir nochmals zu unserer Vorstellung von der Urhöhle zurück. Unterscheidet sich diese Höhle im Mutterbauch nicht entscheidend von allen denkbaren Erdhöhlen? Ihre Lebendigkeit ist wesentlich: Dieser Puls, dieser Rhythmus, mit dem das heranwachsende Kind im Mutterleib neun Monate lebte! Was tritt an seine Stelle, wenn das Kind geboren ist? Wiegen oder Schaukeln gehörte zum Umgang mit dem Baby in früheren Zeiten; Körperkontakt ist heute das Zauberwort bis hin zum ständigen Deponieren des Kindes im Tragetuch. Doch kaum einer macht sich neben den Diskussionen über die Quantität Gedanken über die Qualität eines solchen Kontaktes. Diese Selbstverständlichkeit bewegten Lebens, die dem Kind nach dem Geburtsakt über lange Zeit weggenommen wird, ist uns Erwachsenen wohl zu vertraut, als daß wir begreifen würden, wie wir das Kind gerade in diesem Punkt schockieren. Uns selbst und unseren Instinkten entfremdet, kommunizieren wir mit den Kleinsten – schon indem wir das selbstbestätigende Lächeln als Feedback fordern und forcieren – blickend und redend, als hätten wir kleine Erwachsene vor uns. Doch diese Töne versteht das Kind noch lange nicht – wohl aber seinen zerrissenen Hintergrund.

Da gilt es eher, das Kind zu umfangen, ohne es als störend zu empfinden, das Kind nahe am eigenen Körper sein zu lassen, dem Kind diesen Rhythmus zugänglich zu machen, der ihm so vertraut und Stimulans für den eigenen Rhythmus ist. Ist es denn so abwegig zu denken, daß dem Kind dies nicht so einfach und ersatzlos weggenommen werden kann; daß der schwingende Körperkontakt nur langsam reduziert werden sollte; daß auch diese Abnabelung, diese Loslösung nur allmählich und abhängig von der körperlichen Reife und geistig-seelischen Ansprechbarkeit gelingen wird?

Gern würde ich das Staunen einer jungen Mutter wiedergeben, das in einer ersten FE-Stunde mit ihrem 5monatigen Kind entstand. Das unruhige, schreiende Kind wandte jedesmal völlig ruhig und mit weit geöffneten Augen seinen Kopf der Mutter zu, wenn diese – die Hand auf dem Rücken des Kindes – mit Hilfe der FE in sich selbst hineinspürend "bei sich war", in der "Aus"-Phase des Atmens "tief hinunterging". Und es wurde sofort unruhig, wenn die Mutter versuchte, in den Rhythmus des Kindes "hineinzugehen", wenn sie das Kind aktiv beruhigen wollte. Beim Stillen dann ihre schon habituelle Haltung: mich ja nicht bewegen, damit es schnell einschläft, damit ich meine Ruhe bekomme. So wurde das Stillen unangenehm, zur Anstrengung. Das Kind schluckte Luft, wurde unruhig, forderte mehr und mehr: Eine negative Bindung war im Entstehen begriffen.

Wie friedlich schlief das Kind einige Minuten später, nachdem diese Haltung geändert war: Investiere, dann erhältst du deine Belohnung! Konzentriere dich, gib! Sei hier und jetzt. Dann hast du nachher um so mehr Freiraum, und das Kind "hat" und ist "satt"! – Sich leben lassen beim Stillen, in den eigenen Rhythmus hineingehen. Schwingen, die Wirbelsäule bewegen, das Gefühl haben, nicht eingesperrt zu sein – und das Kind genießt es: das selbstverständliche Leben. Dann sich lösen, ohne ihm etwas wegzunehmen.., die Hand auf dem Rücken des Kindes, die immer noch genug Rhythmus gibt, wenn es ins rhythmuslose Bett gelegt wird. Wenn das Kind fast wieder aufwacht: Eine Hand begleitet es auf dem Bauch, die andere auf dem Rücken. Die Mutter löst erst die Hand auf der empfindlicheren Seite, auf dem Bauch die Hand am Rücken bleibt noch eine Weile zur Sicherheit, bis auch dort die Lösung möglich wird. "Investieren" nannte diese Mutter solches Verhalten fortan, es wurde zu einem Schlüssel für ihre Beziehung zum Kind. So unwirklich es klingen mag, aber bereits nach dieser einen Stunde stellten sich nächtliche Schlafphasen von bis zu sieben Stunden bei diesem Kind ein, das vorher den Schlaf der Mutter mindestens alle drei Stunden unterbrochen hatte.

Ein erster "Erziehungskonflikt" war zu diesem Zeitpunkt auch schon aufgetreten. Als das eben 5monatige Kind seinen ersten Winter erleben sollte, begann ein Kampf um die Mütze. Die Mutter – Pädagogin – versuchte das Kind zu überlisten: schnell von hinten die Mütze drauf. Der Kleine brüllte. Lerngesetze, wie sie z. B. Pawlow mit den konditionierten Reaktionen entdeckte, sind zwar theoretisch erfaßt worden, konnten aber nicht in die Praxis umgesetzt werden. Im Verlauf der FE hatte nun dic Mutter ihr Kind auf dem Schoß und spürte den eigenen Rhythmus. Das Kind wurde ruhig. Selbst ruhiggeworden, streichelte sie ihm über den Kopf. Im Gespräch entwickelten wir, wie eine positive Verbindung zur Mütze entstehen könnte, wollten das Streicheln mit dem Aufsetzen der Mütze verbinden. Das Kind lächelte, nahm die Mütze an: eine Verlängerung von Zärtlichkeit jetzt.

Keine FE? Ein Trick? Verhaltenstherapie? Ich meine, das, was die Lernpsychologie aufgedeckt hat, sind Elemente einer Entwicklung, Elemente des alltäglichen Lebens und somit auch Elemente von Therapie überhaupt, auch im Rahmen einer FE-Therapie möglich und nötig. Während die Mutter entspannt ihr Kind auf dem Schoß hatte, regten sich Gefühle der Zuneigung in ihr, die sie veranlaßten ihm über den Kopf zu streicheln. Sie hatte auch Mitleid mit dem Kind das sich wohl gleich gegen die Mütze wehren würde. Diese Regungen waren vorher von der Angst um den bevorstehenden Kampf völlig verschüttet. Jetzt konnten sie auftauchen und in Handeln umgesetzt werden. Das bildet die Basis für die veränderte Haltung der Mutter, und insofern ist das Geschehen um die Mütze von innen her gestaltet und nicht nur ein Trick. Bewirkt hat dieses Handeln dann nicht nur das Akzeptieren der Mütze durch das Kind, sondern eine größere Toleranzbreite gegenüber solchen "unangenehmen" Dingen wie Angezogenwerden. Angst und Kampf wandelten sich zu Freude und Spaß bei Kind und Eltern.

Vom Abnabeln über eine partielle Wiederherstellung des symbiotischen Rhythmusgeschehens (Elschenbroich, G. in: Biermann, G. 1981) für Kind und Mutter zur Bedürfnisbefriedigung und positiv besetzten Lösung aus der Bindung scheint sich für uns der Bogen von der physiologischen Abhängigkeit zwischen Mutter und Kind zum Erziehungsgeschehen und der Individuation des Kindes zu spannen. Das Gelingen eben dieser Individuation scheint von der Rhythmusfähigkeit der Mutter abzuhängen und deren Fähigkeit, eben diesen Rhythmus dem Kind in ausreichendem Maß zu vermitteln bzw. zur Verfügung zu stellens um defizitäre Entwicklungen zu verhindern.

## Das Symptomphantom

Eine Mutter stellt mir ihre 10jährige Tochter vor, die noch am Daumen lutscht und deshalb eine Spange tragen muß (Lutschprotrusion). Sie sagt vor dem Kind, daß die Tochter jetzt wohl Schwierigkeiten machen werde, wenn sie – die Mutter – aus dem Zimmer gehe. Die Tochter habe nämlich immer Angst, wenn die Mutter weg sei, und dann lutsche sie auch. Die Kleine fängt tatsächlich sofort an zu weinen. Dann gibt es ein kurzes Hin- und Hergezerre an der Hand der Mutter, die sich gewaltsam löst und resolut geht. Die Tochter sieht ihr eine Weile lang apathisch nach. Dann wendet sie sich mir zu, freundlich und friedlich, spiel- und kommunikationsbereit, als sei nichts geschehen. Ist dieses Kind denn nun "verhaltensgestört"?

Mit Hilfe des FE-Grundmodells des Spürens/Aufspürens möchte ich versuchen zu zeigen, wie eine augenfällige Symptomatik – z. B. sogenannte Verhaltensstörungen wie Lutschen – auf eine darunterliegende Ebene der „körperlichen Befindlichkeit" zurückgeführt werden kann. Wie ich meine, wird damit in der FE der Übergang vom Körperlichen zum Emotional-Kognitiven geschaffen, der die Grundlage zur deutenden Aufarbeitung bietet. Daß dieses Spüren bereits entscheidende Informationen liefert, möchte ich an Hand von Therapieberichten zeigen.

*Das "zufriedene Baby"*

Ein 13jähriges Mädchen beschrieb ihr Befinden beim Spüren ihrer schlaffen Mundgegend mit der zwischen den Zahnreihen liegenden Zunge (die einen "offenen Biß" verursacht hatte) mit dem Bild eines zufriedenen, satten Babys mit feuchtem Mund. Mit geschlossenen Augen assoziierte sie, ihr Gesicht sei wie ein Totenkopf nach vorne offen, völlig schutzlos. Sie entwickelte Angst. Diese konnte in der weiteren FE-Arbeit durch verstärktes Spüren des Schutzes durch die Haut und des Nach-unten-Fließens der Haut in der "Aus"-Phase des Atemrhythmus, durch Finden und Bewegen des Gerüsts (insbesondere der Wirbelsäule) und der Basis (Gesäß, Beckenbereich) rasch reduziert und durch neue Sicherheit ersetzt werden. Nach dieser Stunde führte das Mädchen ein intensives Gespräch mit der Mutter über diese Empfindungen. Es stellte sich dabei heraus, daß die Mutter als Kind bereits ihre 32jährige Mutter verloren hatte. Fortan hatte sie dieses Lebensalter in magischer Weise auch als ihr eigenes künftiges Todesdatum angenommen. Dies habe sie veranlaßt, ihre Tochter mit aller Liebe und Zärtlichkeit zu bedenken, die sie nur geben konnte, um ihr gewissermaßen eine Reserve für die Zeit nach dem eigenen Tod mitzugeben. Sie selbst habe sich erst langsam beruhigt, als sie das 32. Lebensjahr überschritten hatte. Doch auch danach sei ihr die Tochter ein "umsorgtes Baby" geblieben.

So konnten wir in der Lebensgeschichte und psychischen Disposition der Mutter eine Erklärung für das Entstehen von Symptomen bei der Tochter finden.

*Die "totschlagende Mutterhand"*
Die Mutter eines 9jährigen Jungen, dessen Kieferfehlbildung durch Daumenlutschen verursacht war, konnte während der FE-Therapie lange Zeit ihre rechte Hand nicht spüren. Mit zunehmender Fähigkeit, sich in der "Aus" Phase des Atemrhythmus auf eine tragende Unterlage und eine Rückenlehne verlassen zu können, also mit zunehmender Entspannungsfähigkeit, assoziierte sie: Sie habe es sich – zusammen mit ihrem Mann – zum festen Vorsatz gemacht, die Kinder nie zu schlagen. Aber in schwierigen Erziehungssituationen (und die mehrten sich) habe sie das Gefühl, stark an sich halten zu müssen. Falls ihr dann die Hand ausrutsche, bestehe Gefahr – so befürchtete sie –, daß das Kind, von der Härte des Schlages getroffen, unglücklich hinfallen und vielleicht sogar zu Tode kommen könne. Wir führten mit dem entsprechenden Arm und der Hand Bewegungen in "Ein"- und "Aus"-Phasen durch. Allmählich fand sie Kontrolle hierüber, konnte ihre Hand spüren. Zu Hause erlaubte sie sich nun manchmal, einen Klaps auszuteilen oder zu schimpfen, solange die Beziehung zwischen ihr und dem Kind noch gut war. Sie entdeckte, daß sie jahrelang unverhohlen den jetzt 9jährigen Freund ihres Sohnes bevorzugt hatte, da dieser stärker und robuster war. Als sie dann ihren Sohn bei einer Schlägerei zwischen den beiden Jungen in Schutz nahm, rannte der bis dahin so altkluge Bub, der fast nie weinte, weinend auf sie zu und beklagte sich in der Babysprache. Das Eis zwischen beiden war geschmolzen, sie konnte Mutter, er konnte Kind sein. Die zu einer "Nachreife" führende Regression und Individuation wurden möglich.

Wir dürfen daher wohl annehmen, daß solches Aufeinandertreffen körperlicher Empfindungen und psychosozialer Problematik nicht zufällig ist (Fuchs 1981). Der Vergleich vieler Therapien von Kindern, die lutschen bzw. irgendwelche Gewohnheiten im Mundbereich ausgebildet haben, hat mich gelehrt, Spekulationen darüber aufzugeben, welche gemeinsame Ursache diesem Geschehen zugrunde liegen könnte. Entscheidend erscheint allein die Tatsache, daß sich psychische Unruhe/Irritation in körperliche umsetzt und der "Organismus" diese Unruhe in kompensierender Weise irgendwo festmacht.

So erscheint mir mit Hilfe des FE-Spürmodells ein wichtiger differentialdiagnostischer Schritt möglich zu sein; und dies sowohl bei klassisch psychosomatischen Symptomen als auch bei solchen, die mit dem unscharfen Begriff der Verhaltensstörung bedacht sind. Letztere sehe ich als letztes Glied einer Symptomkette psychosomatischen Ursprungs: Unruhe als psychosomatischer Niederschlag widriger Bedingungen; nach außen sichtbare Unruhe oder kompensierende Gewohnheit als Erstsymptom; Körperschäden oder -verbildungen (wie z. B. Kieferfehlbildungen durch Gewohnheiten) ergeben erst das Zweitsymptom (Mitscherlich 1974; Scholz 1982; Schur in: Brede 1974). Nur das manifest Sichtbare zu behandeln, hieße, dem Symptomphantom auf den Leim zu gehen.

Indem es in der FE-Therapie jedoch möglich ist, ein Symptom auf seine körperlichen Vorformen zurückzuführen (wie z. B. Unruhe bei Kindern, die lutschen), ist dieses Therapiegeschehen auch in der Lage, konkrete körperlich-psychische Nahtstellen aufzusuchen und an dieser Basis "aufzulösen", "aufzubauen", zu "korrigieren", Nachreife möglich zu machen. Die FE-Therapie versetzt in die Lage, einzelne Therapieschritte so zu gestalten, daß der Bezug zum ganzen Körper gewahrt bleibt, daß gleichzeitig mit zunehmender Integrität und damit wachsender Ich-Stärke das Symptom aufgelöst werden kann. Die Anpassung des Therapiegeschehens an die Psychodynamik des Patienten ist kein beliebiges Herumprobieren. Die Wahl der nacheinander angewandten FE-Modelle zielt vielmehr nach dem Aufspüren der entsprechenden körperlichen Befindlichkeiten/Unsicherheiten auf die Wiederherstellungsfähigkeit von Ganzheit und Sicherheit ab.

**Vom Symptom zur Syndromlehre**

Vom Symptom weg wendet sich die FE-Therapie daher dem Syndrom zu. So nimmt die Orientierung am Syndrom einen breiten Raum auch in den Überlegungen zur Modifikation der FE innerhalb der Kindertherapie ein. Je nach psychosomatischer Problematik zeigt sich, daß für die verschiedenen Patienten unterschiedliche FE-Grundmodelle bedeutungsvoll werden können. So mag für ein sogenanntes verhaltensgestörtes, weil unruhiges Kind die Arbeit an der Längsachse ein psychisches Schlüsselerlebnis bedeuten, für ein Kind, das an Asthma leidet, der Zugang zu einer bewegten Mitte oder einem beweglicher werdenden Rücken usw. Doch auch hier gilt: Es gibt keine syndromentsprechenden Patentrezepte. Entscheidend für jegliches FE-therapeutisches Vorgehen bleibt das Spüren und Auflösen von Blockaden und damit die Aufdeckung der Psychodynamik des kindlichen Patienten mit seinen körperlichen Präferenzen und Besetzungen.

Natürlich gilt dies alles im Prinzip auch für die Arbeit mit dem erwachsenen Patienten. Für das Kind mag dies aber noch eine besondere Bedeutung haben. Folgen wir den Einsichten von Kinderanalytikern, so neigen Kinder vor der Pubertät dazu, schlechte Gefühle als von der Außenwelt verursacht anzusehen, indem sie gleichzeitig von ihrer Umgebung die Erfüllung der Bedürfnisse nach guten Gefühlen erwarten. Das Ich habe noch wenig integrative Kraft, auch unangenehme Gefühle als selbstverursacht zu deuten. Ganzheitsgefühl wird als Wohlgefühl, Unsicherheitserleben mit unangenehmen Situationen verbunden erlebt (Kennedy in: Biermann 1981). Streben wir nun therapeutisch ein Erleben von Ganzheit an, bei dem auch Spannungen integriert und ausgehalten werden können, so stellt sich die Frage, welche FE-Modelle hierzu am besten geeignet sind.

Beginnen wir mit dem Problem, wie ein Kind zur Körperarbeit hingeführt werden kann. Meine Erfahrung mit FE-Kindertherapie vermittelt mir nämlich das Gegenteil von landläufigen Meinungen wie: Die Kinder haben einen noch unmittelbareren Zugang zum Körper als die Erwachsenen, sie seien spontan, von Körperimpulsen bestimmt usw. Ich habe eher den Eindruck, daß es bei überaus vielen Kindern unserer Zivilisationsbreiten ein ziemliches Wagnis bedeutet, die Nähe zu sich selbst aufzusuchen, und daß der Therapeut eine dementsprechend vorsichtige Didaktik entwickeln muß, eben wegen des Niederschlags gestörter psychischer Entwicklungen in der Beziehung zum eigenen Körper.

*Huch, ich falle!*
Ein äußerst vital erscheinendes Mädchen, das mit 14 Jahren mitten in der Pubertät stand: Auf dem Rücken liegend und eben noch lustig, schloß es die Augen, um sofort erschrocken und aufschreiend hochzufahren. Sie hatte den Eindruck, bodenlos zu fallen.

Ein 9jähriges, blasses, unvital erscheinendes, "braves" Mädchen, das im Sitzen schon recht gut den Kontakt ihres Körpers zu Boden, Sitz und Lehne gespürt hatte, produzierte ebenfalls diesen Schreck, zu fallen, als sie die Augen schloß.

Zwei solch unterschiedliche Menschen und dieselbe Reaktion. Andere Kinder blinzeln, oder ihre Augenlider flattern. Es ist ihnen unheimlich, am hellichten Tag die Augen zu schließen. Dabei ist es nur sehr selten die Empfindung der Schutzlosigkeit gegenüber möglichen Geschehnissen im Raum, die Angst macht. Fast immer scheint es das Gefühl zu sein, daß "nichts" ist, wenn das sichtbare Außen nicht ist. Sie halten sich förmlich mit den Augen am Sichtbaren fest, und einige sehen noch mit geschlossenen Augen Figuren vor sich, die sie phantasievoll auszugestalten wissen. Sie alle beziehen in immensem Maße Sicherheit und Kreativität aus dem Visuellen. Hingegen beziehen sie kaum Orientierung aus ihrem eigenen Körpergefühl. Der Körper erscheint ihnen im Gegenteil geheimnisvoll und fremd, als ein existentieller Abgrund, aus dem nur Angst aufsteigt.

Es liegt nahe, folgenden therapeutischen Schluß zu ziehen: Die visuelle Sinneswahrnehmung war zu einer Außenhilfe für Sicherheit und Stabilität des Kindes geworden. Ein Kennenlernen anderer "Außenhilfen" könnte zunächst einmal ein Angebot an Ersatzsicherheiten bedeuten: mehr Sicherheit durch andere "Deutlichkeiten", Spürbarkeiten. Das bestätigen auch die Kinder mit ihren Reaktionen: Beim Schließen der Augen hören sie auf einmal mehr und genauer, sie riechen intensiver, wenn es gelingt (meist durch die Hilfestellung eines therapeutischen Auflegens der Hand am Rücken des Kindes), die momentane Blockierung des Atemrhythmus aufzuheben – mit dem Effekt eines entspannten "Fallens" der Augenlider und Entspannung der auf "Fixierung" eingestellten Augenmuskulatur.

Schwieriger gestalten sich taktile Wahrnehmungen.

„O je, meine Füße werden riesig!" Das war die erstaunte Äußerung eines 11jährigen Jungen, als er sitzend den Kontakt seiner Füße mit dem Boden zu spüren versuchte. Auch beim Spüren von Händen und Sitzfläche lassen sich solche Entgrenzungsphänomene feststellen; weniger am angelehnten Rücken – dort dominiert eher die Erfahrung, sich selbst halten zu wollen, "auf dem Sprung", bereit zu sein, auf irgendeinen Reiz zu reagieren. Außengeleitet scheinen diese Kinder und unendlich erstaunt zu sein über den "Riesen" in ihnen, wenn sie sich auf die Wahrnehmung des eigenen Körpers einlassen. Doch auch ein stark in sich gekehrter und fröhlicher Junge, der oft nicht wußte, wohin er seine Hände tun sollte, erlebte eine Entgrenzung: "Meine Arme versickern wie ein Fluß in der Wüste." Seine Unsicherheit lag, umgekehrt, in der Außenwelt, gegen die er sich noch nicht genügend zu wehren vermochte.

Wie kann die Qualität dieser Empfindung verändert werden? Man müßte eine "Begrenzung" finden. Nun erweist es sich fast durchweg als Fehlschlag, Kinder aufzufordern: "Versuch mal, die Haut um deine Füße/Hände zu spüren." Eher gelingt es ihnen, "die Luft" zu spüren (letzten Endes natürlich mit der Haut): also eine Eingrenzungsmöglichkeit an der Peripherie, ein Absetzen gegen außen. Dann macht es dem Kind auf einmal Spaß, "Kontrolle" über sich zu haben, einmal uferlos zu werden und dann wieder zu dem zu schrumpfen, was man "eigentlich" ist, oder zu eng zu sein und sich größer dehnen, größer werden zu dürfen. Ein Spiel mit sich selbst spielen. Das, womit die Kinder spielen können, hat seine Angstmacht verloren, kann beherrscht werden. Keine Omnipotenzphantasie ist mehr nötig, um mit diesem tückischen Objekt fertigzuwerden, kein Anklammern an das Außen. "Einverleibt" ist es (das Es), ein Teil des Kindes, Subjekt geworden, mehr Ich ist also entstanden (ohne Abtrennung von der Es-Basis), mehr Ganzheit, größere Integrität. Das Gefühl des Hier und Jetzt stellt sich ein, Kraft steht hinter dem Denken und Handeln.

Das sind Erfahrungen, die die Wochen zwischen den Therapiesitzungen prägen – und das Leben des Kindes fortan, auch die Beziehung des Kindes zu anderen. Wenn es eine Bestätigung für eine Therapie und einen Therapeuten gibt, dann ist es die Tatsache, daß etwas im "Positiven" anders geworden ist, sich das Kind anders verhalten kann als bisher, in dem Sinn, daß es mehr und mehr in Übereinstimmung mit sich selbst handelt, anstatt ein Reiz-Reaktions-Mechanismus zu sein. Eine Schule also, dieses Kennenlernen des eigenen Körpers, leider nicht so selbstverständlich für alle Kinder wie das Einmaleins oder das Abc.

108  Ursula Scholz-Glade

**Von diffuser Ganzheit zu Struktur und Bewegtheit**

Ein 11jähriger Junge wird wegen Einschlafstörungen und gelegentlichen Fingerlutschens gebracht. Im Gespräch zeigt sich, daß das sich ihm aufdrängende Problem immer wieder die Schule ist, die ihn sogar in den Ferien nicht zur Ruhe kommen läßt. Im Bett rekapituliert er das Gelernte, denkt an Verbesserungsmöglichkeiten, übt Selbstkritik. Das wird zum Einschlafproblem. Hinsichtlich seiner Aufregung bei Schulaufgaben meint er, daß er im Grunde erst dann merkt, daß er wohl aufgeregt gewesen sein muß, wenn er die zensierte Aufgabe herausbekommt. Als er aber versucht, sich in die Situation vor der Klassenaufgabe zurückzuversetzen, empfindet er ein leeres Gefühl im Magen, das in den Hals hochkommt. Der ganze Körper spanne sich an, Druck befände sich auch in der Speiseröhre.

Diese konkreten Schilderungen physischen Befindens bilden die therapeutischen Überleitungen von der Problemschilderung zum FE-Modell des Spürens. Mit geschlossenen Augen beschreibt er, wie er sich im Augenblick, sitzend, fühlt. Er spürt seine – vorher sichtbar unruhigen – Hände geborgen, als er sie auf die Oberschenkel legt, sie könnten sich dort festhalten. Die Beine findet er als angenehm auf etwas Festem stehend. Nach vorne aber fühlt sich der Körper groß an, unbegrenzt, auch nach den Seiten, ein eher unsicheres Gefühl. Die Lehne dagegen bedeutet Begrenzung und Halt.

Eine "zerrissene Ganzheit", die sich da bietet. Er hält wohl seine inneren Spannungen in einem gewissen Maß aus, kann auch die unangenehmen Empfindungen schildern, flüchtet weder in die Bewegung noch in die Rationalisierung, noch ist er versucht, die Augen zu öffnen, um sich von sich selbst abzuwenden. Er nimmt auch bereits Außenhilfen wie das Spüren des Bodens des Sitzes und der Lehne für sich in Anspruch.

Als er seine Hände von den Beinen nimmt und locker in den Schoß legt, empfindet er sie als "allein". Trauer schwingt in seiner Stimme mit. Ohne es zu äußern, deute ich als Therapeut diese "einsamen Hände" als Vorstufe des gelegentlich auftretenden Lutschsymptoms dieses Jungen.

So empfindet er es denn auch – als er sich auf eine differenzierte Wahrnehmung insbesondere des Gewichts in den "Aus"- und "Ein"-Phasen des Atemrhythmus einlassen kann –, daß die Hände beim "Aus" "einsinken", beim "Ein", "aufsteigen", "wie ein Flugzeug, das sich vom Boden heben will, es aber nicht schafft, aufzuliegen – wegen der Schwerkraft". Dabei scheint das Schwerempfinden im Aus Sicherheit, das Leichterwerden im Ein Aktivitätsantrieb zu erzeugen.

Bei dem erneuten Versuch, all diese Empfindungen mit dem Einschlafproblem in Verbindung zu bringen, legt sich der Junge auf den Rücken und verschränkt die Hände unter dem Kopf. Er verspürt zwar

Druck, aber findet erfreut, daß seine Hände dort wie in einer Höhle geborgen seien. Auch auf Brust oder Bauch findet er sie noch zu sich gehörig. Offen auf dem Boden liegende Hände sind wieder "allein". Der Boden erscheint in seiner Ausdehnung unendlich, die Hände sind verloren, die Arme werden immer länger immer dünner. Empfindung von "Materie"?

Empfindung im Lebendigsein: In der "Aus"-Phase empfindet er sich in fließender Bewegung, sich ausdehnend wie ein ausgewellter Kuchenteig, beim "Ein" hochgehend, mit mehr Druck, punktueller Auflage, wie ein praller Wasserball. Und gleichzeitig verändert sich das Gefühl in Armen und Handen: "Die sind jetzt auch dabei! Sie sind nicht mehr alleine!" ruft er erstaunt aus.

Wie fand dieser Körper zu seiner Einheit? Wie fanden die Hände ihre Verbindung zum übrigen Körper? Allein durch den Rhythmus des Auf und Ab: durch das Aus und Ein, durch veränderte Empfindungsqualität in den verschiedenen Atmungsphasen, durch das Atmen schlechthin, durch das bewegte Leben.[1]

So ist auch die Bewußtwerdung einer bewegten und bewegenden Mitte, eines bewegten, sich bewegenden Gerüsts, eine Zielvorstellung, ein FE-Modell als Vermittler zum Ganzheitserleben zu verstehen. Eine Veränderung des statischen Gerüstempfindens hin zur "flexiblen Haltung", bei einem nicht starren, sondern "dynamischem Halt", zum sicheren Lebendigsein mit "Spielraum" (Fuchs 1962).

---

[1] Hierzu Rudolf zur Lippe (Sozialphilosoph an der Universität Oldenburg): "Wirklich primitiv sind die Gesellschaften, die Dinge für desto wesentlicher halten, je fester sie geformt sind. – Dem Unbeweglichen wird der höchste Rang zugesprochen, wenn das Knochengerüst als primäre Bestimmung für Haltungen und Bewegungen gilt . . . Identität läßt sich nur in Veränderung entfalten . . . Die Vorstellung innerer Bewegung ist entweder fremd, oder sie erzeugt Ängste – und zwar wieder aufgrund des Problems der Zurechenbarkeit, das mit der Trennung von menschlichem Ich und tierischer Natur erzeugt worden ist. Was ist die Atmung in ihrem schwingenden Wechsel von Einatmen und Ausatmen, also der Aufnahme und der Abgabe von etwas ‚Äußerem', und in der gleichermaßen schwingenden Dehnung und Senkung der Leibhöhle wie des sie durchziehenden Zwerchfells? Leistung des Ich ist sie nicht und doch seine Existenzbedingung, als verbindender Rhythmus sogar Grundmodell jeder Lebensform . . . Nur als Atmende leben wir. Nur in Bewegung haben wir eine Identität." (In: Kamper u. Wulf 1982)

Ausgehend von der Beziehungsveränderung zwischen Körper und Boden im "Aus" und "Ein" kann der Junge jetzt (wieder im Sitzen) eine Beziehungsveränderung zu sich selbst, zu seinem Gerüst, erleben. Ausgehend von einem deutlichen Empfinden des Schwerpunkts in der Körpermitte empfindet er sich wie ein Schaukelpferd oder Stehaufmännchen. Die Arme halten das Gleichgewicht, wie er meint. Der Rücken ist noch "im Hintergrund", gibt Festigkeit, muß fest sein, da er alles zu halten hat. Wir haben hier seine kompensatorische Gegensteuerung, sein Somatisierungsmuster aufgespürt. An den Gelenken mit kleinen Bewegungen in den "Aus"-Phasen ansetzend, kann er schließlich, ohne irgendwelche Ängste zu entwickeln, den Ab- und Aufwärtsbewegungen sowie dem raumfordernden Dehnungsprozeß der "Ein"-Phase und der Einwärtsbewegung in der "Aus"-Phase nachgeben und nachspüren. Er empfindet die Lebendigkeit seines Rückens mit der Wirbelsäule, ohne seinen "Rückhalt" zu verlieren. Er interpretiert selbst: "Vorher war der Rücken verfestigt in seiner Aufgabe."

Der Aussagegehalt dieser Assoziation läßt nochmals deutlich werden, was er kompensieren mußte: eine internalisierte Leistungsanforderung. Als der Rücken im Rhythmus mitschwingen konnte, äußerte er: "Jetzt darf der Rücken auch mal ausruhen." Ausruhen als Metapher für sein Primärsymptom. Gerüst und Rücken leisteten etwas. Sie stehen synonym für seine Haltung der Welt und ihren Anforderungen gegenüber. Sich ausruhen zu dürfen, könnte ein erstes Korrektiv für ihn bedeuten, denn diese Verfestigung des Rückens führte zu weniger Empfindung in den Extremitäten, Abtrennungen vom Ganzen, gesellschaftsinduzierter Spaltung des Wesens, dem das Lutschen am Daumen kompensatorisch abhalf.

Mit Hilfe der FE-Modell Spüren, Außenhilfen, Veränderung der Spürqualitäten im Rhythmus des "Aus" und "Ein", Schwerpunkt und Mitte, bewegtes Gerüst, und der Interpretation damit verbundener Assoziationen, konnte die Therapie sich in einer vorsichtigen Didaktik von der Symptomatik des Lutschens über die Begleitsymptomatik der Einschlafstörung zur Ebene der körperlichen Befindlichkeit und Verwandlung von Empfindungen und Lebensgefühl vortasten. In der weiteren Therapie wird bei diesem Jungen wohl die Thematik der Abgrenzung von der Außenwelt eine große Rolle spielen, auf dem Weg der Identitätsfindung.

## Kindertherapie und ihr soziales Umfeld

Der vordringlichste Teil der Außenwelt/Umwelt des Kindes sind die Eltern (Blanck 1978). Die Motivation, ihr Kind zur Therapie zu bringen, ist vor allem auch ihre Motivation, sei es ihre berechtigte Sorge, sei es das "Sündenbocksyndrom" (Meistermann-Seeger 1976). Nicht selten begibt sich die Mutter ebenfalls in Therapie, oder weitet sich die Therapie eines Kindes zur Familientherapie aus, wenn sich die ersten therapie-induzierten veränderten Verhaltensweisen des Kindes einstellen. Zumindest wird das Ringen des Therapeuten um Verständnis für "außergewöhnliche Reaktionen" der in Therapie befindlichen Kinder Gespräche mit den Eltern erfordern (Peters 1979; Winnicott 1980).

Von der Motivation des Kindes zur Therapie zu sprechen, dürfte angesichts seiner Abhängigkeiten äußerst schwierig sein. In der Regel wird es so sein, daß das Kind erst vom Therapeuten für die Therapie gewonnen werden muß. Je nach Alter/Reife kann der Therapeut versuchen, es spieltherapeutisch zu gewinnen oder es für sich selbst neugierig zu machen.

Das Kind als Patient stellt aufgrund seines kindlichen Verständnisses von der Welt unterschiedliche Anforderungen an den Therapeuten und an den Umgang mit den FE-Grundmodellen. Überdenken wir z. B., wie die FE an einem 1½jährigen Kind entwickelt wurde, das sich ja sprachlich nicht ausdrücken konnte: Hier kommt dem Arbeiten mit Tönen, dem therapeutischen Anfassen, dem Arbeiten mit der Mutter besondere Bedeutung zu (Fuchs 1974). In der Therapie kleinerer Kinder brauchen wir die Mutter zur Gewinnung des Kontakts mit der inneren Welt des Kindes. Unsere Informationen über seinen Alltag beziehen wir vor allem aus ihren Erzählungen, ihren Klagen. Aus dem Umgang mit ihr können wir ein vages erstes Gefühl über den Lebensraum des Kindes gewinnen. Das Kind im Vorschulalter, das sich bereits ausdrücken kann, aber keinen genauen Begriff von anatomischen Gegebenheiten hat, bedarf unserer Transformation der Modelle in kindgemäße Bilder und spieltherapeutische Elemente: "den Fahrstuhl" spielen (zum Richtungsempfinden), "die Wippe" (um Mitte und Schwerpunkt zu finden), "den Hausbau" (um das Gerüst aufzurichten), "den wackelnden Popo eines Bären" (zu bewußten Beckenbewegungen), "Schlange" und "Eidechse" (zur Lockerung des gesamten Gerüsts), darüber hinaus das Ballspiel und die Töne (aggressionlockend und für das Rhythmuserleben).

Nicht zuletzt aus diesen Einsichten und der Notwendigkeit, die Entwicklung des Kindes durch die Sicherheit eines ausgewogenen mütterlichen Körperrhythmus zu begleiten, entwickelte die FE das Modell, die Mutter oder eine andere wichtige Bezugsperson als "Kotherapeuten" einzusetzen. Das setzt allerdings voraus, daß sich dieser prospektive Kotherapeut zunächst mit seinem eigenen Rhythmus- bzw. Körpergeschehen und damit zwangsläufig mit seinen Problemen auseinandersetzt, bevor er in das Rhythmusgeschehen des Kindes heilend eingreifen kann. In der Praxis wird dies aber simultan geschehen. Hier kommt dem FE-Grundmodell des Körperrhythmus überragende Bedeutung zu. Als wohl wichtigstes Bindeglied zwischen Physis und Psyche zeigt der Rhythmus deutlich, daß ein Automatismus zwischen diesen beiden – allzulang getrennt gehaltenen – Bereichen existiert. So reagieren Mütter oft im Sinne einer "Symtomträgerverschiebung" (ein anderes Familienmitglied erkrankt bzw. entwickelt ein psychosomatisches Syndrom im Gegenzug zur Gesundung es "Patienten"; Minuchin, Rosman, Baker 1981) mit zunehmenden Rhythmusstörungen auf einen durch die Therapie gesundenden Rhythmus ihres Kindes und umgekehrt. Um dies zu vermeiden und zugleich die symbiotische Problematik zwischen Mutter und Kind zu bearbeiten, verändern wir durch das Modell des therapeutischen Anfassens zugleich die Haltung der Mutter sich selbst und ihrem Kind gegenüber, verändern wir Eigen- und Fremdbeziehung. Dies bedeutet wiederum, daß durch das Bewußtwerden des eigenen störbaren Rhythmusgeschehens mehr Abstand durch das Erlebnis des Bei-sich-Seins oder -Bleibens gewonnen wird, mehr Neutralität den eigenen und fremden Emotionen gegenüber. Damit wird dem Kind zugleich größerer Freiraum bei zwischenzeitlicher intensiverer Nähe sowie stärkende Stütze gewährt. – Erinnern wir uns an die Mutter, die gelassener stillte, die dem Kind zärtlich die Mütze überzog, als einem Grundmodell einer solchen Beziehung, die auf der Basis eigener gelassener Bewegtheit beruht.

In ähnlicher Weise erschloß sich auch der Mutter eines 9jährigen Jungen die Problematik eines Konflikts: Nach einem anfänglichen Streit zu Beginn der Therapiestunde schilderte jeder aus seiner Sicht den Hergang der Geschehnisse vom Vortag. Der Junge hatte beim Schwimmen die Zeit vergessen und war erst in letzter Minute mit dem Rad nach Hause gerast, die nasse Badehose hatte er nicht gewechselt. Die Mutter schrie ihn wütend an, beide verhärteten sich in ihrem Streit. Mit Hilfe des Spürens und des Rhythmuserlebens wurden sie zunehmend fähiger, ihre Gefühle kontrolliert zu artikulieren: Der Junge berichtete von seiner Freude darüber, doch noch rechtzeitig nach Hause gekommen zu sein, er hatte ein Lob der Mutter erwartet. Die Mutter meinte dagegen, seit seiner Kleinkindzeit leide er ständig an Erkältungskrankheiten, und es wäre ihr daher lieber gewesen, er wäre fünf Minuten später gekommen. Darauf erwiderte der Junge, daß er aus Erfahrung wisse, daß sie auf jeden Fall geschimpft hätte, so auch, wenn er zu spät gekommen wäre, da sie sich seine Erklärungen nie anhöre. Darauf reagierte die Mutter beleidigt. Bei einem nochmaligen "Suchen von Gefühlen" mit Hilfe der FE wurden die Rollen getauscht. Nun spürte die Mutter eine starke Zerrissenheit, die sie zunächst nicht aushalten konnte. Nach einigen weiteren FE-Angeboten (Aufrichten des Gerüst im "Aus") sagte sie ruhig zu ihrem Sohn: "Eigentlich hätte ich beides tun müssen, nämlich dich loben, weil du pünktlich nach Hause gekommen bist und dich dafür auch noch angestrengt hast, dir aber auch sagen, daß es für deine Gesundheit nicht gut ist, wenn du in der nassen Badehose fährst." Erst nach dieser Stunde wurde das therapeutische Anfassen des Jungen durch die Mutter von diesem (einem Allergiker) nicht mehr massiv abgewehrt. Seit seiner Geburt war er mehr oder weniger von der Mutter abgelehnt worden – wie die Therapie der Mutter zeigte – und hatte sich im Lauf der Zeit durch sein abweisendes Verhalten und seine ständigen Krankheiten zu einem meist negativ beachteten Familienmitglied, zum Familiensymptom (Richter 1970) entwickelt.

Der FE gelingt es somit, die sozialen Konflikte, insbesondere die Wechselbeziehungen zwischen Kind und Familie, aufzuspüren, die mit dem psychosomatischen Geschehen in Zusammenhang stehen. Mit zunehmendem Alter der Kinder reichen diese über die bloße Familiendynamik hinaus, denken wir an die Situation von Kindern in Kindergarten oder Schule (Janz in Biermann 1981). Deutlich zeigen sich dann Übertragungen familiär erlebter Sozialisationsmuster auf die neue Umgebung, wie z. B. bei einem 10jährigen Jungen mit einem überaus dominanten Vater. Der Junge erlebte nahezu alle Beziehungen zu Kindern seines Alters unter dem Aspekt, sich behaupten zu müssen.

Soziales Handeln, soziale Geborgenheit und Gefordertheit können zum wichtigen Therapieelement werden, vor allem auch, wenn Geschwisterkonflikte gegeben sind. So verschließt sich die FE auch nicht den Konzepten von Gruppentherapie, insbesondere für Kinder (Lutin Biermann 1981). Dabei wird sie aber immer auf Einzelarbeit aufbauen und auf sie zurückgreifen.

**Zum Schluß noch ein Blick auf den Therapeuten**

Die Integrität einer Therapie wird wesentlich durch das Selbstverständnis des Therapeuten mitbestimmt. Das Therapeutenverständnis der FE wird vor allem durch das Grundmodell des "Bei-sich-Seins" definiert, FE als Vorbereitung auf die Therapie. Wachheit und Ruhe zugleich sollten vom Therapeuten ausgehen, kein Agieren und Überreden, kein zudeckendes Überhäufen, um selber auszuweichen. Nur mit Hilfe seiner eigenen Körperbezogenheit wird es ihm möglich sein, die Funktionen des Ich bzw. der Ich-Abwehr des Patienten über die Arbeit am Körper auf das Selbst des Patienten zurückzubringen. Das eigene labile Gleichgewicht immer wieder von neuem zu stabilisieren, heißt auch, selbst in Bewegung zu sein, eigenes Leben als Engagement zu empfinden, zuzugeben, daß wir selbst zu tun haben, um mit Schwierigkeiten fertigzuwerden ohne unsere "Mitte" zu verlieren.

"Wahrhaftig, die großen Leute könnten von den Kindern noch mehr profitieren als diese von ihnen, falls die Großen sich auf ihren wahren und unschuldigen Vorteil verständen und ihre eigene Kindheit nicht so rasch vergäßen, daß sie hinterdrein keine andere mehr verstehen" (Bogumil Goltz 1964).

**Literatur**

Berger, M.: Zur Psychodynamik der Mutter-Kind-Beziehung bei psychosomatischen Erkrankungen von Säuglingen, Kindern und Jugendlichen. In: Biermann. G. (Hrsg.): Handbuch der Kinderpsychotherapie, Band IV. München, Basel: Ernst Reinhardt 1981, 510–519.

Blanck, G, u. R.: Der unmotivierte Patient. In: Blanck, G. u. R.: Ichpsychologie I. Stuttgart: Klett-Cotta 1978, 202–213.

Elschenbroich, G.: Funktionelle Entspannung mit Müttern und Kleinkindern als Hilfe zur Ablösung der Mutter-Kind-Symbiose. In: Biermann, G. (Hrsg.): Handbuch der Kinderpsychotherapie, Bd. IV. München, Basel: Ernst Reinhardt 1981, 203–209.

Fuchs, M.: Körpergefühl – Selbstgefühl. Praxis der Kinderpsychologie und Kinderpsychiatrie 11 (1962), 3, 87–90.

–: Funktionelle Entspannung. Stuttgart: Hippokrates 1974, 26–29.
–: Beziehungsstörungen und Funktionelle Entspannung. Praxis der Kinderpsychologie und Kinderpsychiatrie 30 (1981), 7, 243–246.
Goethe, J. W, v.: In: Gerlach, H. E., Herrmann, O. (Hrsg.): Goethe erzählt sein Leben. München: Deutscher Taschenbuch Verlag 1972, 17.
Goltz:, B.: Buch der Kindheit. München: Kösel 1964, 11.
Jans, G.: Funktionelle Entspannungstherapie im Schulkindalter. In: Biermann, G. (Hrsg.): Handbuch der Kinderpsychotherapie. Bd. IV. München, Basel: Ernst Reinhardt 1981. 210–216.
Kennedy, H.: Die Bedeutung der Einsicht in der Kinderanalyse. In: Biermann, G. (Hrsg.): Handbuch der Kinderpsychotherapie. Bd. IV. München. Basel: Ernst Reinhardt 1981, 141–153.
Lippe, R. zur: Am eigenen Leibe. In: Kamper, C., Wulf, Ch. (Hrsg.): Die Wiederkehr des Körpers. Frankfurt: Suhrkamp 1982. 25–39.
Lutz, Ch.: Gruppenpsychotherapie bei Kindern und Jugendlichen. In: Biermann, G. (Hrsg.): Handbuch der Kinderpsychotherapie. Bd. IV. München, Basel: Ernst Reinhardt 1981, 336–347.
Meistermann-Seeger, E.: Gestörte Familien. Familiendiagnose und Familientherapie. München: C. H. Beck 1976.
Minuchin, S., Rosman, B. L., Baker, L.: Psychosomatische Krankheiten in der Familie. Stuttgart: Klett-Cotta 1981.
Mitscherlich, A.: Krankheit als Konflikt. Studien zur psychosomatischen Medizin. I. II. Frankfurt: Suhrkamp 1974.
Peters, U. H.: Anna Freud. Ein Leben für das Kind. München: Kindler 1979.
Richter, H. E.: Patient Familie. Reinbek: Rowohlt 1970.
Scholz, U.: Psychologische Studien in einer kieferorthopädischen Poliklinik. Fortschr. Kieferorthop. 43 (1982), 6, 477–484
Schur, M.: Zur Metapsychologie der Somatisierung. In: Brede, K. (Hrsg.): Einführung in die psychosomatische Medizin. Frankfurt: Athenäum-Fischer 1974. 335–395.
Winnicott, D. W.: Piggle. Stuttgart: Klett-Cotta 1980.

BARBARA EBERSPÄCHER

# Möglichkeiten der Funktionellen Entspannung bei Kindern im Übergang zum Jugendlichen

Ich berichte im folgenden aus meiner Arbeit mit sogenannten Heimkindern, besonders mit Kindern im Übergang zum Jugendlichen; dies im Hinblick darauf, welche Möglichkeiten die FE in diesem Altersabschnitt für das Nachholen und die Weiterentwicklung bietet.

In das Heim kamen Kinder und Jugendliche, die durchschnittlich bis überdurchschnittlich intelligent waren. Durch soziale und emotionale häusliche Umstände waren sie in ihrer Entwicklung so beeiträchtigt worden, daß sie wegen Verhaltensauffälligkeiten in ihrer gewohnten Umgebung nicht mehr tragbar waren. Sie sollten sich ändern, während die bisherige Umgebung meist in ihren alten Gewohnheiten verharrte, was eine Rückführung in die Familie sehr fraglich machte.

Was die frühkindlichen Phasen betrifft, sei der Leser auf meinen Artikel "Die Entwicklungsphasen des Kindes und spezielle Schwerpunkt der FE-Arbeit" (S. 52 in diesem Buch) verwiesen.

Der Pubertät geht die Latenzphase voraus. In dieser Schulkindzeit rückt der Kernkonflikt Leistung gegen Minderwertigkeit in den Vordergrund. Es wird jetzt all das gelernt, was zum wirklichen Verständnis und zur Bewältigung der Realität beiträgt. Erfolg und die Freude, Aufgaben zu bewältigen, stärken in positiver Weise das wachsende Identitätsgefühl. Dies sind gute Vorbedingungem um die Erschütterungen der Pubertät und Adoleszenz besser zu überstehen, denn der Kernkonflikt dieser fünften Phase ist Identität gegen Rollenverwirrung. Die körperlichen Veränderungen, die vorher unbemerkt abliefen bzw. erst bemerkt wurden, wenn äußere Umstände darauf hinwiesen, z. B. zu klein gewordene Kleidung, werden jetzt spürbar und sichtbar und können uns vorübergehend uns selbst entfremden. Schon Goethe meinte: Welch ein fremdes neues Leben! Ich erkenne mich nicht mehr. Mit diesem Neuen, Unbekannten,

Anderssein, kommt Unsicherheit ins Spiel, wird Ambivalenz verstärkt, was typisch ist für den Übergang von einem Entwicklungsstatus in einen anderen. Nach Bopp (1983) geschieht in der Pubertät, dem Prozeß der Geschlechtsreife, der stärkste Triebdurchbruch mit unerhört starkem Anwachsen der sexuellen und aggressiven Triebe, was eine erhebliche Steigerung der Körperkräfte und der Vitalität mit sich bringt. Zwei Aufgaben hat der Jugendliche vor allem zu bewältigen:

(1) Sich mit seinen körperlichen Veränderungen und der Triebentwicklung anzunehmen und diese in die wachsende Persönlichkeit einzubauen.
(2) Die seelische Reifung mit ihrer emotionalen, sozialen und geistigen Entwicklung in die eigene Persönlichkeit zu integrieren und damit neue Anerkennung durch die Umwelt und einen geeigneten Platz in der Gesellschaft zu finden.

Die zweite Aufgabe entspricht dem Prozeß der Adoleszenz, der durch zwei Ablösungsschritte gekennzeichnet wird:
Erstens: Liebe und Sinnlichkeit, die vorher den Eltern galten, richten sich vorübergehend auf sich selbst. Diese Selbstverliebtheit im jugendlichen Narzißmus ist ein Ausdruck des Kampfes gegen die Furcht, ohne die Eltern zu verarmen oder weniger wertvoll zu sein. Das Bedürfnis nach Freiheit im Denken, Fühlen und Handeln sowie der Drang, sich aus kindlichen Bindungen an die Eltern zu lösen und sich doch auch wieder bei ihnen anzulehnen, bringt ein Schwanken zwischen Aktivität und Passivität. Das dabei gefährdete Selbstgefühl des Jugendlichen kann gestärkt werden durch erhöhte Selbstwahrnehmung, wobei die eigene Persönlichkeit leicht überschätzt wird.

Der zweite Ablösungsschritt unterstützt die eigene Aufwertung, indem die Eltern jetzt übermäßig unterschätzt werden und allgemein gegen die Welt der Erwachsenen rebelliert wird.

Trennung und Verzicht beinhalten auch ein Trauern, ein psychischer Prozeß, den Verena Kast (1982) in vier Phasen unterteilt und der mit der Entstehung eines neuen Selbst- und Weltgefühls abgeschlossen ist.

Der Jugendliche lebt in einem permanenten Konflikt zwischen Disziplin und Abenteuer, Freiheit und Sicherheit, Unterwerfung und Rebellion, Geselligkeit und Verschlossenheit, gesteigertem Liebesbedürfnis und schroffem Rückzug, Zuversicht und Verzweiflung. Die Zeit der Reflexion beginnt. Das Gewohnte ist durcheinandergeraten und hat vielfältige Störungen zur Folge. Sie fordern nicht nur den Jugendlichen, sondern auch die Umwelt immer wieder heraus, und es bedarf einer wechselseitigen Auseinandersetzung, damit beide Seiten sich entwickeln können. Der Heranwachsende braucht die Stütze von außen und das Gefühl, daß man an ihn glaubt, um eine positive Identität finden zu können, während die Gesellschaft die Anstöße des jungen Menschen braucht, um nicht im Veralteten zu verkrusten. So sind Störungen und Gestörtwerden nicht nur als lästige Übel zu verstehen, sondern sie haben eine Botschaft, die aufgenommen und verstanden werden will, und die zur Veränderung auffordert. Nun zu der direkten Arbeit im Heim, von der berichtet werden soll:

Jessika gab sich lässig, war still, zurückgezogen Erwachsenen gegenüber, stiftete lieber andere zu Streichen an und spielte gerne mit den Jungen Katz und Maus. Sie war 14½ Jahre alt, als sie zu mir kam. Sie litt unter Bauchschmerzen und Menstruationsbeschwerden, Kopfschmerzen und einer ständig verstopften Nase. Diese Symptome wurden in der Pubertät überschwellig im Sinne des Konflikts mit der weiblichen Identität und entsprachen ihrer inneren Zurückhaltung aus Unsicherheit, während im Hintergrund ein starker Wunsch nach Zuwendung stand. Dementsprechend verhielt sie sich in den Therapiestunden. Sie machte zwar die Bewegungsangebote mit, die nicht speziell symptomorientiert gegeben wurden, sondern allgemein das Körperempfinden stärken sollten. Ansonsten war sie passiv und wenig bereit, auf einen Dialog einzugehen. Ich ließ es dabei bewenden in der Annahme, daß sie in dieser Zeit sich selbst zuwenden würde. Wenn sie ihr Gewicht und ihre Gewichtigkeit erfahren, einen knöchernen Halt in sich spüren würde, etwas, auf das sie sich verlassen könnte, wenn sie lernen würde, sich selber nachzugeben, sich mehr Spielraum zu lassen, und Raum und Platz in sich entdeckte würde sie wohl eher bereit sein, sich zu äußern. Dabei war die Hand der Therapeutin wichtig als Spürhilfe, als balancierte Form der Zuwendung im Sinne von Dasein. Beteiligtsein, ohne zu fordern oder zu drängen, und als Kontrolle für die Therapeutin, ob das, was angestoßen wurde, auch in gewünschten Bahnen lief. Parallel dazu baute ich verbale Brücken vom leiblichen Tun zu der emotionalen, sozialen und geistigen Ebene. In diesem geschützten und unterstützenden Rahmen, in dem ein Teil der vermißten leiblichen Zuwendung nachgeholt werden konnte mit gleichzeitiger Selbsterfahrung und Ich-Stärkung, wurde es möglich, bereits nach fünf Stunden auf mehr Mitarbeit und Eigenaktivität zu bestehen, auch in der Absicht, daß Jessika Eigenverantwortung für ihre Entscheidungen und für ihr Befinden übernehmen lernte. Wir machten aus, daß sie jetzt die Initiative ergreifen und ich mitgehen würde. Daraufhin rollte sie sich in der nächsten Stunde ganz in die Decke ein. Ich begleitete mit der Hand am Rücken ihren Eigenrhythmus und sagte meine Einfälle: klein sein dürfen, sich schützen, einfach da sein, ohne daß einer etwas will, sich in seiner inneren Lebendigkeit spüren. Sie probierte noch aus, ob ich sie auch wirklich lassen würde. Erst als sie sich sicher war, konnte sie auch in ihrem Heim im Alltag mit dem Erfahrenen umgehen. Es war ihr möglich, den Widerstand gegen die Erwachsenen aufzugeben und sich selbst um ihre Befindlichkeit zu kümmern. Nach acht Stunden waren ihre Beschwerden verschwunden. In den weiteren Stunden konnten wir die gewonnene Sicherheit, das Sich-Öffnen und Übernehmen von mehr Eigenverantwortung in Gesprächen und anderen Aktivitäten festigen, wobei ich immer wieder das leibliche Mitspüren ins Spiel brachte. Die Inhalte bezogen sich vor allem auf die jetzt aktuellen Probleme wie Kontaktverhalten und Sexualität, bei denen es für sie vorrangig um "wer sein" und "gemocht werden" ging. Über die erfahrbar gewordene leibliche Sicherheit und Flexibilität konnte sie eine positive Beziehung zu sich finden und lernte, mit ihren Bedürfnissen umzugehen, wurde sich ihrer selbst bewußter, sicherer, unabhängiger, gelassener, freier. Dadurch hatte sie wieder mehr Spielraum und innere Sicherheit im Umgang mit den Problemen der Adoleszenz, mit denen sie noch sehr zu kämpfen hatte.

Markus war, als er zu mir kam, ungefähr 13 Jahre alt. Es war mit ihm und den Erziehern abgesprochen worden, daß wir wegen seiner Schwierigkeiten innerhalb der Gruppe und seines Bettnässens gemeinsam einen Weg "heraus" suchen wollten. Er war, ähnlich wie Jessika, zurückgezogen, doch bei ihm war die Angst, verletzt zu werden, sehr viel deutlicher. Er war überangepaßt, hatte vor allem mit Erwachsenen Kontakt und konnte mit Gleichaltrigen nicht spielen, sondern zog Aggressionen auf sich als eine Form von Zuwendung. Seine Mutter hatte ihn sehr früh in eine Mann-Ersatzrolle gedrängt. Man könnte sagen, daß sein Bedürfnis, Kind zu sein mit aller liebevollen Zuwendung, sich im Symptom des Bettnässens äußerte. Meine therapeutische Orientierung aus diesen Daten war: Gerüst und Halt, den Weg zu sich nach innen/unten suchen, Öffnungen oben und unten lösen lernen, animalisches Zulassen und Erleben, sich überlassen, sich Leine lassen, sich anvertrauen, lieb zu sich sein lernen. Ich nützte unbewußte, spontane Aktivitäten wie z. B. das Kippeln auf einem Schaumgummiwürfel (80 x 80 cm): Wo, wie geschieht es? Was wird dadurch innerlich bewegt? Wie bin ich dort? Wie könnte ich mich sonst noch hinsetzen? Markus setzte sich breit hin und lehnte sich an, wodurch ich weiter durch Mitspüren den Halt an Sitzfläche und Rücken aufgriff: Sich dort mit kleinen Bewegungen suchen. Welcher Ton könnte zu der Bewegung passen? Wie wird es dann dort? usw. So erlebte er Halt unter und hinter sich und war erstaunt, was sich alles bewegen ließ, daß es dort nachgab, weiter wurde und doch auch ein Halt innen spürbar wurde.

Wir spielten mit unserem Material aus der FE: Gerüst, Öffnungen, Räume, Haut. Er lernte, sich "Gute Nacht" sagen mit kleinen, lassenden Bewegungen, wobei vor allem der Bauch/Beckenbereich, der vorher ganz verdrängt war und die Öffnungen oben und unten beachtet wurden. Sein Interesse für das Spielen, auch draußen mit anderen Dingen, wurde schnell größer. Bei diesen Aktivitäten zeigten sich seine Fehlhaltungen leiblich und auf anderen Ebenen vergleichbar, so daß die Verknüpfung beider bewußt wurde und wir gemeinsam Änderungen suchen konnten. Den Erfolg sah er dann im realen Handeln. Er spielte z. B. gerne "Spitz, paß auf", wobei er seiner Figur am Anfang so gut wie keine Leine gab, was er leiblich mit sich auch tat: Er saß auf der Kante, Schultern hochgezogen, Kopf eingezogen, Zähne zusammengebissen. Wir spielten eine Zeit lang so, während ich verbalisierte, was ich sah und spürte. Um ihn den Unterschied deutlich erleben zu lassen, machte ich ihn dann auf seine eigene Haltung aufmerksam, und durch Mitspüren kam diese in sein Bewußtsein. Er lernte das Paradox: "Wenn ich meinen Platz besetze und mir Spielraum und Leine lasse, kann ich schneller und sicherer reagieren." Wir verbanden auch möglichst jede Aktivität, ob Zufassen oder Wegziehen, mit einem Ton, um das Lassen hörbar zu unterstützen, um seinem gewohnten, verbissenen, gestauten, gestoppten Tun entgegenzuwirken. Wir spielten Tiere mit Tönen, Bewegungen und Fell, wobei die Empfindungsqualitäten beim Mitspüren und Nachspüren noch mehr im Vordergrund standen. Entsprechend seinem Alter suchte er sich gerne auch Aktivitäten, die Kraft und Geschicklichkeit erforderten. So konnte er z. B. beim Boxen auf den Sandsack Stehvermögen und Beweglichkeit erfahren, und daß ein kraftvoller Stoß aus dem ganzen Rücken, mit einem Ton verbunden, weit wirksamer ist. Ich ließ ihn dann diese Art des Tuns innerlich nachspüren: Wie wirkt es sich aus? Wie ist es? Wie ist es, wenn ich diesen Stoß verkleinere und nur noch im Ansatz spüre? So wurde sein Bewußtsein für Empfindung und damit verbundene Gefühle geschärft. Er lernte mit starken Emotionen umzugehen, nach unten loszulassen, sich "den Buckel runterrutschen" zu lassen und sich gesteuert und verantwortet zu wehren. So begann er, zu sich zu stehen, sich abzugrenzen und sich und sein Tun anzuerkennen, innerlich und äußerlich hinzuschauen, selbständig zu werden. Das Bett näßte er bereits nach drei Stunden nur noch gelegentlich, und als wir dann die Situationen davor genauer beleuchteten, entdeckt er, daß es immer dann "passierte", wenn er mit Ärger auf sich und die Umwelt ins Bett ging und sich nicht "Gute Nacht" sagte. Als letzteres dann, unterstützt durch den weiteren Therapieverlauf, zur lieben Gewohnheit wurde, war das Symptom bald ganz weg. Die Therapie ging über zwei Jahre.

In einem weiteren Beispiel möchte ich stichpunktartig den Verlauf einer Therapie über fünf Jahre zeigen, in der ein großes Zuwendungsbedürfnis, Unsicherheit, Angst, zu versagen, und daraus folgend die Angst, groß zu sein, im Mittelpunkt standen.

Ursula wirkte, als sie kam, wie ein Püppchen oder besser wie eine Marionette mit steifen, eckigen Bewegungen, trippelnd und piepsend. Sie korrigierte ständig ihr Tun und hatte eine sehr geringe Frustrationstoleranz. Versteckt war sie auch aggressiv. Leiblich mit sich in Kontakt zu kommen war für sie sehr schwer, da sie kaum ein Gespür für sich hatte. Ich beschränkte mich erst darauf, sie passiv, während einer Tätigkeit, mit der Hand an der Schulter oder an verschiedenen Stellen des Rückens zu begleiten, um so eine Basis des Spürens und Vertrauens zu schaffen. Später dann machte ich sie darauf aufmerksam, sich unter der Hand zu spüren, sich dort noch eine Bewegung zu suchen mit der Frage: Wie wird es dann? – "Wärmer' sei es, es tue gut, aber viel könne sie nicht ertragen." Ich ließ sie ihre gewohnte Spannung verstärken, sich zusammennehmen, zusammenziehen, um deutlicher zu spüren, was es ihr bedeutet, und sie sagte, es gäbe ihr Sicherheit. Im Unterschied dazu, wenn sie versuche loszulassen, habe sie Angst, angreifbarer zu sein. Durch Gespräche einsichtiger geworden, wie in der Natur auch noch Sicherheit und Schutz gewonnen werden kann, war sie jetzt eher bereit, mitzumachen und andere Möglichkeiten der Sicherheit auszuprobieren, z. B. am Boden in Rückenlage ihre Beweglichkeit zu erfahren entsprechend den Spielregeln. Sie nannte es "eine Kuhle im Boden machen". Die Auflage wurde breiter, es war Ihr bequemer, und sie fühlte sich sicherer. Über das Spiel an den Gelenken vor allem an der Wirbelsäule, suchten wir den flexiblen Halt. Wichtig für sie war dann die Grenze, die sie gerne als Panzer um sich hatte, sozusagen als Schutz, nun verändert zu erfahren als Fell, das dick und nachgebend auch ein guter und wohltuender Schutz sein kann. Durch Öffnungen und Räume suchten wir den Platz in ihr, wohin sie sich lassen konnte und wo sie ihre eigene Lebendigkeit im Austausch von Bekommen und Hergeben erlebte. Sie merkte und genoß es auch, wenn sie es wagte, richtig zu "tönen" zu dem Gesagten zu stehen, d. h. die Druckveränderungen innerlich mitzuspüren, es innerlich mitschwingen zu lassen.

Je mehr sie an Sicherheit gewann, um so deutlicher wurde ihr Konflikt, ob sie nun lieber groß oder klein sein wollte. Ich sprach es offen an, und wir konnten gemeinsam zurückschauen: Was war, wie ist es jetzt, wie kann es vielleicht noch werden? Wir suchten Wege, wie sie bestimmte Bedürfnisse des Kleinseins, z. B. Gepflegtwerden, auch weiterhin, nur anders als bisher befriedigen könnte. Sie hatte inzwischen soviel Sicherheit und Halt in sich gefunden, konnte es sich bequem machen und sich pflegen, daß sie bald bewußt auf das Kleinsein verzichtete. Es dauerte noch einige Zeit, bis das Neue selbstverständlich wurde und Ursula auch adäquate Möglichkeiten hatte, mit Emotionen umzugehen. War anfangs mehr das leibliche Erspüren ins Spiel eingeflochten, um Ursula dort abzuholen, wo sie stand, so war gegen Ende der Therapie leibliches Tun im Dialog, in reflektierenden und orientierenden Gesprächen üblich. Der Erfolg, auch in anderen Bereichen, wie Schule, Kontakte, Anerkennung in der Gruppe, zeigte sich als hilfreiche Bekräftigung auf dem neuen Weg.

Ursula ist ein Beispiel dafür, wie es durch die FE möglich wird, sehr frühe Phasen der Entwicklung nachzuerleben. Über den averbalen Kontakt mit der Hand, einem mehr unbewußten Sich-und-den-andern-Spüren im Sinne eines Daseins, dem man trauen kann, kam sie zum spielerischen, bewußten Sich-Suchen und -Entdecken mit allen Möglichkeiten und Auswirkungen in den Gelenken, Räumen, Öffnungen und Grenzen. Dadurch konnte sie ein spürbares, erinnerbares Selbstbewußtsein entwickeln. Es wurde leiblich verankert, mit entsprechenden Parallelen auf der sozialen, emotionalen und geistigen Ebene.

Sunna zeigte sich im Unterschied zu Ursula sehr expansiv und aggressiv. Aus Angst, in die Ecke gedrängt oder übergangen zu werden oder wegen irgendeiner Sache schuldig zu sein, ging sie zum Angriff über. Sie versuchte zwanghaft, alles korrekt zu machen, und wollte ihre Umgebung auch dazu erziehen, wodurch sie natürlich ständig in Konflikt mit ihr kam. Sie wirkte eher streng und burschikos, was noch unterstrichen wurde durch ihre soldatische Haltung. Sie stand stramm, mit den Händen auf dem Rücken, wenn ein Erwachsener mit ihr sprach. Sunna war 12 Jahre alt, als sie zu mir kam. Sie litt unter Einschlafstörungen, gelegentlichem Bettnässen und an Kopfschmerzen.

Wir begannen über Ihre Einschlafstellung als Hilfsmittel, sich zu suchen im Kontakt zur Unterlage und in den Kreuzen. Sie wurde sich dabei ihrer selbst überhaupt erst leibhaftig bewußt, erlebte sich breiter, weiter, schwerer. Es zeigte sich schnell, daß die feinspürige Arbeit für sie noch eine Überforderung war. Sie brauchte starke Reize, große Bewegungen und Möglichkeiten, ihre Energie nach außen auszudrücken. Erst dann konnte sie dem inneren Bewegtwerden nachgehen, der Auswirkung auch innerlich nachspüren. So lernte sie allmählich, von der Außenorientierung, die bei ihr hauptsächlich über den Kopf lief und ihrem Leistungsehrgeiz diente, zu mehr Innenorientierung und Spürsinn zu finden. Zum Beispiel mochte sie gern Boxen, Gewichtheben, Medizinball oder Schaumgümmiwürfel werfen oder treten. Wir wiederholten die Bewegungen im Ansatz oder in Zeitlupe, die Spielregeln beachtend, im Stehen Sitzen oder Liegen, so daß Zeit war für die autonome Reaktion des Körpers und sie ihr nachspüren konnte, Sie erlebte das Geschenkt-Bekommem das Sich-gehen-Lassen ohne zu entgleisen, spürte mehr Rückhalt und Kraft in ihren Aktivitäten, und die Wirbelsaule, die vorher ein Stock war, wurde zur beweglichen Kette. "Es" atmete auf, sie gähnte, wurde ruhiger, gelassener, fröhlich. Entsprechend ihrer Vorgeschichte war es für Sunna auch wichtig etwas zu besitzen, einen Ort zu besetzen, festzuhalten und loszulassen. Es bot sich an, erst leiblich spielerisch einen Platz zu besetzen, etwas zu besitzen, sich nieder-zu-lassen, ihre Gewichtigkeit zu spüren. Je besser sie saß, desto weniger konnte ich sie von ihrem Platz vertreiben, was sie stolz genoß. Ähnlich machten wir leibhafte Erfahrungen mit Festhalten und Loslassen bei Gegenständen und später an den Gelenken. Ebenso: Wie ist es, einen Standpunkt einzunehmen? Wir verbalisierten die leibliche Erfahrung, Gefühle, die dabei auftauchten, und besprachen was dies vielleicht auch in anderen Bereichen heißen könnte. Dabei tauchte deutlich ihre Schwierigkeit mit Grenzen auf. Wir suchten die Haut als Grenze, die körperlichen Möglichkeiten als Grenzen, wobei auch ihre Besonderheiten und ihre Einmaligkeit, zu der sie zu stehen und Ja zu sagen lernte, wichtig wurden. Da gegen Ende der Therapie ihre Mensis einsetzte, war dies eine gute Gelegenheit, noch einmal Öffnungen oben und unten zu suchen und nachzuspüren, wie es sich auswirkt, dort offen, geschlossen oder verschlossen zu sein, sich Raum zu lassen, nachzugeben, aufzunehmen und herzugeben. Parallel dazu besprachen wir den emotionalen und sozialen Kontext, was es für sie hieß, Frau zu sein. Zum Schluß meinte sie rückblickend, ihre Überempfindlichkeit und Angst, an allem schuld zu sein, die zu diesen überstarken Reaktionen geführt hatten, seien nun vorbei. Sie sei heute beweglicher, lockerer, könne gelassener die Dinge nehmen, und sie sei ihrer selbst sicherer. Dies bestätigte sich im Verlauf der weiteren Jahre.

**Noch zwei Beispiele zum Problemkreis Allmachtsphantasien und Ohnmachtsängste.**

Erwin, ein dünner Junge mit stark vorstehenden Zähnen, häufig weinend, flüchtete sich in Allmachtsphantasien. Seine leibliche Mutter hatte ihn völlig vernachlässigt. Im Wechsel zwischen Stiefmutter und Heimen konnte er das Versäumte nicht nachholen. Dank der Förderung eines heilpädagogischen Heimes wurde er schulreif, doch das Erreichte ließ sich zu Hause nicht weiterfördern, so daß er ins Heim zu uns kam. Erwin hatte ein starkes Über-Ich und Es, während die Ich-steuernde Funktion kaum entwickelt war. Seine emotionale Gestimmtheit war überwiegend depressiv. Erwin war bei mir etwa fünf Jahre in Therapie, einzeln und in Kleinstgruppen zu zweit oder zu dritt. Im Vordergrund standen sein großes orales Bedürfnis und seine kleinkindhaften Zuwendungswünsche. Er fütterte liebevoll Stoffbären und stopfte schnell etwas in sich hinein, das er verschlang. Fast übergangslos konnte er in überkompensierende Größenphantasien umkippen, wobei er sich gerne mit Film- und Romanhelden identifizierte und sie imitierte. Er scheute jede direkte Konfrontation mit einem Problem. Dies wurde besonders deutlich bei dem Versuch, sich seiner leiblichen Realität zu stellen. Nonverbale Zuwendung durch die Hand und das Locken des Eigenrhythmus genoß er, wenn es sich im Spiel ergab, aber alles andere wehrte er ab. In der Pubertät wuchs er rasch und hatte oft Rückenschmerzen. Doch eine Erfahrung, wie er anders mit sich umgehen könnte, lehnte er ab: Seine Schmerzen gingen niemanden etwas an, er wolle auch nichts davon wissen, er möge sich nicht. Dazwischen gab es Phasen, wo er zugänglicher war, wo Gespräche und leibliches Erspüren möglich wurden. Er hatte dann auch mehr Ich-Steuerung, was mir Hoffnung machte. Leider reichte diese kleine Stabilisierung nicht aus, um den Frustrationen aus der Gruppe und von seiten des Elternhauses, vor allem der Stiefmutter, standzuhalten. So flüchtete er sich wieder in Phantasien und Vorstellungen, die von der Realität weit entfernt lagen. Zum leiblichen spürigen Umgang, zu dem ich ihn immer wieder zu locken versuchte meinte er dann einmal: "Sie bringen mich damit um!" Ich war über diese Aussage sehr erschrocken. Im Nachdenken konnte ich es aus seiner Sicht verstehen. Er tat ja alles dafür, um die für ihn unerträgliche Realität zu überspielen, denn sie war für ihn wohl so erschreckend hoffnungslos. Nicht lange danach brach er die Therapie ab. Einem abschließenden Gespräch suchte er auszuweichen in der Angst, er könne in seiner Vorstellung, jetzt groß zu sein, vielleicht doch wieder erschüttert werden. Er versuchte dieser Angst durch aggressives Agieren Herr zu werden, auf irgendeine Weise wütend auf mich zu sein, um sich den Abgang zu erleichtern. Es lief nicht so, wie er dachte; er fühlte sich zu gut verstanden, und nach einigen Wochen kam er immer wieder zu lockeren Gesprächen. Hier war die Lücke in all den Jahren der Entwicklung zu groß geworden, als daß sie von einer Seite aus überspannt und nachträglich wenigstens zum Teil hätte geschlossen werden können.

Sylvia, ein 15jähriges Mädchen aus einer Familie, traute sich kaum, aus dem Haus und unter Leute zu gehen, litt unter heftigen Bauchschmerzen und ständiger Hitze. Im Turnen konnte sie wegen panischer Angst keine Übungen mit dem Kopf nach unten machen. Ich hatte aufgrund dieser Daten folgende Punkte zur FE-Orientierung vorgesehen: Unterlage, Übersicht (oben/unten, vorne/hinten), Halt, Rückhalt, Raum, Platz, Realität, weibliche Identität. Wir fingen an mit der Haltung im Sitzen, die sie spontan eingenommen hatte. Sie war im Stuhl heruntergerutscht und hatte die Hände in den Hosentaschen vergraben. Frage: Wo spüre sie ihr Gewicht? – "Am Hintern und im Nacken." Sie veränderte spontan ihre Haltung. Und wie ist es jetzt? – "Leichter, gleichmäßiger." Wie erlebe sie den Stuhl unter sich? – "Als etwas Tragendes und kühl." Am wohlsten fühle sie sich an den Füßen und Beinen. Dann gingen wir weiter: sich unter der Hand in der Hosentasche spüren – bewegt sich dort etwas? Und wie ist dies? – "Ein leichtes Auf und Ab." Ich ließ ihr Zeit, dieses "Getragenwerden" und die eigene Lebendigkeit zu spüren, wirklich einwirken zu lassen. Ihre Bauchschmerzen wurden besser. Im Liegen machte es ihr große Mühe, von dem spontan gewählten Platz, gerade neben der für sie hingelegten Decke, wegzurücken und es sich auf der Decke einzurichten. Ihr Problem mit dem Vater kam zur Sprache. Ich ließ sie ihre Einfälle emotionalleiblich miterleben und nachspüren. Nachdem sie die negativen Gefühle zugelassen und einen Umgang damit gefunden hatte, konnte sie auch die positiven Seiten des Vaters sehen. Wir erarbeiteten ihr Gerüst, und sie empfand vor allem die wachsende Gelenkigkeit als wohltuende Freiheit. Sie lernte ihren eigenen Wahrnehmungen zu trauen. Über das Erspüren der Räume im Mund, Brustkorb und Becken gewann sie Vertrauen in ihren eigenen Rhythmus. Die Unterlage wurde breiter erlebt, und sie traute sich jetzt, ihren Platz ganz einzunehmen. Mit einem Traum, der sie beschäftigte, in dem eine gute Bekannte für ein Vierteljahr blind wurde, was aber "nicht schlimm" war, gingen wir vor allem leiblich um: Wie ist es, die Augen offen oder geschlossen zu haben? Sie entdeckte die intensivere Möglichkeit, nach innen, zu sich zu kommen bei geschlossenen Augen. Sie merkte, wie wichtig ihr sonst das Außen war zur Kontrolle und Absicherung, doch daß sie sich dabei auch nach außen verlor. Mit Unterlage, Halt, Räumen und Öffnungen suchten wir eine andere Form der Sicherheit, die innere.

Sylvia hatte dann noch Schwierigkeiten beim Lernen, trotz sehr hoher Intelligenz. Wir probierten aus, wie sie sich den zu lernenden Stoff am besten "einverleiben" und "wieder herholen" konnte. Dabei wiederholten und vertieften wir den Weg nach innen/unten mit Platz, Gewicht und Rückhalt mit Aufnehmen und Abgeben.

Ein anderes Problem zeigte sich beim Flötespielen: Sie bekam dabei immer wieder Bauchschmerzen. Mit und ohne Instrument suchten wir den für sie sicheren Halt, das Gewicht in den Ellbogen und Schulterblättern sowie die "Aus"- und "Ein"-Qualität beim Mitspüren der Druckveränderungen an Brustkorb, Bauch und Becken. Vom Tönen mit der Flöte gingen wir dazu über, selbst zu "tönen", sich hören zu lassen. Hierbei wurde der Konflikt deutlich: Sie wollte, daß der andere ihr zuhörte, sie anerkannte und ernst nahm, doch sie ließ kaum einen Ton heraus, muffelte herum ohne Luft und machte sich klein. Dahinter stand auch noch das Problem der Schuld, das in der Familie herumgeschoben wurde und ängstliche Zurückhaltung, unterdrückten Ärger und Frustration mit sich brachte. Über das leibliche Sich-ernst-Nehmen, Zu-sich-Stehen, Rückhalt bei sich finden und über das Erleben ihrer Ich-Achse, es auch sich sagen und sich zuhören, kam sie zu immer mehr Selbstbewußtsein und Selbständigkeit. Es war dann noch ein relativ kleiner Schritt, auch zu ihrer Weiblichkeit zu stehen. Noch während der Therapie ging Sylvia in eine Theatergruppe, spielte im Kammerorchester mit und machte Radtouren mit Freunden. Nach Abschluß der Therapie fuhr sie nach England, um ihre Sprachkenntnisse zu vertiefen. Ich bekam dann noch einige Briefe, in denen sie mich wissen ließ, daß es ihr gut gehe, sie einen Freund habe und es sonst die üblichen Probleme gebe.

Die normale Krise der Übergangsphase von einem Entwicklungsstatus in den anderen wirkt sich um so stärker aus, je weniger solide das Fundament ist. Die Art der körperlichen Zuwendung, die dem Säugling und Kleinkind meist unbewußt über die Hand der pflegenden Person vermittelt wird, prägt sich vor allem auch leiblich ein. Denn in den ersten Lebensphasen werden Erfahrungen durch Empfindungsqualitäten gemacht, so daß die Kernkonflikte Urvertrauen gegen Mißtrauen und Autonomie gegen Scham und Zweifel vor allem leibliche Engramme haben. Man könnte auch sagen, die ersten Beziehungserfahrungen in der symbiotischen Mutter-Kind-Einheit legen die Basis für das Selbst- und Umwelterleben, das dann integriert wird im Selbstbewußt-Sein.

In der Pubertät rückt das Leibliche wieder mehr in den Vordergrund. Dies kann für die Arbeit mit der FE eine günstige Ausgangsbasis sein. Mit dem Erspüren der eigenen Haltung, dem Spielraum an den Gelenken, dem eigenen Gewicht, dem Wahrnehmen von Druckveränderungen und Empfindungsqualitäten gibt es die Möglichkeit, an die frühen Phasen der inneren und äußeren Empfindungen anzuknüpfen.

Durch die Art der FE, sich gelassen mit kleinen Reizen an den Gelenken zu suchen und nachzuspüren, "wie bin ich dort", "wie entwickelt es sich", können unbewußte Reaktionen und bewußtes Tun miteinander verknüpft werden und eine Balance zwischen Tun und Lassen, Sich-Überlassen gefunden werden. So wird durch Gewahrwerden und Verbalisieren von Empfindungsqualitäten ein Weg eröffnet, sich zu ent-decken, sich seiner Möglichkeiten bewußt zu werden. Man könnte es als einen Weg zur Integration des anfänglichen "Selbstgefühls" mit dem sich darum herum entwickelnden Identitätsgefühl zum Selbstbewußt-Sein nennen. Auf diesem Weg kann der Leib als erlebender Körper zum Übergangsmedium werden, indem durch den entsprechenden Umgang mit ihm Angst abgewehrt und innere Sicherheit gewonnen wird. Dies entspricht Winnicotts Übergangsphänomenen, zu denen auch Übergangsobjekte gehören können. Es sind Beschwichtiger und Beruhigungsmittel, um das Erlebnis der Trennung von der Mutter besser zu ertragen. Es "ist kein" inneres Objekt "(M. Klein), es ist ein Besitz und trotzdem (aus der Sicht des Kindes) kein äußeres Objekt" (Winnicott, 1979, S. 19).

Durch die FE-Arbeit konnte gerade in den Phasen des Umbruchs, der Ablösung, leiblich nachgeholt und aufgebaut werden, was vorher versäumt oder fehlgelaufen war so daß das "Bei-mir-Sein", "Mit-mir-Umgehen", zum positiven Übergangsmedium wurde. Was vorher außen erlebt wurde wie Halt, Sicherheit, Orientierung, konnte nun bewußt innen gesucht werden und damit die Ablösung und Neuorientierung erleichtern. Durch Zuwendung von außen als verantwortete Stütze und Geborgenheit und gleichzeitige Begleitung auf dem Weg der Zuwendung, zu sich selbst lernten die Kinder leiblich mit sich in Dialog zu kommen und auch auf vegetative Reaktionen zu hören. Diese Interaktion ist eine Seite des Interaktionsmusters zwischen Vor-stellung und Realität, zwischen mir und meiner Umgebung. Der Leib wird dann zum Partner mit dem ich mich wohlfühlen, es mir bequem machen kann, der mir Sicherheit und Rückhalt gibt, und bei dem ich Orientierung finde. "Ich mit mir selbst" als Hilfe zur Ablösung von bisherigen Beziehungsmustern ermöglicht den Übergang zu und den Entwurf von neuen, ausgeglichenen Beziehungen.

## Literatur

Bopp J.: Jugend. Stuttgart: Kreuz Verlag 1983.
Erikson. E. H.: Jugend und Krise. Stuttgart: Klett-Cotta 1981.
Kast, V.: Trauern. Stuttgart: Kreuz Verlag 1982.
Mahler, M. u. a.: Die psychische Geburt des Menschen. Frankfurt: Fischer 1978
Piers, M.: Die Entwicklung des Menschen nach Eriksons Phasenlehre. München, Basel: Ernst Reinhardt 1982.
Schenk-Danzinger, L.: Entwicklungspsychologie. Wien: Österreichischer Bundesverlag 1969.
Winnicott, D. W.: Vom Spiel zur Kreativität. Stuttgart: Klett-Cotta 1979.

HANS EBERHARD EBERSPÄCHER

# Funktionelle Entspannung als Angebot und Herausforderung im Umgang mit Körperbehinderung

Funktionelle Entspannung ist eine Methode, die ihr therapeutisches Ziel auf leiblichem Weg zu erreichen versucht: Medium der Änderungssuche ist der leibliche Umgang mit sich selbst im Bezug zu sich, zur Umwelt und zu den Mitmenschen. Entwicklung, Methodik und Zuordnung der FE zu anderen Methoden müssen hier vorausgesetzt werden (Fuchs 1984).

Die Einbeziehung von FE in den Umgang mit Körperbehinderung beruht auf mehrjähriger Erfahrung in einem Rehabilitationszentrum für schwer körperbehinderte Kinder und Jugendliche. Zuerst wird über die Nöte und Schwierigkeiten berichtet, die mit den einzelnen Behinderungsarten verbunden sind. Direkt darauf bezogen werden die Angebote dargestellt, die der Behinderte im Umgang mit seiner Behinderung aus der FE erhalten kann. Dann werden die Erfahrungen der Nichtbehinderten zusammengefaßt, die sich aus der Einbeziehung der FE in ihren Umgang mit den Behinderten ergaben. Dem wird ein Ausblick auf Möglichkeiten und Grenzen folgen. Abschließend wird versucht, die Bedeutung dieser Erfahrungen als Herausforderung für uns alle aufzuzeigen.

Eine Körperbehinderung bedeutet immer eine dreifache Einschränkung:

(1) Eine organische Beeinträchtigung. Hierunter zählen alle Deformationen der äußeren Gestalt und Ausfälle oder Fehlfunktionen im motorischen und/oder sensorischen Bereich.
(2) Eine Beeinträchtigung von Erfahrungsmöglichkeiten. Viele Alltagserfahrungen sind dem Behinderten nicht oder nur unter so großem Aufwand möglich, daß er sie wesentlich seltener machen kann als ein Nichtbehinderter, was einen laufend anwachsenden Erfahrungsrückstand bedeutet.
(3) Emotionale und soziale Probleme, die sich aus den beiden vorhergehenden Punkten für den Körperbehinderten in ei-

nem Ausmaß ergeben, das weit über die entsprechenden Probleme Nichtbehinderter hinausgeht.
Der Versuch mit FE-Angeboten verdeutlichte die einschränkende Auswirkung dieser drei Faktoren auf die Entwicklung eines Körperschemas:

- Vorstellungen über den eigenen Körper sind unklar.
- Unsicher ist die Zuordnung von Empfindungen zu bestimmten Körperteilen.
- Die Unterscheidungsmöglichkeit für Empfindungsqualitäten ist gering.
- Zusätzlich erschwert eine – verständliche – Ablehnung jeder Körperwahrnehmung den Zugang zum leiblichen Umgang mit sich selbst.

Das Ausmaß der sensorischen Beeinträchtigung stellte sich als derart schwerwiegend heraus, daß Vorübungen entwickelt werden mußten, um die in der FE üblichen Spürangebote überhaupt erst geben zu können. Sonst bestand die Gefahr, daß der Behinderte raten würde, anstatt zu spüren. Die Empfindungsfunktion wurde folgendermaßen geübt:

- Berühren bei geschlossenen Augen und Zuordnen der Empfindung zu dem berührten Körperteil.
- Lernen der Unterscheidung von Empfindungsqualitäten: Der Behinderte wurde mit zwei Händen unterschiedlich angefaßt und hatte jeweils anzugeben, welche Hand fester oder leichter, härter oder weicher, im Druck gleichmäßiger oder ungleichmäßiger war.
- Entsprechende Unterscheidungen wurden geübt, wenn der Behinderte mit einer Hand an der gleichen oder an verschiedenen Stellen angefaßt wurde, wobei die Zeitdifferenz variierte.

Durch diese Schulung der Sensorik wurde das ansonsten übliche motorische Training effektiver; z. B. ließ eine verfeinerte Unterscheidungsfähigkeit beim Gehtraining bereits kleinere Druckveränderungen an der Fußsohle spüren, die sonst erst bei gröberem Aus-dem-Gleichgewicht-Geraten bemerkt worden wären. Entsprechend kleiner war die notwendige motorische Korrektur. Speziellere Hilfen der FE werden im folgenden bei den einzelnen Arten der Körperbehinderung beschrieben.

Die *Cerebralparese* tritt in hauptsächlich zwei, meist gemischten Erscheinungsbildern auf: Athetose und Spastik. Bei beiden ist das Bewegungsausmaß, der Kraftaufwand und der zeitliche sowie inhaltliche Ablauf der Bewegungskoordination gestört. Um dem Laien eine Vorstellung von einer Cerebralparese zu vermitteln, seien hier zwei bildhafte Vergleiche erlaubt:

– Athetose: Ein Reiter muß ein übernervöses Pferd in irritierender Umgebung zu gefährlichen Kunststücken bewegen, ohne den Kontakt zu diesem Pferd sicher zu haben.

 • Überschießende Bewegungskoordination (Pferd)
 • Mangelnde Dämpfung der Reize (irritierende Umgebung)
 • Unsichere sensorische Orientierung

– Spastik: Man bewegt sich durch einen zähen Brei und ist gleichzeitig an Gummischnüren angebunden.

 • Erhöhter Tonus und große Mitbewegungen (Brei)
 • Streckspasmus (Gummischnüre sind außen verankert)
 • Beugespasmus (Gummischnüre sind innen verankert)
 • Mangelnde Kopfkontrolle (die Verankerung wechselt plötzlich).

Wer sich vergegenwärtigt, daß beide Erscheinungsbilder unterschiedlich gemischt und/oder wechselnd auftreten können, hat eine Vorstellung, was es für einen Cerebralparetiker bedeuten mag, scheinbar einfache Alltagsbewegungen auszuführen. Bei der Cerebralparese ist das pyramidale System (zuständig für die Willkürmotorik) organisch beeinträchtigt, wodurch das extrapyramidale System (zuständig für die unwillkürliche Motorik) mangelnd gedämpft und gesteuert ist.

Das Herkunfts- und Hauptgebiet der FE sind psychosomatische Erkrankungen und funktionelle Störungen von Nichtbehinderten. Hier wird die organismische Selbststeuerung wieder in ein Funktionsgleichgewicht gebracht durch indirekte Einflußnahme auf das "Autonome", das "Es" in uns.

Die Not des Cerebralparetikers besteht in der extremen Unordnung und den vielen Fehlbahnungen im autonomen Bereich der Bewegungsinnervation. Die Stärke der FE ist ihr Einfluß auf den vegetativen, autonomen Bereich unter minimalem Einsatz des Willens (pyramidales System) und maximaler Nutzung der selbststeuernden Funktion des Autonomen (extrapyramidales System). So können die Angebote der FE gerade für Cerebralparetiker hilfreich sein, deren Schwäche dort ist, wo die Stärken der FE liegen.

W., ein 19jähriger Gymnasiast, hat eine schwere Athetose. Seine Beschwerden, deretwegen er FE-Hilfe suchte, waren:

- Traf ihn beim Gehen ein unerwarteter Reiz (Laut, Bodenunebenheit, Schreck, Ärger), so entgleiste seine Koordination oft derart, daß er hinfiel. Zusätzlich mußte er den Spott von Leuten ertragen, die dies lustig fanden.
- In der Schule waren besonders zwei Situationen für ihn unerträglich: Vor dem Sprechen lud sich die Gesamtspannung auf, um sich dann plötzlich zu entladen. Diese kurzen Momente mußte er nutzen, um lautstark und abgehackt herauszupoltern, was er zu sagen hatte. Ähnlich erging es ihm beim Schreiben auf seiner Spezialschreibmaschine.

In der ersten FE-Stunde saß er in seiner typischen Haltung, in der er durch Fixieren seine ausfahrenden Bewegungen unter Kontrolle zu bringen versuchte: Die Beine übergeschlagen und hinter dem Stuhlbein eingehängt, die Hände unter den Oberschenkeln eingeklemmt.

Über das Angebot, sein Gewicht auf der Unterlage zu spüren, lernte er allmählich, seine Gesamtspannung und das Ausmaß seiner ausfahrenden Bewegungen zu reduzieren. Zu dieser für ihn so wesentlichen "Erdung" kamen weitere FE-Hilfen:

- Leitungen legen, sich von Kopf bis Fuß spüren;
- lösendes, das Zentrum behaltendes Tun (im Ausatemfluß);
- zuerst den kontinuierlichen Atemfluß in seinen leiblichen Druckveränderungen suchen und dann erst – wie nebenbei – in diesen Fluß hineinsprechen;
- zuerst die Stuhllehne, später den eigenen Rücken als "Rückhalt" nutzen. u. a. m.

Abends war er bald nicht mehr so erschöpft, fiel nun sehr viel seltener hin, sprach flüssiger, schlief besser, war sehr stolz auf diese Veränderungen. Im Wissen um seine Behinderung meinte er selbst: "Mehr kann ich nicht erhoffen." Drei Jahre später hielt er die Abiturrede seines Jahrgangs. W. konnte die Anfangserfolge der FE-Angebote ungewöhnlich gut im Alltag anwenden und ausbauen was leider extrem selten ist.

Sylvia, eine 13jährige Jugendliche mit Spasmus und leichter Athetose, kam wegen ihrer schweren Sprachstörung zur FE. Ihr gesamter Tonus war erhöht und tendierte dazu, sich bei jedem Tun nach vorne/oben/außen anzustauen. Entsprechend wurde das Loslassen nach innen/unten/hinten angeboten und geübt. Sie lernte im Loslassen zu tun. Sie übte, zur eigenen Unterlage hinzusprechen und nicht zum Gegenüber. Nach einer FE-Stunde war ihre Bewegungskoordination manchmal derartig unglaublich verbessert, daß sie mehrere Tätigkeiten gleichzeitig ausführen konnte: Während des Gehens eine Schwingtüre zu öffnen, sich herumzudrehen und anderen etwas zuzurufen. Leider war es für Sylvia nicht möglich, diese überraschenden Erfolge zu halten und auszubauen.

Bei Erika, ebenfalls 13 Jahre alt, stieg im Verlauf der Pubertät ihr Gesamttonus ständig weiter an – was übrigens bei mehreren Jugendlichen mit schwerem Spasmus beobachtet wird. Schließlich war Erikas Tonus so hoch und unbeeinflußbar geworden, ihre Bewegungen entsprechend mühsam und zäh, daß alle Beteiligten als "letzten" Hilfeversuch den FE-Therapeuten hinzuzogen. Nach den ersten Erfahrungen mit FE fielen immer noch ihre extrem verspannten Schultern auf. Deswegen wurden ihr Schulterbewegungen- unter der helfenden Hand – zusammen mit einem Laut (in der Ausatemphase) angeboten. Dem Lautklang und den spontan aufgetretenen Handbewegungen wurde weiter nachgegangen, d. h., beides wurde angeboten zu verstärken. Schließlich brach ein wütendes Zupacken mit entsprechenden Lauten aus ihr heraus.
Anschließend löste sich im Nachspüren ein fast nicht endenwollender Tränenstrom. Dieser für alle unerwartete und heftige Affektausbruch reduzierte ihren Muskeltonus erheblich und bleibend: Ihre Bewegungen wurden weicher und geschmeidiger. Dank allseitiger Zusammenarbeit konnte Erika die dem Ausbruch zugrundeliegenden Affekte im Verlauf eines halben Jahres weitgehend integrieren. Gleichzeitig begann sie, sich um ihre eigene Lebensplanung zu kümmern.
Bei Erika zeigte sich die Auswirkung emotionaler Schwierigkeiten auf die Schwere des Erscheinungsbildes der körperlichen Behinderung ungewöhnlich deutlich. Die Vermutung liegt nahe, daß dies bei vielen Jugendlichen mit einer derartigen Behinderung der Fall sein wird.

In der fast unüberschaubaren Verschränkung von Behinderungsfolgen, Tonuslage, Motivation, Affektlage und sozialer Situation kann die FE für Menschen mit einer Cerebralparese ein wesentlicher Beitrag zur Entflechtung dieser Faktoren sein. Auch kann sie mithelfen, die autonome Steuerung funktionell wenigstens teilweise zu normalisieren. Dieser Beitrag bleibt jedoch temporär, wenn nicht ständige Erinnerungen eine allmähliche Umbahnung erreichen. Diese Umbahnung dauert sicher sehr viel länger als bei Nichtbehinderten, und der Erfolg bleibt natürlich begrenzt durch die direkten Folgen der organischen Beeinträchtigung.

*Progressive Muskeldystrophie* ist eine Körperbehinderung, die aus der fortschreitenden Degeneration der Muskelzellen entsteht. Es gibt verschiedene Typen dieser Erkrankung und dementsprechend auch verschiedene Verlaufsarten. Der Muskeldystrophiker hat sich mit folgender Realität zurechtzufinden:

- Ständig schwindet seine Kraft,
- er hat immer weniger Bewegungsmöglichkeiten,
- er muß sich auf eine geringe, z. T. sehr geringe Lebenserwartung einstellen.

Ein Betroffener drückte die Situation einmal so aus: "Man wird immer mehr zum Zuschauer des Lebens." Hier hat die FE wesentliche Angebote zu geben:

- Die vorhandene Kraft so ökonomisch wie möglich nutzen zu lernen; Vermeiden von Überanstrengungen, von unnötigem Krafteinsatz; Lösen von Verspannungen und damit Freistellen der investierten Energie.
- Die FE führt von der äußeren Wirkung des Tuns hin zur inneren Qualität dieses Tuns, wobei Ausmaß und Kraftaufwand immer unwesentlicher werden.
- Das innere Bewegtsein wird spür- und erlebbar; diese Möglichkeit bleibt bis zum Tod erhalten.
- Durch ständigen Wechsel von Tun, Nichttun, Loslassen, Warten, Zulassen, Überlassen wird all das geübt, was für Verzichten und Abschied-nehmen-Können so not-wendend werden kann.
- Die Beziehung zu sich, dem Mitmenschen und dem nicht Machbaren, nicht Möglichen wird intensiver.

Körperbehinderte brauchen oft Hilfsmittel, um ihren Alltag so gut wie möglich zu meistern (Rollstuhl, Gehhilfen, Schienen, Korsett) oder um weitere organische Schädigungen zu verhindern oder hinauszuzögern (Lagerungsschienen). Hilfsmittel sind leider nicht nur hilfreich, sondern oft auch lästig für den, der sie braucht. Dabei entscheidet die innere Haltung wesentlich über den Erfolg. Hier bietet die FE konkrete Hilfen an für den leiblichen Umgang mit sich in bezug zum Hilfsmittel.

Der 8jährige Paul und seine Nachtschiene hatten einen längeren gemeinsamen Leidensweg hinter sich: Mehrfach wurde die Schiene in der orthopädischen Werkstatt wieder neu angepaßt, weil Paul Druckstellen bekommen hatte. All diese Versuche blieben ohne Erfolg, denn Paul hatte immer wieder neue Druckstellen; deswegen wurde der FE-Therapeut hinzugezogen.

Paul lag mit einem ängstlich-ärgerlichen Ausdruck verspannt im Bett angesichts der Schiene, die gleich anzulegen war. Also durfte er sie erst einmal ausschimpfen und ihr alles vorwerfen, was ihm an ihr nicht paßte. Gleichzeitig wurde er angehalten, zu beobachten, wie er dies leiblich empfand. Er spürte eine sich ausbreitende Erleichterung und wurde weicher und dann merkte er, daß auch sein Bett weicher wurde. Wir machten den Gegenversuch: Sich hart machen; und wie ist dann das Bett? ... Auf diese Weise lernte er sich selbst, dem Bett und der Schiene buchstäblich leiblich "gute Nacht" zu sagen. Der Erfolg stellte sich prompt ein: Paul hatte am Morgen keine Druckstelle. Er lernte dann noch, bei Bedarf die Schiene "innerlich" auszuschimpfen (ohne hörbaren Laut). Dies kam ihm übrigens auch in der Schule zugute, wie er grinsend gestand. Paul hatte gelernt, anders mit sich umzugehen, und dadurch "veränderte" sich die Wirkung der objektiv unveränderten Schiene auf ihn.

Dieses kleine Beispiel macht eine wesentliche Grundsituation deutlich: Wie oft denken wir: "Der/die drückt, ärgert, übergeht ... mich". Wir erleben das als Realität, ohne auf die Idee zu kommen, daß die Wirkung des anderen auch mit uns und unserer Reaktion, unserem Umgang mit uns selbst zu tun hat.

*Osteogenesis imperfecta* heißt "unvollständige Knochenbildung" und bewirkt, daß die Knochen ungewöhnlich leicht brechen. Kinder mit dieser Behinderung kommen oft schon mit unzähligen Brüchen auf die Welt. Viele weitere Brüche folgen. Erst in der Pubertät nimmt die Knochenbrüchigkeit ab. Was die Schmerzen, Gipse und Krankenhausaufenthalte für den Behinderten und seine Angehörigen bedeuten, ist leicht vorstellbar. Entsprechend groß ist hier die Gefahr, besonders ängstlich zu sein und zu versuchen, ein überbehütetes Leben zu führen, damit "nur ja nicht wieder was passiert".

Helmut begann die Schule überbehütet und unselbständig. Beim Gehen wurde er von den Eltern gestützt. Nach ersten schweren Mißerfolgen – drei mehrfache Brüche, mit so langen Krankenhausaufenthalten, daß er jeweils nur kurz im Rehabilitationszentrum war – wurde das Förderkonzept vollständig umgestellt. Vielfältige Maßnahmen wurden über Jahre hinaus vorgeplant, um ihm einen Anfang seiner Selbständigkeit realistisch zu ermöglichen. Bei FE-Angeboten stellte sich heraus, daß Helmut nicht einmal angstfrei liegen konnte. Durch lösende Hilfen lernte er erst einmal wahrzunehmen, wo der Boden ihn trug und stützte. Allmählich konnte er sich ihm angstfrei anvertrauen. Danach wurden minimale Bewegungen probiert, immer unter mitspürender Kontrolle, daß dabei der Atemrhythmus im Fluß blieb. Dann lernte er, größere Bewegungen zu riskieren. Dies alles wurde in anderen Lagen am Boden, im Sitzen, im Knien, im Stehen, wiederholt. Neben allen anderen Maßnahmen trug die FE auf diese Weise zu seinen ersten angstfreien eigenen Schritten ohne fremden Halt bei. Für längere Strecken lernte er entsprechend das Rollstuhlfahren. Zehn Jahre später war Helmut ein ungewöhnlich selbständiger Jugendlicher. Bei körperlicher Bewegung war er (manchmal erschreckend) risikofreudig, ohne sich in seinen Möglichkeiten zu überschätzen.

Nichtbehinderte begegnen in ihrem Umgang mit Behinderten vielfältigen Problemen. Dabei steht die Frage im Vordergrund: Was kann wer, in welcher Situation, und welche Hilfe ist notwendig wofür? Der Nichtbehinderte muß, entsprechend der jeweiligen Behinderung seines Gegenübers, fachgerecht pflegen, behandeln, üben, helfen wo nötig und nicht mehr als nötig, *und* er braucht eine persönliche Beziehung zu den behinderten Menschen. Doch darf weder die persönliche Beziehung noch der fachliche Umgang mit der Behinderung auf Kosten des Behinderten gehen. Fördern heißt, einen geschützten Erfahrungsraum anreizend bereitstellen – ohne zu verwöhnen, ohne zu überfordern.

Hilfeleistungen von Nichtbehinderten für Behinderte bestehen oft aus schwerer körperlicher Arbeit: auch dies will gelernt sein. Handelt es sich bei den Nichtbehinderten um Mitarbeiter eines Rehabilitationszentrums, dann ergeben sich noch zusätzliche Probleme: Abstimmen und Integrieren der einzelnen Fachbereiche, Umgang mit den dabei auftretenden Rivalitäten, Kränkungen, Unsicherheiten, Fehleinschätzungen; hinzu kommt noch die Einarbeitung neuer Mitarbeiter.

Oft suchten Mitarbeiter die Hilfe der FE, um mit ihren eigenen Schwierigkeiten, die sie mitgebracht hatten oder die in der Einrichtung entstanden waren, besser fertigzuwerden. Es zeigte sich, daß durch den veränderten Umgang mit sich selbst sich gleichzeitig vieles im sozialen Bereich mitveränderte: Gewohnte Konfliktsituationen traten nicht mehr auf oder waren anders lösbar; die Arbeit lief "wie von selbst", die Atmosphäre wurde froher, klarer, spontaner erlebt. Diese Veränderung erwies sich für alle Nichtbehinderten als die entscheidende persönliche und fachliche Hilfe, die mit FE angeboten werden konnte. Die Veränderungen erwiesen sich teils zehn Jahre lang als stabil.

Auch bei spezielleren Problemstellungen von Nichtbehinderten war die FE mit ihren Angeboten wirksam. Für Erzieher konnte z. B. das Heben leichter und für beide Teile angenehmer gemacht werden durch FE-Hilfen wie: sich spüren, loslassen, Mitte/Rücken/Unterlage erinnern, "Ein" zulassen, im "Aus"-orientierten (Atem-)Stopp von der Mitte aus heben... Entsprechende Hilfen konnten auch für andere Pflegesituationen gefunden werden, wie Anziehen, Füttern, Waschen, Toilette usw. Auch die Behinderten empfanden diesen Kontakt als angenehmer und klagten dies bei Mitarbeitern ein, die noch in der alten Art mit ihnen umgingen: Sie wollten nicht "wie ein Stück Holz herumgezerrt" oder – geschoben werden.

Vegetative Spannungsmuster übertragen sich – unterschwellig – auf alle Beteiligten. Dies trifft für alle Menschen zu, doch wird es deutlicher wirksam, wenn die Personen Körperkontakt haben, und noch deutlicher, wenn besonders krasse Verspannungsmuster bestehen. Diese Situation sollen zwei Beispiele verdeutlichen:

Der FE-Therapeut hatte nach der ersten Stunde mit einem schweren Spastiker bei sich selbst spürbare Veränderungen des Gesamttonus und der Tonusverteilung in völlig ungewohnter Weise bemerkt. Er suchte nach neuen Selbst-Angeboten der FE, um diese Spannungen zu lösen, und eben diese Angebote halfen dem Behinderten in der nächsten Stunde zu einem wirksameren Umgang mit sich selbst.

Entsprechend kann sich auch der Umgang des Nichtbehinderten mit sich selbst auf den Behinderten übertragen: Eine Jugendliche hoffte, ihre Erzieher zu einem der FE vergleichbaren Verhalten zu bewegen und bat deswegen den Therapeuten, die Wirkung des FE-gemäßen Verhaltens zu demonstrieren: unter der helfenden Hand wurden ihre Bewegungen freier, leichter, gezielter, die Mitbewegungen geringer. Bei dem – vorher nicht angekündigten – Gegenversuch (innerlich festhalten, stauen) schoß ein Spasmus derartig plötzlich und heftig ein, daß sie mit ihren angeschnallten Füßen die Fußstützen aus ihren Halterungen riß. Der auslösende Impuls war äußerlich nicht sichtbar, sondern ausschließlich durch ein inneres, "falsches" leibliches Verhalten des FE-Therapeuten bedingt.

*Krankengymnasten* werden in ihren Ausbildungen relativ einseitig auf das Mach- und Planbare, auf Wollen und Wissen hin geschult. Auch alle weiterführenden Behandlungsmethoden dieses Bereiches passen mehr oder weniger gut in dieses Weltbild. Als Folge davon kann man das H.W.S. (Halswirbelsäulensyndrom) fast als Berufskrankheit in der Krankengymnastik bezeichnen. Es ist mit Schulter- und Armschmerzen und/oder Kopfschmerzen (bis zur Migräne) verbunden. Diese Beschwerden sind dann auch meist der Anlaß, daß Hilfe bei der FE gesucht wird. In dem Ausmaß, wie diese Mitarbeiter einen anderen leiblichen Umgang mit sich im Sinne der FE fanden, veränderte sich deren Arbeit indirekt: Bestimmte Behandlungstechniken wurden erfolgreicher; der Behandlungsablauf wurde spielerischer und erneugte entsprechend weniger Widerstand bei den Behandelten; es wurde mehr auf die aktuelle Situation des Behandelten eingegangen; sich anbietende spontane Handlungstendenzen des Behandelten wurden aufgegriffen und systematisch genutzt. So wurden die Behandlungen menschlicher und sachlich effektiver.

Dies hatte aber eine schwere Krise des Selbst- und Berufsbildes zur Folge. Die Mitarbeiter hatten das Gefühl, nur zu "spielen". Als Gegenbeweis wurden die Stunden auf Video aufgenommen, damit der Mitarbeiter sich überzeugen konnte, wieviele "behandelnde" Interventionen er in der "Spielstunde?" geleistet hatte. Diese Methode bewährte sich auch bei neuen Mitarbeitern, die den eingeübten genau diesen Vorwurf zu "spielen" mochten. FE-geschulte Mitarbeiter fühlten sich zunehmend fremder auf ihren Fachtagungen und konnten immer weniger das Demonstrieren von Behandlungstechniken mitansehen, bei denen kein Kontakt mit dem Behandelten, sondern nur ein Ringen mit der Behinderung stattfand, auch wenn dieses noch so fachlich neu, richtig und interessant war.

Mitarbeiter in der *Ergotherapie* (Beschäftigungstherapie) sind grundsätzlich mehr auf die Eigeninitiative und Mitarbeit der

Behandelten angewiesen. Ihre Aufgabe besteht weniger im direkten Kampf gegen das Negative (wie es dem gängigen medizinischen Denken entspricht), als im Fördern vorhandener Möglichkeiten. Hier gilt es, ein handlungsanreizendes Fließgleichgewicht zwischen dem Wollen und Können des Behinderten und den realitätsgerechten Behandlungszielen in einer Situation zu finden, die vordergründig nach Spielen und Hobby aussieht. Konkretes praktisches Tun ist Weg und Ziel der Ergotherapie in allen ihren Bereichen: Selbsthilfe-, Hilfsmittel-, Wahrnehmungs- und Schreibmaschinentraining und schöpferisches Tun als Veränderungsmedium für motorische, sensorische, emotionale, geistige und soziale Therapieziele.

Wie in anderen Bereichen, so wirkte sich auch hier der leiblich stimmendere Umgang mit sich selbst als beiderseitige Entlastung aus und eröffnete neue Möglichkeiten. Darüber hinaus konnten die Mitarbeiter durch Kurzinterventionen im FE-Stil den Behinderten wesentliche Hilfen zur Selbsthilfe geben. Ein Kind hatte z. B. erst Handlungserfolge beim Schreibmaschinentraining durch die helfende Hand der Therapeutin. Später lernte es durch speziell für dieses Kind – und mit ihm – entwickelte FE-Angebote, sich selbst bei Bedarf entsprechende Hilfen zu geben und damit unabhängig von fremder Hilfe zu schreiben.

Ähnliche Wirkungen hatte die Einführung der FE in die Heilpädagogik. Der Heilpädagoge wird meist erst dann hinzugezogen, wenn die anderen Fachbereiche mit ihren Förderversuchen nicht weiterkommen. Deswegen war hier besonders das Lösen von Blockaden wichtig, das Aufgreifen kleinster und unauffälligster spontaner Handlungstendenzen der Behinderten. Die gefundenen Hilfestellungen waren sehr wirksam. Schwierig gestaltete sich die Aufgabe, Mitarbeiter anderer Fachbereiche dafür zu gewinnen. Wo dies jedoch möglich wurde, zeigten sich deutliche Fördererfolge.

Für die Mitarbeiter in der *Sprachtherapie* ergab sich durch die FE wohl die tiefgreifendste Veränderung ihrer Arbeitsweise:

– Sprachtherapeuten sind, wie Krankengymnasten, im Sinn des Machbaren ausgebildet.
– Sie sind, wie Ergotherapeuten, auf die Mitarbeit des Behandelten angewiesen.

– Sie werden, ähnlich wie Heilpädagogen, mit ganzheitlichen und auf alle Fachbereiche übergreifenden Problemstellungen konfrontiert.

Das Medium ihrer Arbeit ist Sprache, Sprechen, Stimme, zentral wichtiger Ausdruck des Menschen. Manchmal kam uns die Sprachstörung wie die Spitze eines Eisberges von Störungen vor. Dieser komplexen Situation entsprechend konnte die FE problementflechtend wirken und variable Förderungsansätze ermöglichen:

- Ein Kind mußte z. B. lernen, mit seinen Aggressionen so umzugehen, daß sie der äußeren und der inneren Realität des Kindes angemessen waren.
- Viele Kinder fanden über das Mitspüren von Druckveränderungen zu einem kontinuierlichen Atemfluß und lernten ganz "nebenbei", zu sprechen, ohne ihren Atemfluß zu unterbrechen.
- Ein Kind brauchte eine reizvollere Umgebung und hatte inneres Beteiligtsein zu lernen, um aus der Apathie aufzuwachen, die in seiner Sprachunlust (dem Überweisungsgrund) gipfelte.
- Fast alle Kinder mußten lernen, mit einem Bruchteil der gewohnten Kraft zu "tun"; "nebenbei" erst konnte das Sprechen als Begleitung des Tuns hervorgelockt und sehr viel später bewußt eingesetzt werden.

Dann wurde versucht, das Erreichte auf den Alltag und auf die für die Kinder jeweils besonders schwierigen Situationen zu übertragen.

Die jahrelangen und vielfältigen Erfahrungen mit FE beim Umgang mit Behinderten konnten hier nur summarisch und an Hand von wenigen Beispielen dargestellt werden. Die FE kann ein wesentliches Angebot geben und ist damit eine Herausforderung für alle Beteiligten, aus dem gewohnten Verhalten herauszufinden und neue Wege zu entdecken.

Zusammenfassend ein Ausblick auf die Möglichkeiten und Grenzen der Anwendung von FE bei Behinderten, dargestellt unter Einbeziehung der Faktoren, die ihre Wirksamkeit wesentlich beeinflussen.

(1) Ein möglicher Erfolg der FE hängt wesentlich von der Selbststeuerungsmöglichkeit des Behinderten ab. Je mehr er diese finden und verwirklichen kann, desto weniger ist er

von den Personen seiner Umwelt und ihrem FE-gemäßen, gegenseitig abgestimmten Verhalten abhängig.
(2) Um mit der FE einen Zugang zum leiblichen Umgang mit sich finden und nutzen zu können, müssen viele Behinderte Barrieren überwinden lernen: Abneigung gegen leibliche Wahrnehmung, sensorische Störungen und Erfahrungsmängel, Versorgungshaltung, überkompensierende Leistungsorientierung, u. a. m.
(3) Jeder Behinderte hat "hautnah" mit vielen Bezugspersonen Kontakt. Dies ist durch die fachliche Differenzierung ebenso bedingt wie durch personelle, arbeitszeitliche und planstellenbedingte Veränderungen. Der Erfolg von FE hängt nun weitgehend davon ab, wie der Behinderte diese vielen Kontakte verkraften lernt und wie die verschiedenen Bezugpersonen aufeinander abgestimmt sind.
(4) Jeder Mitarbeiter hat entsprechend seiner persönlichen Art, Vorerfahrung und beruflichen Ausbildung einen anderen Weg zu finden, um sich im FE-Sinn "stimmend" zu verhalten.
(5) Der Erfolg jeder Förderung von Behinderten hängt von einem wesentlichen Faktor ab: Je früher sie einsetzt, desto größer sind die Chancen. Deswegen sollten nicht nur alle Risikokinder betreut werden, sondern alle Risikogeburten und, besser noch, alle Schwangerschaften, damit es möglichst wenig Risikogeburten gibt.

So ergibt sich folgendes Bild der möglichen Wirkung von FE im Umgang mit Körperbehinderung:

– Situative Erfolge sind relativ leicht zu erreichen, manchmal sogar in einem Ausmaß, das an Wunder grenzt.
– Solche Fortschritte weiter auszubauen oder auch nur stabil zu erhalten, erweist sich dagegen als äußerst schwierig und oft unmöglich.

Nichtbehinderten ermöglicht die FE wesentliche und bleibende Veränderungen im Umgang mit sich und den Mitmenschen:

– Der Umgang miteinander wird menschlicher, kraftsparender, einfacher und klarer.
– Das Selbst- und Menschenbild wird nach seinem eigentlichen Sinn hinterfragt: Was ist wirklich wichtig im Leben, wo will es mit uns hin?

- Der Bewertungsmaßstab verändert sich: von äußerer, beweisbarer, quantitativer Leistung zu innerer, spürbarer Qualität des Tuns.
- Die Mitverantwortlichkeit für das eigene Sosein und das der Mitmenschen rückt ins Zentrum der Aufmerksamkeit.
- Wissen, Machen, Leistungsplanung und Leistungstraining bleiben wichtig, rücken aber in den Hintergrund zugunsten der gemeinsamen, engagierten, schrittweisen Suche nach einem gangbaren Weg.

Das Selbstbild, das Menschenbild und alle Wertsetzungen werden also durch die Anwendung der FE in Frage gestellt. Im folgenden einige Aspekte dieser Herausforderung mit ihrer möglichen Bedeutung für uns alle. Der Bezug zu vergleichbaren anderen Richtungen wird angedeutet.

(1) Die Förderung der Mitmenschlichkeit ist in vielen Bereichen notwendig und möglich. Eingehen auf sich und den anderen ist lernbar und fördert Beziehung und Austausch, die beide sachlich klarer und menschlich wärmer werden können. – Dies steht vielen Nöten und Klagen unserer Zeit gegenüber und entspricht vielfältigen Versuchen, Isolation aufzuheben.

(2) Die gewohnte Trennung von Subjekt und Objekt wird in Frage gestellt. – Dies entspricht dem Denken der anthropologischen Medizin (Bringmann 1977) genauso wie dem modernen systemtheoretischens wissenschaftlichen Weltbild (Capra 1983).

(3) Der Schwerpunkt der Aufmerksamkeit wird von der Quantität der Leistung zur spürbaren Qualität unseres Tuns und dessen Auswirkungen hin verschoben. – Dies entspricht allen Bewegungen, die derzeit die Fragwürdigkeit unserer Leistungswerte anprangern und sich um Veränderung bemühen.

(4) Ein Weg der inneren Veränderung mit ihrer Auswirkung auf äußere Bedingungen wird konkret erfahrbar. – Dies relativiert alle äußeren, revolutionären Änderungsversuche, die – mit veränderten Inhalten und Bezugsgruppen – meist die vorgefundenen Funktionsstrukturen übernehmen.

(5) Der Umgang mit dem, was nicht gemacht, gewollt, gewußt und geplant werden kann, wird konkret möglich. Unsere "aufgeklärte" Wissenschaftsvorstellung (mechanistisch, lo-

gisch, kausal, linear, quantifizierbar) wird relativiert und damit dem jahrtausendealten Wissen der Menschheit und den neuesten Denkmodellen der Naturwissenschaft (Capra 1983) und der Analytischen Psychologie (Jakobi 1976) entsprochen.
(6) Der Zugang zu transpersonalen Realitäten wird erlebbar. – Verbale Verkündigungen verschiedenster religiöser Richtungen sind damit herausgefordert, ihre Lehren konkret erleb- und erlernbar zu machen.

Mit dem Vermächtnis eines Muskeldystrophikers möchte ich diese Ausführungen abschließen. Aggressiv hämmerte er uns folgende Erkenntnis ein: "Man kann weder *an,* noch *bei,* sondern nur *mit* (körperbehinderten) Menschen arbeiten." Im Verlauf unserer jahrelangen Zusammenarbeit erlebten wir, daß es vollgültiges, ungetrübtes Glück bei Menschen geben kann, die ihre Hand nicht zum Mund führen und den zur Seite gekippten Kopf nicht aufrichten können, *und* daß Menschen im vollen Besitz aller ihrer Bewegungsmöglichkeiten innerlich tot und leer sein können. Diese Erkenntnis stellte alle unsere Erwartungen an das Leben und alle gewohnten Werte des Lebens in Frage.

In einer unserer letzten gemeinsamen Stunden sprachen wir über Sterben und Tod. Schließlich schwiegen wir gemeinsam. Nach einiger Zeit sagte er: "Es ist gut, nicht alleine 'am Fenster' zu stehen." Ich spürte unsere tiefe Verbundenheit und sagte "Ja, ich verstehe." Er erwiderte: "Nichts verstehen Sie! – Ich beneide Gefängnisinsassen! . . . Die können in der Zelle auf- und abgehen, sich im Bett herumdrehen, ich jedoch bin im Körper auf den Zentimeter gefesselt und gefangen." Ich blieb betroffen und sprachlos. Dann schaute er mich plötzlich pfiffig und unternehmungslustig an: "Und Sie – Sie können sich doch bewegen! Wann waren Sie das letzte Mal schwimmen, im Wald spazieren, tanzen?" Ich rekonstruierte mühsam die Tatsachen meines konkreten Verhaltens, worauf er angriffslustig fortfuhr: "Da sehen Sie es! Sie sind funktionsbehindert! – Ich bin körperbehindert! – Je schlechter es mir geht, desto mehr nutze ich meine Möglichkeiten aus. Dies genieße ich. – Sie werden nie Ihre Möglichkeiten auch nur annähernd entsprechend nutzen können!"

Kurze Zeit später starb er in aller Ruhe und Stille. Das letzte große Loslassen in dieser Welt war ihm gelungen.

Er zeigte uns einen Weg, wie menschlich Unbewältigbares doch bewältigt werden kann.

**Literatur**

Bringmann, A.: Grundlagen der medizinischen Anthropologie bei Viktor von Weizsäcker. Diss. Med. Fakultät Heidelberg, 1977.
Capra, F.: Wendezeit. 3. Aufl. München: Scherz 1983.
Fuchs, M.: Funktionelle Entspannung. Stuttgart: Hippokrates 1984.
Jakobi, J.: Die Psychologie von C. G. Jung. Walter 1976, 7. Aufl.

GERHARD NEUHÄUSER

# Asthmabehandlung mit Funktioneller Entspannung und Krankengymnastik
## Vorbemerkung zum Erfahrungsbericht von Lore Wette

Während meiner Tätigkeit an der Universitäts-Kinderklinik Erlangen-Nürnberg hatte ich Gelegenheit, den von Frau Wette anschaulich beschriebenen Therapieverlauf eines Jungen mit Asthma-Syndrom mitzuerleben. Wie sich auch rückblickend ergibt, ist die Funktionelle Entspannung bei diesem Patienten ganz wesentlich an dem günstigen Krankheitsausgang beteiligt. Nicht nur die Symptome besserten sich, es war auch möglich, die Persönlichkeitsentwicklung des Kindes und die sehr enge Beziehung zur Mutter im günstigen Sinn zu beeinflussen.

Wie viele ähnliche Erfahrungen belegen, ist die Funktionelle Entspannung eine wirksame Methode zur Behandlung psychosomatischer Störungen von Kindern und Jugendlichen. Dabei besteht ein großer Vorteil des Verfahrens darin, daß es aus der Praxis heraus entwickelt wurde und sich stark am Wesen und am Erleben des Kindes orientiert. Es wird möglich, dem Kind in einer dem jeweiligen Entwicklungsstand entsprechenden Weise Körpererfahrung zu vermitteln, seine Selbständigkeit zu fördern. Eigenhilfe anzuregen. Man kann heute auf die Funktionelle Entspannung als Methode pragmatischer Psychotherapie nicht mehr verzichten, weil durch sie wesentliche Aspekte psychosomatischer Störungen wirksam beeinflußt werden.

Der vorliegende Erfahrungsbericht ist ein weiteres Beispiel dafür, wie über ein zunächst somatisch orientiertes Vorgehen die Gesamtpersönlichkeit des Kindes und seine Interaktionen mit den wesentlichen Beziehungspersonen verändert werden können. Diese weitreichenden Auswirkungen der FE erfordern vom Therapeuten Einfühlungsvermögen, Flexibilität und Reflexion. Bei der Deutung mancher Zusammenhänge können Zeichnungen hilfreich sein, mitunter ist auch eine regelmäßige Supervision erforderlich. Das Beispiel zeigt deutlich, daß die FE eine gründliche Ausbildung voraussetzt; nicht nur das Beherrschen einzelner Handgriffe, sondern auch ein Wissen um psychosomatische Zusammenhänge und ein Verstehen psychodynamischer Grundfragen werden gefordert.

LORE WETTE

# Behandlung von Asthma bronchiale mit Funktioneller Entspannung

*Anamnese* (Angaben aus dem Krankenblatt und Informationen der Mutter)

Rudi, geb. 22. 8. 1962, war als Kleinkind wegen acetonämischen Erbrechens mehrfach in der Klinik. Später folgten stationäre und ambulante Behandlungen wegen spastischer Bronchitis, Bronchopneumonie und Asthmaanfällen. Anfang 1968 5 Wochen Kur in Berchtesgaden, wo es ihm gut ging. In dieser Zeit auch Entfernen der Mandeln. Daheim wieder vermehrt spastische Bronchitis und Asthma. Geburt normal. Geburtsgewicht 3700 g; Laufen und Sprechen mit 1½ bis 2 Jahren; sauber mit 2 Jahren. 2 ältere Schwestern, geb. 1959 und 1961.

Mutter: Groß, blond, dick (stark einschnürendes Korsett), wirkt verkrampft, spricht durch die Nase, gibt die Hand nur mit angebeugtem und zurückgehaltenem Arm und fast ohne Händedruck. Sie war ein uneheliches Kind und ist bei der Großmutter aufgewachsen. Vater: Fliesenleger (biederer Handwerkertyp).

*Erster Therapieabschnitt* (ca. 2 Monate; 2 bis 3 mal wöchentlich je ca. 1 Stunde)

Rudi wurde mir im Mai 1968 von der Poli-Klinik zur Atemtherapie geschickt. Der 5½jährige war ein blondes, kleines, dünnes und sehr ängstliches Kind, dicht an die Mutter geklammert. Schlechter Esser. Da der Gymnastikraum sehr groß war (6 x 8 m), wollte ich das Kind erst mit der Umgebung und mit mir vertraut machen. Auch die Mutter sollte mich kennenlernen. Rudi hatte noch nie Atemtherapie bekommen.

In den ersten zwei Behandlungsstunden ging das Kind nur etwa einen Meter von der Mutter weg und das auch nur für ca. zwei Minuten, dann warf es sich weinend in Mutters Schoß. Ich habe Rudi zunächst nicht angefaßt. Auf der Matte sitzend konnte ich sein Interesse kurz für Ballrollen und ein Stofftier gewinnen oder ihn wie einen Hund bellen, auch wie eine Katze miauen lassen. Die Mutter setzte sich dann ebenfalls auf die Matte, wir spielten "schlafen". Dann konnte ich kurz meine Hände auf Rudis Rücken legen. Auch die Mutter durfte das tun. So brachte ich ihr das therapeutische Anfassen bei, das nur möglich ist, wenn die Mutter zu sich selbst eine entspannte, lebendige Beziehung erfährt: sie hatte es dann nicht mehr nötig, hinterher das Kind hochzunehmen, zu umarmen und an sich zu pressen. Es wirkte bei dieser Mutter immer so, als hätte sie Angst, das Kind zu verlieren. Dieses Verhalten hatte sich offenbar bei ihr durch die ständigen Asthmaanfälle des Kindes gefestigt, da Medikamente nur wenig halfen und Rudi sich in ihren Armen am ehesten beruhigte.

Bei weiteren Therapieversuchen lief der Junge immer wieder weinend zu seiner Mutter. Wir vereinbarten gemeinsam, Rudi solle nun einmal ganz allein mit mir etwas spielen dürfen, um es nachher der Mutti ganz alleine zu zeigen. Die Mutter hatte sichtlich Angst, Rudi werde außer sich geraten, wenn sie nicht im Raum sei. Rudi schrie auch zuerst, beruhigte sich aber nach kaum zwei Minuten und spielte hingebungsvoll, ahmte Tiere nach, vor allem, "wie der Hund mit seinem Schwanz wedelt". Er bemerkte dazu selbst (zunächst leise) "wickel-wackel" (dies in Bauchlage). Als er mit lautem "He" nach meiner Hand schnappte, brachte ihn das zum Lachen. Ich machte dann noch das therapeutische Anfassen mit ihm, dann schlichen wir sachte zur Tür um die Mutti zu rufen. Er rief ganz leise und hüpfte nun vor Freude umher. Stolz zeigte er sein "Wickel-Wackel", und wie der Hund hinterher auch ganz ruhig liegen kann.

Das Eis war gebrochen, wir probierten nacheinander das therapeutische Anfassen an uns. Rudi legte zunächst zaghaft seine Hände auf den Rücken der Mutter, fand es bald sehr lustig und drückte auch mal fester – eine enorme Leistung des Buben, klein und dünn wie er war, seine Händchen auf den gewaltigen Rücken seiner Mutter zu legen. Er lernte schnell, wie es richtig war und konnte seine Mutter bei sich selbst korrigieren. Sie berichtete bei einer nächsten Behandlung, daß Rudi sage: "Mamma, das macht Frau Wette aber anders."

Was war gewonnen? Ein partnerschaftlicher Umgang miteinander begann. Mutter und Sohn waren nicht mehr hilflos einem Anfall ausgeliefert; sie konnten etwas dagegen tun. Durch das

Händeauflegen fiel ihr ängstliches Umklammern weg. Eine neue Art der Beziehung entstand mit etwas mehr Distanz. Auch Rudi wurde selbständiger und fühlte dennoch die hilfreiche Nähe der Mutter.

*Zweiter Therapieabschnitt* (ca. 7 Monate: 2 mal wöchentlich 1 bis 1¼ Stunden)

Vorsicht und Einfühlung waren jetzt geboten; die Mutter sollte nicht eifersüchtig werden. Das aufkeimende Rivalitätsproblem wurde angesprochen, die Mutter stets ermutigt, sie lerne es ja immer besser, mit Rudi zusammen seine Atemnot anzugehen, wobei sie jeweils schützend neben ihm oder im Hintergrund stehen sollte.

Immer wieder mußte mechanisches "Üben" in lustvolles Tun verwandelt werden. Auch geduldiges "Aushalten" der Pausen zum Nachspüren war nötig („Merkst du noch, wo der Hund mit seinem Schwänzle gewedelt hat? Und wie ist es denn jetzt dort?") Wenn ich oder die Mutter die Hand auf das "untere Kreuz" oder etwas höher an die Lendenpartien legten, spürte er, daß es da "dick" wurde.

Um noch mehr Lebendigkeit im Bauch- und Lendengebiet (Zwerchfelltätigkeit) zu erreichen, durfte er mit den Beinen "stochern", in Bauch- oder auch Rückenlage. Er kam selbst auf "Autovergaser putzen" und lernte schnell zu spüren, ob der Vergaser jetzt ‚sauber" war. Wir ließen dann einfach den Motor "brummen". "Geht es jetzt bis unten durch?" Hierbei kam es leicht einmal vor, daß er zu lange brummte und dann preßte. Ich legte meine Hände um seinen Brustkorb und ging leicht der Abwärtsbewegung beim Ausatmen nach – er sollte das Brummen leiser werden lassen (weil es ja nach unten geht und dann nicht mehr so laut zu hören ist). Das verstand er schnell und ließ sozusagen "den Motor auslaufen". So kam mühelos die gewünschte Pause zustande und das Erleben, daß "der Motor nun von selbst wieder Gas bekommt". Auflegen seiner Hand auf sein Brustbein und der anderen Hand auf den Oberbauch ließen ihn allein erleben, "daß es jetzt besser durchgeht, daß es sich auf- und abbewegt". Dieses Handauflegen lernte die Mutter auch.

Sich schlängeln in Bauchlage und die Schlange dazu zischen lassen, oder "Rollerfäßle" (sich im ganzen über die Matte rollen) lockerte ihn insgesamt, machte Spaß und Mut, da er ja so mehr tun konnte, ohne in Atemnot zu geraten.

Mutter und Sohn kamen regelmäßig zweimal wöchentlich 20 km mit dem Zug angereist (einmal umsteigen). Nachdem eine deutliche Beruhigung eingetreten war, konnte diese Anstrengung auch durchgehalten werden. Ich bot an, wenn es Rudi schlecht gehe und sie mit FE nicht zurechtkämen, mich sofort anzurufen. Das geschah auch einige Male; wir konnten in der vertrauten Umgebung den Zustand bessern oder ganz zum Verschwinden bringen.

Dann versuchten wir, im Sitzen auf einem Hocker zu lockern. Wenn ich von den Schultern her (hinter ihm stehend, den Rücken leicht mit meiner Hüfte gestützt) lockernde Griffe, wie leichtes Schütteln, anwandte und Rudi versuchte, irgendwelche Laute von sich zu geben (z. B, he-he, wie ein offenes o oder ö), dann löste sich die Schulter-Nackenspannung, und das Keuchen verschwand. Oft trat dann Husten auf. Wir versuchten, ihn "in den Bauch zu schicken", auch mit einem "He-He". Die kurzen Laute unterbrachen den Krampfhusten, die Attacken nahmen ab, ich begleitete sein Atmen mit lockernden Griffen am Brustkorb, bis er ruhig wurde. Er fing dann meist ausgiebig zu gähnen an, stand auf, räkelte sich, schlenderte durch den Raum.

Wir schlossen an, was nun auch im Liegen ging, in Seitenlage oder in Bauchlage: schlängeln, etwa nach dem Bild "ein Schiff gleitet mit dem Bauch durchs Wasser". Dabei streckte er sich so, daß der dorsale Atembuckel verschwand. Er konnte dann auch in gelöster Haltung gerade stehen. Weiteres Lockern durch "Schmieren der Gelenke" (ähnlich der Gänge bei Auto oder Fahrrad) mit begleitenden Geräuschen, mit "Warten, ob nun alles sich durchgängig anfühlt", machte ihm bewußt, daß er sich selbst helfen konnte. Für Mutter und Sohn waren Anfälle nicht mehr so dramatisch und beängstigend.

Weitere Stufen in der Therapie sollten altersentsprechend über verschiedene Sinneseindrücke den "ganzen" Buben ansprechen: Eine Katze schleckt Milch auf mit lautem "Schlabbern" – dies bewirkt durch das Agieren aus dem Vierfüßlerstand Strecken der Wirbelsäule, Lockern der Kiefergelenke und Anregen des Speichelflusses (bessere Befeuchtung des oft trockenen Mund- und Rachenraumes), Gelenkmobilität und Thoraxumformung. Oder: Eine Katze schleicht unter dem Zaun durch – dabei mußte er von selbst stöhnen. Die Ruheübung "Katze schläft, rollt sich ein und ‚mienzt' im Schlaf vor sich hin" ließ ihn weiches Fell, rhythmische Atembewegungen, Nachgiebigkeit und Lockerheit spielerisch erleben.

Gegen Ende der Therapiestunde machten wir meistens ein Spiel. Zuerst das Glaskugelspiel, das er mit Begeisterung spielte: Eine bunte Glaskugel wird am oberen Ende eines Xylophontreppchens in ein Loch gesteckt und kommt dann klingelnd unten an. Er mußte warten, bis die Kugel unten angekommen war, lernte also wieder spielerisch das Innehalten (was kommt nun? –); "wie ist es bei mir, wenn ich eine Glaskugel die schiefe Bahn runterkollern lasse?" Er fand das selbst heraus mit "plum-plum-plum" und mußte sehr lachen, wenn der ganze Rudi bei dem Plum . . . "schepperte".

Mit dem Ball waren andere Spiele möglich: Ball aufprellen und Tiere ausrufen, die der andere sein soll, oder wie das Tier "ruft" mit all den bekannten Variationen – dies machte ihn locker, lebendig und fröhlich. Er entwickelte sich zu einem schlitzohrigen kleinen Buben, das Verhuschte und Ängstliche verlor sich bald. Die starke Muttergebundenheit war natürlich noch zu merken. Ein Traum, den er mir erzählte, mag das erhellen: Die Mutter stieg auf einen Baum, der Vater stieg auf einen Baum, Rudi stieg auf den Baum und holte die Mutter herunter; der Vater blieb oben und schlief auf dem Baum weiter.

Die Mutter konnte nur sehr langsam den "kleinen Rudi" loslassen. Immer wieder beobachtete ich inniges Schmusen; ihre Äußerung, "bist doch mein einziger Rudi", ließ deutlich werden, daß die Mutter-Sohn-Beziehung nur ganz behutsam durch mehr "Gehen-Lassen an der langen Leine" umzuwandeln war. Auch Ängste waren bei Rudi zu bemerken: Er hatte Angst, wenn es draußen dunkel wurde, er mochte nicht im Dunkeln draußen sein. Die Oma und seine beiden Schwestern erzählten von Mördern, und was sonst noch draußen passieren konnte. Im Zimmer hatte er keine Angst: "Es wird draußen finster, damit man früher ins Bett kann" – er mochte sich doch gern in sein Schneckenhaus zurückziehen.

Ein starkes Sicherheitsbedürfnis war vorhanden. Rudi weinte plötzlich, als ein Spielkrokodil von der Wand fiel. Die Mutter kommentierte: "Er kann es immer schwer ertragen, wenn plötzlich etwas entzweigeht."

*Dritter Therapieabschnitt* (2 Wochen Klinikaufenthalt: 2 mal täglich ½ Stunde)

Im Februar 1969 mußte Rudi 14 Tage in der Kinderklinik stationär behandelt werden wegen schwerer Atemnot und Bronchopneumonie. Durch Gabe von Corticosteroiden und Spasmolytika war sein Zustand zu bessern. Antibiotika erhielt er 14 Tage lang. Während dieser Zeit erfolgte täglich FE.

Ich konnte mit ihm recht gut und für ihn faßbar die "Innenräume" entwickeln. Wenn er Atemnot hatte und dann nur sitzen konnte, lernte er einfacher "den Fahrstuhl abwärts fahren zu lassen". Wir hatten das auch vorher schon öfter versucht, die Vorstelluny war für ihn ja auch handgreiflich, weil wir in der Klinik einen Fahrstuhl hatten, mit dem er sehr gerne fuhr. Vor allem das "Unten-Ankommen – Türen gehen auf . . ." ging nun besser in ihn ein. Wir übten es im Schneidersitz erst im Bett, später auf einem Hocker. Dazu kam dann "Haus bauen vom Keller an . . .," "Fahrstuhl zur Probe laufen lassen". "Ist kein Knick im Haus, daß der Fahrstuhl auch durch kann?" In seiner Gestalt knickte er nämlich wieder etwas ein.

In dieser Zeit schlug ich ihm einmal vor, etwas zu zeichnen. Er wollte ein Haus malen (Zeichnung vom 25. 2. 69). Dieses war schmal und eng; er selbst hatte darin noch keinen Platz oder nicht genügend Platz, er malte sich danebenstehend,

*Vierter Therapieabschnitt* (4 Monate; 1 bis 2 mal wöchentlich 1 Stunde)

Was Rudi in der Therapie erlebte, konnte er vorläufig nur über einen kürzeren Zeitraum behalten, d. h. in der FE daheim nicht immer nachvollziehen. In der FE wird nun wieder mehr Beckenarbeit nötig, z. B. Beckenwippe im Sitzen (kleiner Reiter mit hopp-hopp, Beckenkreisen: Karussell) oder im Liegen (eigene Hände auf dem Bauch: Bauchbewegung spüren, "brennt's Feuerchen?" Das merkte er gut, "ha ja, das tut's"; daheim hatten sie Öfen, deshalb lag ihm das nahe).

Im Fasching kam er einmal mit Indianerkopfschmuck und Plastikdolch. Ich ging gleich darauf ein, doch zuerst machte er nur schüchterne Angriffsversuche. Dann spielte er mit viel Engagement "anschleichen und den anderen erschrecken".

Da Rudi zwischenzeitlich immer noch Anfälle hatte, speziell

etwa zwei bis drei Stunden nach dem ersten Schlaf, gegen 23 Uhr, die Mutter ihm Alupentspray und ein von der Klinik empfohlenes Spasmolytikum geben mußte, sollte er zur Kur nach Berchtesgaden. Erst wollte er nicht von daheim fort. Acht Tage vor dem Termin aber meinte er ein wenig stolz: "Ich verreise aber jetzt!" Die sechs Wochen Kur taten ihm sichtlich gut. Ich erhielt eine Ansichtskarte von der Betreuerin geschrieben, von Rudi selbst unterzeichnet, "wir gehen viel spazieren und ich turne jeden Tag" – das schien ihm wirklich Spaß zu machen. Als er zurück war, konnte ich es ihm auch anmerken, daß es ihm gut ging: Er hatte zugenommen und war 2 cm gewachsen. Auf seine Anregung hin wurde nun öfter gemessen, er wollte gern groß werden!

Im Laufe des Sommers 1969 waren Mutter und Sohn auf sich allein angewiesen, da ich Urlaub hatte. Die Mutter äußerte zunächst Besorgnis, mich nicht erreichen zu können, aber es ging dann doch ganz gut. Der Mutter hatte ich noch eine andere Art des therapeutischen Anfassens gezeigt: Beim Liegen auf dem Rücken beide Hände der Mutter flach auf den unteren Brustkorb legen, beim Brummen sich selbst entspannend leichten Druck nach unten geben – beim "Ein" dann den Druck nachlassen. Rudi ließ dann spontan "nach unten" los. Er selbst sollte in dieser Lage die Arme aus den Schultergelenken abwechselnd herausziehen, ebenso die Beine aus den Hüftgelenken. Dabei half die Äußerung "putz-putz", gleichbedeutend mit "Ich putz mich frei". Aus der Bauchlage konnte er selbst sein "Wickel-Wackel" mit dem Gesäß zur Lösung der Zwerchfellpartien einsetzen. Die Mutter ließ dabei eine Hand ruhig auf der Lendenwirbelsäule liegen, damit er fühlen konnte, wie es hinterher "weit" wurde. Auch das "Aufbäumen der Schlange" wurde mit Handauflegen auf Rudis Rücken begleitet. Dabei weinte R. einmal ganz leise, dann ging die Atmung spontan wesentlich besser! Es war für beide ein Erlebnis, wie ein Schmerz manchmal auch etwas lösen kann.

Die Einschulung (1969) war nicht schwierig; er freute sich sogar auf den Unterricht. Probleme hatte er dann allerdings mit der Lehrerin, die nach Aussage der Mutter sehr streng sei, viel aufgebe, überhaupt "altmodisch sei, auch in der Kleidung". Rudi hatte öfter vor Schulbeginn Asthmaanfälle.

Bei mir ließ er sich gern auf das Malen mit dicken Wachsmalkreiden ein: Mit kleinen Versen vor sich hinsprechen oder summen, gleichzeitig die Kreide ohne gewollte Führung über das Papier laufen lassen; dies löste ihn sehr (s. Abb. 1). Später malte er auch auf große Packpapierbögen.

Abb. 1

*Fünfter Therapieabschnitt* (2 Monate; 2 mal monatlich 1 Stunde)

In der Folgezeit lagen nun zwischen den Therapieterminen je nach Befinden 2 bis 3 Wochen. Ich setzte öfter auch turnerische Übungen und Rhythmik ein, um seine körperliche Leistungsfähigkeit zu trainieren. Er lernte, wie er sich im Laufen "lassen" und Pausen für sich nutzen konnte. In der Schule turnte er mit, und er führte mir stolz einige Bodenübungen vor: Er wollte nun unbedingt etwas leisten. Dies zeigte sich auch in seinen schulischen Erfolgen, auch hier wollte er vorankommen.

Rudis Befinden hing sehr von der Stimmung seiner Mutter ab. Er fragte dann: "Mama, warum bist du so traurig"? Er war immer bestrebt, die Harmonie in der Familie wiederherzustellen. So konnte er es nicht ertragen, wenn seine Eltern nach einer Auseinandersetzung nicht miteinander sprachen. Ging es wieder besser, fragte Rudi seine Mutter: "Mama, sprecht ihr jetzt

Behandlung von Asthma bronchiale mit FE    153

Abb. 2

Abb. 3

wieder miteinander?" Die Mutter: "Warum, was meinst du?" Rudi: "Ja, weil ich jetzt wieder so fröhlich bin!" (15. 9. 70).

Einigen Aufschluß über die Familiensituation geben zwei Bilder des Tests "Familie in Tieren" (erstes Bild in der Klinik, vom 4. 8. 70; zweites Bild daheim gemalt vom 15. 9. 70). Es wird deutlich, wie Rudi sich in der Familie empfand: Im ersten Bild steht er sehr klein in der Geschwisterreihe, die Mutter ist raumfüllend, hat einen verspannten, hohen Rücken (so wirkte sie auch oft auf mich). Es ist erstaunlich, wie Rudi die Mama hier abseits der Familie postierte; der Vater befindet sich ganz oben, fast in unerreichbarer Höhe, schwebt irgendwie darüber. Im zweiten Bild zeichnete sich Rudi größer, er steht neben seinem Vater (Identifikationswunsch). Er erzählte nun auch schon öfter, wie und wann er dem Papa bei der Arbeit helfe. Die Mutter erscheint nun auf einmal weich, schmiegsam; die große Schwester aber wirkt erdrückend, fast drohend. Insgesamt steht wohl eine weibliche Übermacht der männlichen Seite gegenüber.

In der 2. Klasse hatte Rudi eine neue Lehrerin, mit der er sehr gut zurechtkam. Er war deutlich gelöster und jungenhafter. Sein schönstes Geburtstagsgeschenk war ein neuer Lederfußball vom Vater!

*Sechster Therapieabschnitt* (4 Jahre; alle 6 bis 8 Wochen 1 Stunde)

Rudi kam in der Folgezeit in noch größeren Abständen (4 bis 6 Wochen) zu mir. Er trieb gerne Sport: Fußball, im Winter Schlittenfahren. Wir führten etwas Belastungstraining durch, z. B. Lauftraining (nach ca. einer halben Minute stehenbleiben, dann schnaufte er erst einmal ziemlich). Im brummelnden Lockern von Schultern, Kopf und Beinen und mit dem Bild "Gas ablassen" konnte er rasch zu einem ruhigen Atemrhythmus kommen.

Meine Erzählung von dem olympischen Marathonläufer Zatopek griff er gerne auf, lief schon eher mit lockeren Schulter-, Kopf- und Kiefergelenken (Mund offen – auch beim Laufen immer etwas Gas ablassen). Er konnte das auch zu Hause erinnern: Öfter die Schulterblätter hängenlassen. "Fahrstuhl abwärts. Wasser herunterrinnen lassen"; dadurch konnte er sich selbst "in die Regie" nehmen.

Er wurde freier und selbstbewußter, half dem Vater beim

Mauern und Herrichten des eigenen Hauses. Die Mutter fühlte sich jetzt etwas vernachlässigt. Ihre Äußerung, "Ach, Rudi kann ja jetzt die Übungen auch alleine machen", klang für mich hilflos und fragend. Ich besprach das mit ihr und fragte sie, ob sie nicht auch ein bißchen Erleichterung verspüre. "Ja, schon! Doch, ja", war die zögernde Antwort. Wir erarbeiteten alle drei gemeinsam das hintere Mundloch mit Zungenspiel", "hinten ein offenes O denken". "Wasser rinnen lassen wie bei einer Wasserleitung", mit leicht gluckernden Geräuschen bei ständig lockerem Unterkiefer. Dabei mußte R. lachen, die Mutter auch. Bei gemeinsamem Tun kamen sich Mutter und Sohn auf neue Weise nahe.

Im Sommer hatte Rudi nachts öfter Anfälle: er war auch allergisch gegen Blütenstaub (Ergebnis des Sensibilitätstests). Es bewährte sich nun, wenn Rudi auf dem Rücken lag mit etwas erhöhtem Oberkörper: Die Mutter legte eine Hand auf den Brustkorb und eine auf seine aufgestellten Knie. Nun wurden leichte, lockernde Gegenbewegungen eingeleitet. Rudi ließ dabei locker den Mund offen – die Verkrampfungen ließen nach; dann nochmals "Wasser hinten herunterrinnen lassen". Dies half meist, den Anfall zu lösen. Manchmal wurde vorher etwas Alupent inhaliert.

Zwischen Oktober 1971 und Winter 1972 mußten einige Klippen überwunden werden: Die Mutter empfand mich immer wieder als "Rivalin": "Ach, zu Ihnen geht er gar zu gerne!" Wir besprachen Rudis Wunsch, groß und selbständig zu werden, was Ausdruck seiner derzeitigen Wachstumsphase sei (Vorpubertät); die Mutter stehe jetzt, anders als früher, mehr "neben" ihm: "Er braucht Sie und Ihren Mann in begleitender, fördernder Weise. Rudi muß in seiner Selbständigkeit bestätigt werden." Ich konnte beobachten, daß die Mutter Zeit brauchte, den Jungen "gehenzulassen". Sie lernte aber auch, für sich selbst etwas zu tun, besuchte die Volkshochschule und beteiligte sich aktiv an Elternversammlungen der Schule.

Rudi zeigte sehr viel Ehrgeiz in der Schule, bis hin zum Leistungsdruck. Daheim spielte er gern den "Prinzen", ließ sich verwöhnen, trödelte morgens. Beim Spiel in der Klinik, z. B. Prellball, konnte er schlecht verlieren (dies bestätigte auch die Mutter).

Im Februar und April 1972 hatte Rudi Grippe, aber dabei kein Asthma. Bei der FE in dieser Zeit half am besten in halber

Bauch-Seitenlage das "weiche Fell" (er räkelte sich wohlig mit leisen Brummlauten). Ergänzend trommelte ich mit lockeren Fäusten seinen Rücken entlang. Er konnte danach gut abhusten. Bei anschließenden Dehnübungen von den Armen und Beinen her mit Ächzen und Stöhnen konnte er breit werden, ausgiebig gähnen, und die Atmung lief voll durch.

Nach ca. 20 Minuten FE waren das rasselnde Atmen und das übliche Schulterhochziehen sekundenschnell verschwunden, gleichsam ausgeschaltet. Rudi sprang dann auf und wollte nur noch mit mir spielen. Prellball war bei uns sein Lieblingsspiel, ebenso Ringe über Stöcke werfen mit verschiedener Punktwertung. Ich hatte Mühe mitzukommen; er war schnell und treffsicher. Er entwickelte sich zu einem humorvollen Buben, erzählte Witze, ließ mich Rätsel raten. Er war insgesamt heiter gestimmt.

Im Sommer brachte er öfter Rosen aus dem Garten mit; dabei strahlte er so über das ganze Gesicht, daß er gleich Freude um sich verbreitete. Bei uns wurde er insgeheim der "Rosenkavalier" genannt.

Im Sommer 1972, nach einem Zufallsgespräch mit der Mutter, kam das Aufklärungsproblem zutage. Sie hatte nicht einmal gewagt, mit ihren großen Töchtern darüber zu sprechen. Ich gab ihr das Büchlein von Wolfensberger-Hässig, "Antworten auf unbequeme Kinderfragen" (Schweizer Spiegel Verlag Zürich 1964). Nach dem Urlaub kam die Mutter strahlend und erleichtert zurück: Die ganze Familie habe mit Spannung und Freude gemeinsam gelesen. Gespräche hätten sich angeschlossen.

Im Sommer 1973 hatte Rudi am Wolfgangsee eine schlimme Asthmaphase. Die Familie mußte den Urlaub abbrechen. Man suchte einen Arzt im Heimatort auf, der für Rudi dreimal wöchentlich das Liegen auf einem Heilbett mit sogenanntem Helgolandklima verordnete. Das war für den Jungen etwas handgreiflich Neues. Ruhe und "Sich-Lassen" taten ihm gut. Er hatte angeblich 8 Pfund abgenommen. Im darauffolgenden Jahr holte er rasch wieder auf und war auch ziemlich gewachsen. Möglicherweise war dieser Entwicklungsschub ein Auslöser der Asthmaphase gewesen. Er fuhr allein 6 km mit dem Fahrrad zum Arzt. Im Herbst turnte er in der Schule dreimal wöchentlich voll mit. Er hatte auch schon einige Berufspläne.

In der FE-Therapie konzentrierten wir uns nun hauptsächlich auf Beckenarbeit: "Durchstöhnen nach vorne verlagernd in den

Bauch", mit nachgiebigem Hohlkreuz, um sich da zu spüren; anschließend "sich nach hinten unten lang machen" (vom Steißbein her abwärts), dies zuerst in Seitlage, dann im Sitzen (wichtig für das Sitzen in der Schule). Zur Mobilisierung der Wirbelsäule und des Zwerchfells („Beckenkarussell" mit leisem "Motorgeräusch") waren Mit- und Gegenbewegung im Kopf- und Schulterbereich zu beachten. Bildhafte, kindgemäße Vorstellungen wurden einbezogen: "Nicken mit dem Kopf wie ein Kasperlekopf": "Ja, ja, nein, nein". Einfühlende Belebungen im Mundbereich und Zungenspiele waren zur Vorbereitung nötig.

Im Dezember 1974 erwarb Rudi den Freischwimmerschein! Von sich aus übte er daheim mit einem Expander und machte Seilhüpfen als Konditionstraining für den Fußball.

*Abschluß der Therapie und Ausblick*

Seit 1975 kam Rudi nur noch in lockerer Folge zu mir, etwa alle 2 bis 3 Monate. Im Herbst 1977 schlossen wir die Therapie ab. Er war in dieser Zeit enorm gewachsen, breiter und kräftiger geworden. Er konnte sich selbst helfen mit "Schlängeln, Brummeln, Gas ablassen", mit der bekannten Drehlage (in dieser Lage immer wieder kleine Bewegungen mit der Lendenwirbelsäule im "Aus") oder in der Bauchlage, mit "Wedeln", Wirbelkette durchhängen lassen, auch mal im Vierfüßlerstand. Waldlauftraining mit entsprechenden Pausen war günstig. Hierbei mußte er aber erst einmal zurückstecken: Er wollte gleich zu Beginn eine halbe Stunde durchlaufen, und das schlug fehl. Ich riet zu Pausen schon nach einer Minute und zu sehr langsamem Steigern. Er war noch immer sehr ehrgeizig.

Er ging mit Freunden aus, trank mal Bier mit und war insgesamt ein sehr fröhlicher, ausgeglichener Mensch.

Im Dezember 1982 meldete er sich telefonisch bei mir. Ich wußte erst nicht, wer "Rudi" sein sollte (tiefe Baßstimme!). Als er in unserer Abteilung erschien, war ich erstaunt, wie groß er (inzwischen 20 Jahre alt) geworden war: 1,82m, breit, männlich, erwachsen! Er hatte keinerlei Atemschwierigkeiten mehr, trieb viel Sport. Tischtennis, Rasentennis, Fußball und Radfahren. Wenn er sich einmal nicht so gut fühlte, fuhr er ausgiebig Rad, dann ging es ihm wieder besser. Er ist Industriekaufmann geworden und wurde von seiner Lehrfirma in feste Anstellung übernommen. Im Herbst 1983 ging er zur Bundeswehr.

Ich sprach im September 1983 mit der Mutter. Sie war glücklich darüber, daß Rudi sich so gut entwickelt hatte und meinte: "Den Rudi kann man lassen!" Ich fand dieses "Lassen" besonders wichtig. Auch die Mutter hat eine enorme Entwicklung durchgemacht. Im Verlauf der Therapie mit Rudi war sie selbst immer lockerer geworden. Sie konnte bald beim Händegeben den Arm ganz ausstrecken und es war auch ein stärkerer Händedruck zu spüren. Schwierigkeiten aus der Mädchenzeit mit ihren Eltern konnte sie inzwischen bereinigen, was ihr einen großen inneren Aufschwung und mehr Selbstbewußtsein gegeben hat. 1980 hatten wir deswegen 3 FE-Stunden gemacht, die sie schnell und gut umsetzen konnte, da sie durch die Therapie mit Rudi viel an sich selbst erfahren hatte.

ANTJE STEINFELD

# Funktionelle Entspannung in einer Kurklinik für Kinder

Die Arbeit eines FE-Therapeuten in einer Kinder-Kurklinik findet unter anderen Bedingungen statt als die in der freien Praxis und ist Einschränkungen unterworfen. Abgeschlossene Fallberichte können hier nicht erwartet werden, da die Zeit, die für die Therapie zur Verfügung steht, auf 6 Wochen begrenzt ist, bestenfalls bei Kurverlängerung auf 12 Wochen, und die FE zudem ein Glied in der Kette verschiedener Anwendungen ist. Die Eltern stehen als Gesprächspartner und Hilfstherapeuten nicht zur Verfügung, Informationen über den häuslichen Hintergrund sind spärlich oder gar nicht vorhanden. Oft findet sich außer einer medizinischen Diagnose nichts in den Papieren des Kindes. So sind alle Mitarbeiter darauf angewiesen, sich in langwieriger Kleinarbeit ein Bild zu machen aus dem, was sie beobachten und was das Kind erzählt. Aber es gibt Kinder, die nur wenig von zu Hause berichten. In günstigen Fällen kommen telefonische Kontakte einzelner Mitarbeiter mit den Eltern hinzu.

Unter solchen Bedingungen zu arbeiten, bedeutet Erschwernis und ist manchmal entmutigend, zumal auch das erinnernde Üben ein weiteres Problem in einer Umgebung ist, in der die Eltern nicht da sind, die sich darum kümmern könnten, wohl aber viele störende und verständnislose Kameraden in der Gruppe. Trotzdem zeigen mir meine jahrelangen Erfahrungen, daß die FE auch unter schwierigen Bedingungen ihren Sinn und ihre Möglichkeiten hat.

Die Kinder kommen in kleinen Gruppen zu dreien oder vieren (in Ausnahmefällen sind es auch mehr) und gelegentlich einzeln, wenn es besonders angezeigt erscheint. Das Alter unserer Kinder erstreckt sich vom Kleinkind von 4 bis 5 Jahren bis zum Jugendlichen von 16 bis 17 Jahren. Die Störungen sind mannigfacher Art, angefangen von klinischen Erkrankungen verschiedenster Genese über psychosomatische Störungen, wie

Enuresis, Adipositas, Asthma bronchiale, und die immer zahlreicher werdenden Verhaltensstörungen, bis zu körperlichen und geistigen Behinderungen leichteren Grades. Schwer gestörte familiäre Verhältnisse bilden häufig den Hintergrund. Was kann die FE hier tun, welche Möglichkeiten hat sie? Je nach Alter wird sie spieltherapeutisch, oder bei den Größeren Spürsinn und Körpersensibilität entdeckend und das Verständnis ansprechend, vermittelt.

Kinder sind leibnah, besonders die Jüngeren. Sie entdecken schnell Veränderungen, die beim spielerischen Bewegen im "Aus" mit ihnen geschehen und drücken das dann auf kindliche Weise aus: z. B, durch heftiges Händeschütteln, weil es so "bitzelt", wenn sie einen Baum spielen, an dem der Regen (herunterhängende Äste = Arme) herunterläuft. Schlafgestörte merken bald, daß man besser einschlafen kann, wenn man kurz vor dem Einschlafen "müder, gähnender Löwe" spielt. Verspannte und gehemmte Kinder werden weicher und gelöster (besser ein "lockerer Hampelmann" als ein "strammer Soldat" sein) und gleichzeitig aufgeschlossener, fröhlicher – und auch kesser.

Einige Beispiele aus verschiedenen Gruppen mögen den Umgang mit der FE und ihre Möglichkeiten verdeutlichen.

Eine Gruppe von 12- bis 13jährigen Bubem machte immer wieder Schwierigkeiten. Die Kinder waren aggressiv und kamen maulend und unlustig, wenn sie gerade Streit gehabt hatten. Sie waren alles andere als motiviert zur FE, zu der sie "gar keinen Bock" hatten. Ich forderte sie auf, ihre Wut mit dem Ball abwärtszuschleudern, während sie gleichzeitig ihren Zorn in Worte kleiden durften; Schimpfworte waren erlaubt. "Dürfen wir wirklich?" fragten sie erstaunt, und dann ging eine Kanonade wüster Beschimpfungen los, bei der man nicht zimperlich sein durfte, während der Ball kraftvoll zu Boden donnerte. Ab und zu ein schräger Blick auf mich, ob ich nicht einschritte, und die Begeisterung wuchs. Ich hatte nur noch fröhliche Gesichter vor mir. "Wo ist Eure Wut?" fragte ich. "Weg", erklärten sie einmütig. Seitdem setze ich dieses Spiel – natürlich nicht immer mit Schimpfworten, es können auch Tiernamen oder Automarken sein, was Jungens besonders mögen – für den Abbau von Aggressionen und Spannungen immer wieder mit Erfolg ein. Jungen in diesem Alter sind in der Gruppe oft schwer erträglich, da Rivalitäten und Machtkämpfe ausgetragen werden. Jeder möchte der "Big Boß" sein und eher Leistung als Weichheit und "Lassen" zeigen. Hier ist die Einzeltherapie angezeigt, bei der der gleiche Junge völlig anders als in der Gruppe zu erleben ist. So wurde der schlimmste Rabauke und Schrecken einer Gruppe "unter der

Hand" ansprechbar und weich im doppelten Sinn und erklärte, für mich völlig überraschend: "Das finde ich toll, was Sie hier mit den Kindern machen." Sein Gesicht war dabei ganz gelöst. Es war für ihn wohl eine Form von Zuwendung und Nähe, die er dankbar empfand und annehmen konnte.

Eine andere Gruppe von vier 5jährigen Buben, zumeist Bettnässer, die ich zunächst alle einzeln kennengelernt hatte, bot durch ihre Phantasie viel Anregung zu FE-gerechten Spielen. Als ich die Kinder eines Tages von einer aufgezogenen Spielmaus, die sie mit Faszination verfolgten, nicht fortbekommen konnte, mußte ich diese Maus ins Spiel einbeziehen. Der Junge, dem die Maus gehörte, saß nun in einer Ecke und ließ seine Maus piepsen, die anderen wurden alle in Katzen verwandelt, die, zunächst schlafend, beim Piepsen der Maus miauend die Köpfe hoben, sich aufrichteten, heranschlichen, den Schwanz bewegten, maunzend die Pfoten hoben und die Maus jagten, um sie schließlich kauend und schmatzend (alles im "Aus") zu verspeisen, was großen Spaß machte. Bei diesen Kleinen wurden auch Kasperlpuppen und das Spiel mit dem Sceno-Kasten eingesetzt, wobei Emotionen ausagiert werden konnten und die eigene Welt gespielt wurde. Fast die ganze Gruppe war 12 Wochen da, die meisten waren am Ende gebessert. Der Mausbesitzer ein stilles, zartes und gescheites Kind, Bettnässer und Einkoter, war nach dieser Zeit trocken und sauber und sehr viel lebendiger und durchsetzungsfreudiger. Ein anderer hatte es gelernt, sich in die Gruppe einzufügen und nicht mehr aggressiv zu reagieren, wenn er nicht im Mittelpunkt stand. Auch er war trocken geworden.

Ein 9jähriger Enuretiker, Markus, fiel mir auf durch sein stilles, ernstes Wesen. Fast nie lachte er, er war gehemmt und stand abseits von den anderen. Ich spürte seine Ängstlichkeit und sein mangelndes Vertrauen zu seiner Umwelt. Als "verzauberte Schnecke" wollte er aus seinem beengten Haus nicht wieder heraus, im Gegensatz zu den anderen Kindern, die das nicht lange aushielten. Er nahm überhaupt am liebsten die eingerollte Embryonallage ein. Im Verlauf von 12 Wochen, in denen er regelmäßig zur FE kam faßte er langsam Zutrauen. Seine Zeichnungen und seine Erzählungen ließen die häusliche Misere erkennen: geschiedene Ehe der Eltern, ein schlechtes Verhältnis zum Freund der Mutter, den er nicht mochte, häufiger Streit zu Hause. Markus wurde lebendiger, zutraulicher und durchsetzungsfreudiger, er schwang jetzt große Reden, hatte einen Freund gefunden und sang gegentlich vor sich hin. Die Enuresis war sehr gebessert.

**Bei den Gruppen mit älteren Kindern und Jugendlichen dient die FE häufig als Einstieg in ein Gespräch. Durch das lösende, sensibilisierende Umgehen mit dem eigenen Leib löst sich auch die Sprache; es kommt emotional etwas in Gang. Und so ge-**

schieht es nicht selten, daß Jugendliche um ein Einzelgespräch bitten, um von ihren Problemen zu erzählen.

Neben der Beschäftigung mit dem Leib wird immer wieder auch das Zeichnen eingesetzt. Es macht den Kindern Freude und lockert sie auf. Für mich ist es zu einer unschätzbaren Hilfe geworden, um Dinge zu erfahren, die verbal nicht ausgedrückt werden. Eine Art des Zeichnens zeigt mir und den größeren Kindern deutlich die Veränderungen an, die während des leiblichen Übens geschehen: "Könnt ihr zeichnen, wie Ihr euch gerade fühlt?" frage ich zu Beginn. Und nach einigem Zögern gelingt es meist auf irgendeine Art, daß die Kinder etwas zustandebringen. Dann wird das Blatt aus der Hand gelegt, und wir beschäftigen uns bis kurz vor dem Ende der FE-Stunde nur mit dem Leib, um anschließend das gleiche Thema noch einmal zeichnerisch zu gestalten: "Und wie fühlst Du Dich jetzt?" Ob die Kinder sich nun in Form von Dingen und Figuren ausdrücken oder nur in Linien, der Unterschied der Zeichnungen vor und nach der Entspannung ist meist verblüffend: Eckige Linien sind weich und rund geworden, Gesichter freundlicher – aus einem weinenden Gesicht konnte ein lachendes werden –, Figuren größer und dicker, selbst wenn sie sich sonst gleichen; wo zuerst nur ein Kopf war, ist nun der übrige Körper hinzugekommen. Ein Mädchen, das sich vorher wie im Gefängnis fühlte (eng und schwarz), fliegt im zweiten Bild als leichte Feder davon, ein dicker Stein im Bauch eines Jungen ist verschwunden. Selbst bei einem Jungen, der vorgab, überhaupts nichts zu empfinden, hatten sich spitze Zacken in gerade Linien verwandelt.

Eine weitere Gruppe bilden die körperlich kranken, die behinderten und retardierten Kinder. Besonders bei letzteren erscheint die FE – wegen ihres mangelnden Verständnisses und damit ihrer Unfähigkeit zu selbständiger Mitarbeit – im engeren Sinn nicht angezeigt. Wenn ich diese Kinder trotzdem teilnehmen lasse, so deshalb, weil sie meist besonders dankbar sind. Sie müssen in ihren Gruppen oft beiseitestehen und auf vieles verzichten, was ihre gesünderen Kameraden können. In der FE müssen sie nichts leisten, können mittun wie die anderen und erfahren eine intensivere Zuwendung. Als Auswirkung einer relativ kurzen Kurzeit – zumal es sich häufig um Kinder handelt, die nicht motiviert sind, kein Krankheitsgefühl und keine Einsicht haben – sind doch sehr oft positive Verläufe zu verzeichnen; in einer großen Anzahl sind vor allem die Bettnässer gebessert. Natürlich sind diese Verläufe das Ergebnis aller Anwendungen und Zuwendungen (auch der klinikinternen Schule) und es läßt sich nicht immer ausmachen, wie groß der Anteil der einzelnen Therapie oder Betreuung ist, aber die FE hat ihre wichtige Aufgabe im Zusammenspiel, und manches ist nur durch sie zu verändern.

Wir haben keinen Einfluß auf die häuslichen Verhältnisse, aber manchmal läßt sich doch eine Stabilisierung des Kindes erreichen, die ihm hilft, mit seinen Problemen besser fertig zu werden. In einzelnen Fällen gibt es Rückmeldungen, die anzeigen, daß die positiven Entwicklungstendenzen anhalten.

ANNE SYBILLE SCHNABEL

# Funktionelle Entspannung in kleinen Gruppen mit Kindern und Eltern

Im Rahmen einer Kinderarztpraxis bewährte sich ein Versuch, von dem ich berichten möchte. Alle ausgewählten Kinder – zehn Jungen und sechs Mädchen – waren 9 bis 11 Jahre alt und hatten psychosomatische Beschwerden: Atemstörungen, Asthma, Bauchschmerzen vor dem Schulbesuch, Schlafstörungen, Essensunlust, Konzentrationsmangel, Leistungsabfall, nervöse Unruhe, aggressives Verhalten; viel Angst. Alle Kinder befanden sich im 4. Schuljahr, vor dem Übergang in die höhere Schule, oder in der Anfangsklasse des Gymnasiums.

Die FE wurde für 10 Gruppenstunden angeboten, die Gruppe setzte sich aus nur zwei bis fünf Mitgliedern zusammen. Wo nötig, wurden zusätzlich mehrere Einzelbehandlungen angeboten. Mutter oder/und Vater sollten regelmäßig an den Gruppenstunden teilnehmen, die später zwischen Eltern und Kindern getrennt verliefen. Die Zusammenstellung konnte ich, je nach Fall, selbst vornehmen. In der ersten Stunde schauten die Eltern zu, während ich versuchte, die Kinder für sich selbst, für ein besseres Körpergefühl, wachzumachen. Das Nachgeben nach innen, das "weiche Fell", das Schutz gibt und das bei gegenseitigem Anfassen so verschieden reagiert, wurde erprobt. Die Eltern wurden aufgefordert, mitzumachen, selbst zu spüren. Damit fühlten sich die Kinder durch die Eltern nicht gestört, und in den Gruppensitzungen mit den Eltern allein – meist kamen die Mütter – wurde diese Selbsterfahrung vertieft, und Beziehungsschwierigkeiten kamen zur Sprache. Eigenes Verhalten, eigene Ängste konnten erkannt werden. Alle sollten lernen, damit anders umzugehen. Das war unser Therapiekonzept. In der halben Stunde, die den Erwachsenen gehörte, beschäftigten sich die Kinder in einem anderen Raum mit Malen oder Konzentrationsspielen. Wenn die Kinder ihre FE-Zeit hatten, unterhielten sich die Eltern und tauschten Sorgen aus. Der leibhafte Zugang zu sich selbst löste die anfängliche Zurückhaltung, und die Sorgen der anderen Mütter erleichterten die eigene Not.

Die häufigste Frage der Eltern war: "Wie motiviere ich mein Kind richtig zu lernen?" oder "Was ist ein guter Vater? Was gehört zu einer guten Mutter?" Ein Vater sagte einmal: "Ich möchte durch das Entspannen lernen, mich in meiner Familie auf die richtige Art durchzusetzen, nicht mit Verkrampfung und Härte." Mir schien es auch wichtig, daß die Eltern eine "flexible Sicherheit" in sich selbst erfuhren, die angstnehmend auf die Kinder wirken kann und die sowohl die "lange Leine" wie das Setzen von Grenzen kennt. Das hat etwas mit der eigenen Lockerheit zu tun, mit dem Rhythmus, der den "langen Atem" braucht.

In Bayern werden im Dezember und im Februar im 4. Schuljahr Tests durchgeführt, die darüber entscheiden, ob ein Kind für eine weiterführende Schule geeignet ist oder nicht. Die Hälfte der Kinder stand vor dieser Entscheidung. Je näher der Zeitpunkt für die Tests herannahte, desto mehr spitzten sich die Beschwerden zu. Einige Kinder waren bis dahin guter Durchschnitt gewesen und fielen nun ganz ab.

Das FE-Angebot fordert weniger "Leistung" als Empfindung, die zur Sammlung, zur tieferen Mitbeteiligung genützt werden kann. Fühlen, Veränderungen wahrnehmen, Spüren wird ermutigt. Bewegt sich der Brustkorb? In welcher Richtung? Stoppe ich ab? Wann? Warum? Was kann ich tun oder lassen, damit ich dieses innere Bewegtwerden im Fluß halten kann? Bildhafte Vorstellungen lassen sich finden; ein "Abschalten" oder ein "Sich-Sammeln" z. B. durch den "Rolladen", der Außeneinflüsse abschirmen, Angst nehmen kann. Die Kinder lernten anders mit sich umzugehen, aber auch die Mütter sollten dafür ein Verständnis bekommen. Das therapeutische Anfassen, das zu Anfang bei manchen dieser Kinder zur Unterstützung noch notwendig war, gab eine gemeinsame Erinnerungshilfe für das neu Gelernte, das nicht zu einer unerwünschten Abhängigkeit führt, sondern die Beziehung zu sich selber stärkt.

Manchmal berichtete ein Kind von Veränderungen, die es in der Schule gewagt hatte. So erzählte ein Junge: "In der Lateinstunde wurden Wörter abgefragt. Ich setzte mich aufrecht in ‚Königshaltung' und ließ den ‚inneren Fahrstuhl' funktionieren. Da meinte der Lehrer, mich müßte man nicht abfragen, ich wirke so überzeugend!" Das gab Gelegenheit, alle spüren zu lassen, wo Sicherheit und Ruhe herkommen, wenn wir verstehen, wo und wohin wir uns loslassen dürfen. Wer in gelöster Verfassung seine Wörter gelernt hat, behält sie besser als der Verkrampfte oder Unlustige, weil sein Stoffwechsel auch seinen "Computer" besser versorgt. So wechseln in der FE Gespräche mit Selbsterfahrung in der Körperwahrnehmung ab und es überrascht mich immer wieder wie bereitwillig die Kinder auf die stillen, unsensationellen Angebote eingehen. Eine Mutter sagte einmal: "Ich kam wegen der Schulangst meines Kindes, nun hat mein Kind diese besser bewältigt als ich!" Ihre eigene Ängstlichkeit, die sie auf ihr Kind projizierte, konnte sich nicht so schnell verlieren, wie das manchmal gelingt, wenn frühzeitig eine Kindertherapie angeboten wird. Einzelstunden waren für diese Mutter angebracht. Mit sieben Müttern und einem Vater besuchte sie dann später noch eine Gruppe, weil sie mehr Erfahrung mit der FE machen wollte.

Eine Gruppe von Müttern beschloß, ihre Männer zur FE mitzubringen, weil von ihnen so viel Druck ausgehe, wenn sie abends müde von ihrer Arbeit nach Hause kämen. Sie versprachen sich eine Entlastung von den Vorwürfen, die Mutter habe für die Tests zu wenig Schulaufgaben angeordnet oder das Kind sei nur faul. Einige Väter kamen und beteiligten sich am Entspannen und am Gespräch. In der Mehrzahl waren sie der Meinung, daß sie in Ordnung seien, die Lehrer hätten FE nötig! Ein Vater war überzeugt davon, daß sein Sohn die Oberschule besuchen müsse, denn er würde Physiker werden – wie er selbst. Dieser Sohn war körperlich das zarteste Kind in der Gruppe, verspielt und unkonzentriert. Seine Interessen entsprachen keineswegs dem Berufswunsch seines Vaters. Ein anderer Junge aus derselben Gruppe fiel auf durch ein vitales, strahlendes Wesen. Er erklärte: "Ich werde Schreiner!" Seine Mutter kümmerte sich nicht um die Tests und sagte: "Dann wirst Du mein glücklicher Schreiner!" Mit dieser lustmachenden Bestätigung, die sich durch die FE leibhaft noch verstärkte, weil der Junge Mitte-orientiert sicher wurde, halfen wir dem Kind. Die Erwartungen des obengenannten Vaters wirkten verzögernd auf die Entwicklung seines Sohnes. Unser "Schreiner" dagegen schnitt am besten bei den Tests ab.

Bei diesen Gruppenversuchen interessierte weniger das Symptom als die Krisensituation, die oft die ganze Familie betraf. Während der Therapiemonate besserten sich alle Symptome auffallend. Klärende Gespräche haben gewiß dazu beigetragen.

Die eigene Betroffenheit über die Selbstentspannung und das andere Mit-sich-Umgehen wirkten sich auf die Umgebung aus, hier auf die Kinder.

Das glückt freilich nicht immer. Ein Junge war auffallend aggressiv, zeigte Freude daran, Schwächere zu quälen. Wir boten deshalb aggressionslockende Spiele an. Eine Handtrommel, die nur klang, wenn sie loslassend geschlagen wurde, wurde zum Ventil für diesen Jungen. Alle Kinder reagierten ab mit Stampfen oder mit Fäusteklopfen auf den Boden und gleichzeitig auf die eigene Stimme zu hören. Sie lernen dadurch, sich tiefer zu beteiligen, aber auch auf-zu-hören, wenn kein Ton mehr kommt, sich Zeit zu lassen für erneuernde Kraft, die sie dann wieder loswerden können. Im Fall des aggressiven Jungen stellte sich in einem Einzelgespräch heraus, daß sich dieser Junge – wie seine Mutter selbst auch – "klein und häßlich" fand, auch weil sie beide rote Haare hatten! Trotz einer längeren individuellen Behandlungszeit ist mir hier keine wesentliche Besserung der Problematik gelungen. Die Mutter brach die Therapie ab.

Diese Gruppenversuche waren eine Möglichkeit, die FE den psychosomatischen Symptomträgern von Familien anzubieten, die durch Schulprobleme in Not gekommen waren. Die sensiblen, störbaren Kinder gaben Anlaß auch für die Eltern, nach einer Hilfe zur Selbsthilfe zu suchen. Im Umgehen mit sich selbst konnte jeder lernen, Druck, Erwartungsspannung, Ängste und Fehlgewohnheiten loszuwerden. Wie weit dieser Anstoß für Kinder und Eltern genügte, war von Fall zu Fall verschieden. Das Angebot, sich innerhalb einer kinderärztlichen Praxis beim Gesünderwerden mitzubeteiligen, wurde dankbar angenommen.

Berichte aus der ärztlichen Praxis

PETER CLUSS

# Funktionelle Entspannung in der Kinderarztpraxis

In meiner Praxis als Kinderarzt mit Psychotherapie versuche ich ganzheitlich zu denken und zu behandeln, d. h. ich betrachte Soma und Psyche als zusammengehörig im Leib.

Krankheit ist eine somato-psychische Störung, die durch viele Faktoren begünstigt wird. Ihr Zusammenwirken bei gerade diesem Menschen zu diesem Zeitpunkt stört den Organismus. Gesundheit geht über in Krankheit, unmerklich oder plötzlich mit deutlichen Zeichen. Ursächlich wirken Faktoren wie Infektion, Immunität, Resistenz, Erbgut, Alter, Mißbildungen, Kulturtradition, Zivilisation, Wohnverhältnisse, Umweltbeziehungen, Erlebnisverarbeitung, Stimmungslage und Intellekt – in ihrem jeweiligen Zusammenspiel. Dementgegen betrachtet die klinisch wissenschaftliche Medizin den zellulären und molekularen Bereich eines Organismus isoliert von seiner Umwelt und gründet darauf Modellvorstellungen, sogenannte Krankheiten, die in einem Diagnoseschlüssel durchnumeriert werden und den Menschen als Gesamtes verfehlen.

Meine auf den Alltag der Kinder und Eltern bezogene Praxis bemüht sich um das individuelle Körpererleben, die "subjektive Anatomie" (v. Uexküll u. a. 1994) und die zwischenmenschlichen Beziehungen. Nur so läßt sich eine Gesamtdiagnose stellen und die Medizintechnik auf ein Mindestmaß beschränken.

Die Therapie stützt sich weniger auf Medikamente als auf das ärztliche Gespräch, die "Droge Arzt" (Balint 1965). Eine psychotherapeutische Beeinflussung von Kindern im Vorschulalter ist ohne die Eltern, besonders die Mutter, kaum möglich. Hier bietet sich die FE an; diese psychosomatische Therapie als Hilfe zur Selbsthilfe bewährt sich immer wieder bei körperlich funktionellen und seelischen Störungen, wie sie bei vielen Krankheiten bestehen.

Die Methode ist tiefenpsychologisch begründet in der Anthropologischen Medizin nach Viktor v. Weizsäcker. Das unbewußte Fehlverhalten, das in der FE am Leib aufgedeckt wird, trifft Psyche und Soma. Leibliche Störungen werden über Empfinden aufgespürt, im Gespräch bewußt gemacht. Die positive Veränderung des Empfindens gelingt über Entspannen und den verbesserten, autonomen Atemrhythmus. Hilfreich sind kleine Bewegungsreize, die im gelassenen Ausatmen tiefer einwirken und bessere Einatemimpulse ermöglichen.

Im Dialog mit dem Therapeuten erweitert das Kind sein Körperschema. Es findet durch Entspannen und entspanntes Bewegen zu seinem sich unbewußt vertiefenden Atemrhythmus, autonome Anteile werden frei. Das Kind wird antriebssicherer, selbstbewußter und damit unabhängiger von den Eltern, zumal, wenn wir deren Verständnis gewinnen. Dieser Weg ist unterschiedlich lang und nur individuell zu finden. Einige Krankenberichte sollen dies verdeutlichen.

Die 10jährige Carmen wurde wegen abendlicher Bauchschmerzen vorgestellt, die seit zwei Wochen auftraten. Dazu kamen Angst beim Einschlafen und nächtliches Aufschreien. Organisch war kein auffälliger Befund zu erheben. Die Eltern betrieben eine Gastwirtschaft im Haus. Die 15jährige Schwester ging in letzter Zeit abends aus, so daß die Jüngste allein blieb. In der FE spürte Carmen im Sitzen und im Liegen den festen Boden, auf den sie sich los-lassen und ver-lassen konnte. Sie fand die Bewegung des Atems mit dem Lassen im "Aus" und der Umkehr zum "Ein". Im "Aus" erspürte sie das aufliegende Kreuz, das "breiter" wurde und "darüber härter". Sie spürte den haltgebenden Brustkorb über die Druckveränderung während der loslassenden Atemphase. Das "gelassene" "Ein" ergibt sich von selbst, wird als haltgebend erlebt und führt zu neuer Sicherheit. – In der zweiten Sitzung wählte Carmen wegen Sonnenbrands die Bauchlage. Nach entspannendem Loslassen gelangen im vertieften Atemrhythmus kleine Bewegungen im "Aus" an den großen Gelenken. Carmen erspürte schließlich die durchgehende Verbindung der Wirbelsäule vom unteren zum oberen Kreuz (Kreuzbein bis Schultern), ihren inneren Halt. Ein kräftiges Aufatmen drückte gelöste Spannung aus. Den nächsten Termin "verschwitzte" sie im Freibad. Sie konnte sich ohne Angst in den Schlaf fallen lassen, die Bauchschmerzen waren verschwunden. Bei Kontakten in den folgenden Monaten war sie beschwerdefrei.

Dieses Beispiel zeigt alle Elemente der FE: Entspannung und vertieften Atemrhythmus; alles im "Aus" beginnen, durch kleine Bewegungsreize verstärken und das Spüren ermutigen. Der Verlauf ist ungewöhnlich. Der Erfolg ist gebunden an die ideale Mitarbeit des Kindes bei einer erst kurz bestehenden Störung. Nach meiner Erfahrung sind mindestens zehn Sitzungen von etwa 30 Minuten notwendig, um mit den Kindern er-innerbare Abläufe zu finden; Abläufe, die einprägsam und wieder-holbar sind, und die das erweiterte Körperschema vertraut machen. Das Wieder-Holen des Eigenrhythmus durch geduldige Arbeit am "Gerüst" ist Vorbedingung für das feine Erspüren der Innenräume und der umhüllenden Haut.

Der 10jährige Bernd leidet an Ekzem und Asthma bronchiale bei Allergie gegen Pollen und Schimmelpilze. Die Hauterscheinungen traten in den letzten Jahren zurück. Trotz Hyposensibilisierung hat Bernd zunehmend Angst vor Asthma-Anfällen und "braucht" ständig Medikamente. In diesem Kreis von Angst und Atemnot verstärkt die überfürsorgliche und ängstlich beherrschende Mutter seine Unsicherheit. Er ist ein guter Schüler und bedankt sich artig nach jeder Sitzung.

Bei der FE sitzt die Mutter auf einem bequemen Stuhl und lernt zunehmend Geschehen-Lassen auch durch das für sie ungewohnte Bild: der Therapeut auf dem Boden sitzend neben dem Sohn. Nicht Leisten, Können und Müssen sind gefragt, sondern Lassen, geduldiges Spüren und Dürfen. Im Sitzen und Liegen werden die Berührungspunkte mit dem Boden, der Unterlage, durchgespürt und in der Bewegungslosigkeit das Bewegtsein im Atemrhythmus gefunden (3 Sitzungen). Welches Tier möchtest Du jetzt sein? "Eine Schlange, die sich in der Sonne räkelt." In der 5. Sitzung ist das lassende Tun, die Synchronisation von kleinen Bewegungsreizen und fließendem Aus-atmen gelungen. In Halbseitenlage wird mit dem Auflegen der Hände des Therapeuten am unteren Brustkorb eine Spürhilfe gegeben. Die "sich räkelnde Schlange" wird als beweglicher Halt erfahren. Spielend erlebt das Kind Atemraum im vertieften Eigenrhythmus. Das gelingt erst recht, als Bernd seinen Mundraum erspürt und zum "hinteren Mundloch" findet, dem Gaumen-Rachen-Bereich. Auf die Frage, wie er sich dort spürt, sagt er: "Tief runter, automatisch vom Mund über die Brust bis ganz unten" (Beckenboden). Ich schlage vor, daß er künftig bei Atemnot (meist nachts!) allein entscheidet, ob Loslassen genügt oder ob ein Medikament notwendig ist. Die Mutter versteht und ist einverstanden (6. Sitzung). Seither hat Bernd in zwölf Monaten nur zweimal Asthmamittel angewendet und Anfälle von Atemnot mit FE selbst kurzfristig überwunden.

Er kommt einmal in der Woche. Mit kleinen Bewegungsreizen von den großen Gelenken her erarbeiten wir den flexiblen, inneren Halt der Wirbelsäule vom unteren Kreuz über das obere bis zum obersten Kreuz (atlantooccipital) und umgekehrt. Der "Luftschlauch" reicht von der knöchernen Nase über das hintere Mundloch, den bodenlosen Brustkorb bis zur Beckenschale. Ein Bach wird Fluß und ergießt sich in den See. Das therapeutische Anfassen am Brustkorb oder an den Flanken erinnert die Weite des Spielraums im "Aus" und "Ein"; der Brustkorb wird elastisch, das entspannte Zwerchfell schwingt im Eigenrhythmus.

16 Sitzungen liegen hinter uns. Die Atemnot hat ihre Schrecken verloren. Einige Wochen klagt Bernd über Angst beim Einschlafen. Ein Schnupfen behindert die Nasenatmung und ärgert ihn. Wir erspüren das oberste Kreuz mit Kopfschale und weitem hinterem Mundloch. Vom tiefen "Aus" lernt Bernd, im kräftigen "Ein" durch die Nase den weichen Gaumen zum Schwingen zu bringen, begleitet von einem schnarchenden Geräusch. Der Nasenschleim fließt ab. – Der Leser sei ermuntert, dieses sogenannte "Rückwärts-Rotzeln" (Marianne Fuchs) zu versuchen – aber mit geschlossenem Mund! Wir erinnern Gerüst, Innenräume und Haut als Hülle, wiederholen und arbeiten durch in dieser Leibanalyse. Der innere Halt wird zur inneren Lehne. Im Luftschlauch lassen wir bildlich den Fahrstuhl hinunterfahren – im "Aus" – und warten, bis die Tür aufgeht – zum "Ein" und Auf. Bei immer seltener auftretender Atemnot ist Bernd ge-lassen. Zug um Zug vertieft sich das "Aus" mit der Entspannung des Zwerchfells und der Bronchialmuskulatur. Bernd hat Freiheit gewonnen, nimmt an einem Zeltlager teil und treibt Sport, ausgenommen die Laufdisziplinen. Die Mutter ist weiter besorgt, kann ihm aber mehr "Luft lassen", weil sie in jeder Sitzung die Ent-spannung miterlebt hat. Gelegentlich führten wir noch Gespräche, die weitere Ermutigung brachten.

Auch bei Patienten ohne FE-Erfahrung mit akuter Symptomatik kann diese Methode in der Sprechstunde zur Beruhigung und Entspannung führen, weil Atemholen sich in Luft-Bekommen verändert.

Der 6jährige Stefan kommt zur Hyposensibilisierung wegen eines allergischen Asthma bronchiale. Unmittelbar nach einer Injektion treten Atemnot mit Stimmritzenkrampf und generalisierter Nesselsucht auf. Ich setze Stefan so, daß Füße, Oberschenkel und Gesäß besten Kontakt zur Unterlage haben. Er darf brummen im "Aus" und spüren, wohin es fließt. Manchmal brumme ich mit und unterstütze an seinen Flanken mit der Hand behutsam den sich lösenden Atemrhythmus. Angst und Enge weichen. In diesem Zustand wird das inzwischen bereitgestellte Antihistaminikum injiziert.

14 Monate später, wieder nach Hyposensibilisierung, hat Stefan eine

asthma-ähnliche Atemnot, die er weniger angstvoll überwindet, weil er der einfühlenden Hand entgegenkommt und vertraut. Das ärztliche Behandeln wendet die Not. Dieses therapeutische Anfassen in Beziehung zum Atemrhythmus des Kindes kann auch von Müttern erlernt werden, die Kleinkinder mit Atemstörungen betreuen. Voraussetzung ist Selbsterfahrung in FE, die der Mutter zu einem besseren Selbstgefühl verhilft und ihre Angst mindert.

Noch eine Sprechstundensituation, die den Wert der FE für den ärztlichen Alltag zeigt.

Die 11jährige Katja hat zum zweiten Mal ihre Regelblutung und krampfartige Unterbauchschmerzen. Mit finsterem Gesicht, etwas zusammengekrümmt, sitzt sie neben der Mutter. Wir sprechen über mögliche Ursachen von Bauchschmerzen. Ich fordere Katja auf, zu spüren, worauf sie sitzt. "Dann tut der Bauch immer noch weh!" Schließlich spürt sie ihre Fußsohlen und das Gesäß. Sie traut sich in den Bauch hinunter zu brummen. Dabei kann sie sich zusammensinken lassen oder sich ohne Verspannung aufrichten. Und der Bauch? "Tut noch weh, aber gar nicht so schlimm!" Nachmittags ist sie nach Auskunft der Mutter "munter herumgesprungen".

Auch im Notfalldienst, beispielsweise bei Angina pectoris, bringt FE Erleichterung, bis ein Medikament wirkt. Die Patienten erhalten einen neuen Zugang zu ihrer Störung. Die Übernahme der FE in den Alltag wäre für solche Patienten Grundlage für ein neues Lebensgefühl und würde sie ganz oder teilweise von Medikamenten unabhängig machen.

Sehr hilfreich ist die FE für Kinder mit Enuresis nocturna. Tiefenpsychologisch ist das Bettnässen mit der analen Phase im 2. bis 3. Lebensjahr verknüpft. Im Leib geht es um hinten – innen – unten, um das nicht Sichtbare; Beckenboden, beide Schließmuskel und die Erzeugnisse der Eingeweide. Gleichzeitig lernt das Kind, auf die Welt zuzugehen – lateinisch ad-gredi. Diese sich entwickelnde Fähigkeit zur Aggression umschließt Festhalten und Loslassen, Erzwingen und Wegwerfen, Fürsorge und Gewährenlassen. Aber was *will* ich festhalten und was loslassen? Zu dieser Unsicherheit kommt häufig die Rivalität zu jüngeren Geschwistern. Nach dem entwicklungspsychologischen Modell von Erikson (1965) erlangt das Kind in dieser Phase eine erste Autonomie. Der Respekt vor dieser durch Scham und Zweifel gefährdeten Autonomie hat in den letzten Jahrzehnten auch in unserem Kulturkreis zu einer behutsameren Sauberkeitserziehung geführt.

Die FE zielt auf eine Stärkung dieser Autonomie durch Erspüren des Bauch-Becken-Raums und seiner Öffnungen. Im Loslassen und Entspannen des Beckenbodens wird der Naturverschluß der Schließmuskeln erfahren, auf dessen Zuverlässigkeit man vertrauen darf. Loslassen und zugleich Be-haltenkönnen wird zur neuen Leiberfahrung. Beim beabsichtigten Wasserlassen verhilft die FE dagegen zu einer vollständigen Blasenentleerung ohne Restharn.

Dies war bei dem 8jährigen Oliver die Grundlage für das Trockenwerden. Seine Eifersucht auf die kleinen Geschwister ließ ihn nur kleine Harnmengen hergeben. Er behielt noch genügend zurück, um seine oft blindwütige Aggressivität auch im Bettnässen auszudrücken. Der Stolz, jetzt häufig trocken zu sein, führte zu zunehmend gelassenerem Umgang mit Mutter und Geschwistern.

Der 7jährige Richard, ebenfalls Bettnässer mit verschiedenen Vorbehandlungen, hatte eine dominierende Mutter, die, stattlich und gesund, nur allzu schnell dem zarten Buben den Weg ebnete. Er war in seiner Fähigkeit zur Aggression gehemmt. Durch die FE traute er sich, seinen Platz in der Familie einzunehmen, den er im Leiblichen vom Scheitel bis zur Sohle erspürte. Das Einnässen hörte auf, nachdem er die Grundelemente der FE, und das Sich-selber-gute-Mutter-Sein als Einschlafritual gelernt hatte. Dabei legte das Kind eine Hand auf seinen Bauch. Die Empfindung des warmen, weiten Bauches unter der spürenden Hand vermittelte ein Gefühl von Geborgenheit und Bei-sich-selbst-Sein. Bei kleineren Kindern legt die Mutter die Hand auf den Bauch oder auf die Brust des Kindes und läßt das Kätzlein in das weiche Fell schnurren. Das Kind spürt, daß in seinem Bauch viel Platz ist, auch für die Blase, der es "Gute Nacht" sagt.

Heinrich, 8 Jahre alt, war nachts noch nie trocken. Seine gestaute Aggressivität entlud sich gelegentlich in explosiven Wutanfällen. Seine Antwort auf die Frage nach dem Schwierigsten in der FE war: "Was machen ohne Luftanhalten!" Damit war der Weg für unsere Erlebnistherapie vom Leib her abgesteckt, die ich nicht näher ausführe. Außer dem Trockenwerden hat er einen Reifungsschritt gemacht und mehr Autonomie gewonnen.

Auch die FE benützt das Spiel und die Nachahmung von Tieren in Stimme und Bewegung als Elemente der Kindertherapie. Bei kleinen Kindern kann damit nebenbei ein Bewegungsreiz an das "Aus" gebunden werden.

Der 6jährige Arsen hat ein jetzt häufiger auftretendes, klonisches Anlautstottern. Zweisprachig aufgewachsen beherrscht er keine Sprache gut; Empfindungen und Gefühle kann er kaum ausdrücken. Die Wortfindung ist mühsam. Verwechslungen (Kran und Kranich) verunsichern ihn. Nur bei der Mutter erlaubt er sich aggressive Ausbrüche. Der Vater pflegt, gemäß der Kulturtradition unangefochten von der püppchenhaften Mutter, einen autoritär-direktiven Umgang mit dem Jungen. Arsen ist das einzige Kind jugoslawischer Eltern, die in Gegenschicht arbeiten. Sie sind freundlich und erwarten eine rasche Reparatur vor der Einschulung. Im Stottern zeigen sich die gestaute Aggressivität, die Angst, etwas Falsches zu sagen, und die Unsicherheit, sich in der nüchternen Erwachsenenwelt mit magischem Märchendenken zurechtzufinden. Die Behandlung über sieben Monate ist schwierig, weil die häusliche Mitarbeit fehlt. An den ersten Sitzungen nimmt der Vater teil. Arsen ist sehr brav. Der Vater sagt nur selten etwas, aber im Befehlston. Wir versuchen eine bequeme Lage zu bekommen, "wie beim Einschlafen", die Rückenlage. Welches Tier möchtest Du sein? "Ein Löwe." Wie macht der? Sein Fauchen mit geschlossenen Zähnen drückt alles aus.

Arsen will Legospielen in Bauchlage, die das "Aus" vertieft; meine Hand unterstützt gelegentlich an den Flanken. Im Sitzen spürt er mit seinen Händen am Brustkorb und sagt: "Die Luft geht runter und es klopft." Wir klären, daß der Brustkorb herunter geht und dabei Luft losläßt. Die deutliche Entspannung des Bauches zeigt seine Aussage, daß "dort Raum für Essen ist". Wir spielen den Zirkuselefanten, der sich mit seinem dicken Hintern auf ein Podest setzt, die starken Beine aufstellt und die Ohren hängen läßt. Mit Nicken – jajaja – und Kopfschütteln – neineinein – spürt er in den dicken, weichen Bauch. Ein vertrauter Freund wird auch der Löwe – uaah –, den Marianne Fuchs von Metro Goldwyn Meyer entlehnt hat. Der bockige Esel – iahiah – wirft im Vierfüßlerstand den Kopf hoch und schafft sich Platz. Der Tiger kriecht und dehnt sich mit einem Fauchen, Kiefer locker und hinteres Mundloch offen.

Diese Spiele wiederholt Arsen bei mir gern, aber nicht zu Hause. Danach erzählt er aus seiner Phantasiewelt von Hunden, die er nicht hat, und grünen Leoparden. Ich höre zu und lasse ihn die Fragen stellen. Wir zählen in beiden Sprachen und suchen miteinander Kinderreime: Summ summ summ; ABC, die Katze lief im Schnee. Wir malen gefährliche Tiere und schlimme Träume. Arsen spricht, und gelegentlich erinnere ich ihn an die Unterlage und den dicken, weichen Bauch des Elefanten. Die Sprechstörungen merke ich höchstens zu Beginn einer Sitzung; seine Spielvorschläge verraten seine Sicherheit im Umgang mit mir.

Er fürchtet den Zahnarzt. Sein "deutscher Hund" hat den "Zahntierarzt" beim Bohren gebissen. "Darf er nicht, oder?" Ich frage ihn, und

Arsen meint, daß ein Hund das nicht besser weiß. Eine neue Einstellung zur Aggression wird möglich. Einmal sagt die Mutter beim Abholen abschätzig: "Er kann nur A-A-Arsen sagen!" Ich erschrecke und schlage vor, daß sie mit dem Jungen überlegt, wie er seinen Namen richtig aussprechen kann. Stolz und ohne Stocken sagt er bei der nächsten Sitzung: "Weißt Du was, ich kann Arsen sagen!" Mit den Eltern bespreche ich die Möglichkeiten einer Sprachförderung in Deutsch, zu Hause mit Bilderbüchern, möglichst in Bauchlage, und mit viel Spielraum ohne Einengung.

Wir haben viel erarbeitet, was bei künftigen Schwierigkeiten eine wirkungsvolle Hilfe verspricht. Das Stottern tritt nur noch selten auf, und Arsen kann besser damit umgehen. Er kommt in die Regelschule.

Der Leser wird die Eigenheiten der Sprache bemerkt haben. Sie gehört zum Wesen der FE, die die Doppeldeutigkeit gerade der deutschen Sprache nutzt. Er-innern ist auch innen empfinden, das wir wieder-holen können.

Das Wir gehört zur therapeutischen Haltung in der FE. Auch der Therapeut läßt los, spürt, bewegt und brummt mit – letzteres oft als Anregung für den Patienten. Die Leibsprache und das Mitempfinden im Hier und Jetzt schaffen ein unmittelbares Verstehen, das die Therapie begleitet und durchsichtig macht.

## Literatur

Balint, M.: Der Arzt, sein Patient und die Krankheit. Stuttgart: Klett 1965.
Erikson, E. H.: Der vollständige Lebenszyklus. Frankfurt/M.: Suhrkamp 1988.
Fuchs, M.: Funktionelle Entspannung. 5. Aufl. Stuttgart: Hippokrates 1994.
v. Uexküll, Th. u. a.: Subjektive Anatomie. Stuttgart: Schattauer 1994.

GISELA ZIEGLER

# Funktionelle Entspannung als Therapie bei Kindern und Müttern in einer kinderärztlichen Praxis

Durch meine Fortbildung in Kinderpsychotherapie bin ich mit mehreren Psychotherapieverfahren bekannt geworden. Dabei hat sich die FE für mich als die am besten anzuwendende Methode herausgestellt. Oft erlebe ich die Not der Mütter, ob es sich nun um Schlafstörungen, Eßschwierigkeiten, ob um Obstipation oder Enuresis und Enkopresis handelt. Es scheint mir nicht nötig und nicht möglich, jedes Kind mit derartigen Störungen in große Therapie zu nehmen. In solchen Fällen läßt sich immer eine Atemrhythmusstörung, eine gestörte Beziehung zu sich selbst finden. Hellhörig geworden für die Körperstörung und die psychosozialen Zusammenhänge, gelingt es bei Kindern mit Hilfe der spieltherapeutisch verstandenen FE, von der auch die Mütter Gewinn haben, das gestörte Gleichgewicht wieder ins Lot zu bringen. Beide, Mutter und Kind, erfahren Nähe und Distanz, ein rhythmisches Hin- und Herschwingen, das durch Angst oder Erwartung gestört war. Immer öfter greife ich in solchen Fällen zur FE. Mir ist es wichtig, zunächst mit der Mutter allein zu arbeiten. Es ist erstaunlich, wie manche Mütter in kurzer Zeit aus einer angespanntens angstbesetzten Haltung heraus leibhaft den Unterschied erleben zur Weite, Gelöstheit und Ruhe, die sich einstellt, wenn FE gelingt. Oft ist es für eine Mutter, die das "Sich-Loslassen", empfinden kann, ein Aha-Erlebnis, weil sie bemerkt, daß sie damit ihr bisher unruhiges Kind positiv beeinflußt. Plötzlich beschäftigt sich das Kind mit sich selbst, weil es sich nicht ständig beobachtet fühlt oder die Unruhe und Gespanntheit der Mutter übernimmt. Viele Mütter begreifen rasch, daß sie auf diese Weise – ohne Schuldgefühle aufkommen zu lassen – sich leben lassen, sich selbst etwas Gutes tun dürfen. Bei Schlafstörungen von Säuglingen und Kleinkindern lernen die Mütter, bevor sie zu ihrem Kind gehen und das Nachtritual beginnen, sich zunächst auf sich selbst zu besinnen. Angst und Hetze können – ohne Zeitaufwand – beckenwärts und bodenwärts abgegeben, als Gewicht! das ich loswerde, erlebt werden. Was nun zwischen Mutter und Kind getan wird, geschieht nicht mit Erfolgszwang, sondern ganzheitlich bewegt und Ruhe übertragend.

Bei den Kleinkindern bewährt sich bereits während des Tages das Spiel mit dem Lieblingstier, das gestreichelt, vom Kind zum "Schlafen" gebracht wird, das brummen darf. Unruhe oder Angst werden weggespielt, am Übergangsobjekt wiederholt erinnert, um es beim Nachtritual fortzusetzen. Der verlorengegangene Rhythmus wird wiedergefunden.

(1) Vor kurzem erlebte ich eine Mutter, die am Ende ihrer Nervenkraft war. Ihr 2jähriger Sohn zeigte ein ausgeprägt aggressives, lärmendes Verhalten. Bevor diese zerstörerische Phase aufgetreten war, hatte der Junge seine Mutter mit Affektkrämpfen in große Not versetzt. Da diese Störung medizinisch abgeklärt wurde, lernte die Mutter damals schon, wieviel ihr eigenes Verhalten, ihr Ruhigbleiben und Ablenken, hilfreich war. Nun versuchte der Junge die Mutter auf andere Weise zu provozieren. Er zerstörte aber auch der ein Dreivierteljahr älteren Schwester alles, z. B. wenn das Mädchen etwas baute. Auch jetzt, während des Gesprächs zwischen der Mutter und mir, warf der Junge alles Griffbereite vom Tisch. Ich konnte es durchaus nachfühlen, daß sie bei diesem Kind "Nerven wie Drahtseile" brauchte. Aber ich bemerkte auch, daß mit diesem Jungen keine altersgerechten Spiele gemacht wurden und er wohl auch deshalb mit der spielenden Schwester auf seine zerstörerische Weise rivalisierte.

Spontan setzte ich mich zu dem äußerst unruhigen 2jährigen auf den Boden. Wir schubsten uns gegenseitig einen Ball oder kleine Autos zu. Dazu durfte er schreien oder "Schuß" oder "Ball" rufen. Das Kind war voll dabei, lachte und jauchzte. Es verwandelte sich mit meiner Hilfe in einen Frosch, der "quak-quak" machte und mit den Händen klatschte. Das Gesicht der Mutter zeigte Erstaunen und Sprachlosigkeit. Plötzlich sagte sie: "Ja, da muß ich ja ganz umdenken!" Sie verstand, daß das spielerische Umgehen mit diesem Kind seine Vitalität benützte, daß sie in positive Bahnen gelenkt werden konnte, wenn es altersgerecht und seinem Bewegungsbedürfnis entsprechend spielen durfte. Das Ballspielen interessierte auch die ältere Schwester, Aggressivität konnte dabei kanalisiert, abreagiert werden. Sie erfanden ein gemeinsames Dreierspiel, das die Geschwisterrivalität zugunsten des Kleineren abbaute. Statt Leistungsdruck und Erwartung ging von der Mutter nun etwas Spielerisches, Gelöstes aus, das sie selbst spüren konnte.

(2) Eine Mutter berichtet mir mit Sorge, daß ihr fast 3jähriges Kind noch nicht sauber sei. Zunächst beruhigte ich sie und sagte, daß das in diesem Alter noch normal sei, sie möge keinesfalls ihr Kind zur Sau-

berkeit zwingen. Ich verspürte allerdings im Unterton die Angst und Unruhe der Mutter. Spielend zeigte ich dem Jungen, während wir am Boden saßen, wie die Stofftiere Bedürfnisse anmeldeten, den Topf oder das Klosett suchten. Der geliebte Bär drückte, preßte, stöhnend und loslassend brachte er mit säuselnden Geräuschen etwas "Fließendes" ins Töpfchen. Mit Freude griff das Kind dieses Spiel auf, an dem sich die Mutter zu Hause ab und zu beteiligte. Die das Loslassen unterstützenden Geräusche lösten ganz unbewußt die Widerstände, die nun der Junge gar nicht mehr nötig hatte, weil ihm das freiwillige Hergeben und eine soziale Leistung spielend gelangen.

(3) Eine Mutter kommt verzweifelt mit ihrer 5jährigen Tochter, die seit 14 Tagen zweimal nachts aufwacht, laut losschreit, zittert, blaß vor Angst wird und sich die "Blase" hält. Das begann, als das Mädchen eines Nachts aufwachte, während die Eltern im Nachbarhaus waren, und sie schreiend auf die Straße gelaufen war, weil sie zu Hause niemand vorfand. Die Mutter hatte hilflos in ihrer Aufregung und Angst, als ihr Kind ihr so begegnete, es sogar gehauen. Auch das quälte sie jetzt.

Zunächst ließ ich mir von dem Kind seine Angst und die ganze Situation noch einmal schildern. Dabei erzählte es sehr bildhaft von Geistern, die es im Traum erlebte. Es machte ihm Freude, als ich vorschlug, sie doch zu malen. Solange das Mädchen damit beschäftigt war, konnte mir die Mutter noch einmal ihre Nöte klagen. Ihre Schuldgefühle plagten sie sehr. Nicht nur das Loswerden durch Sprechen, sondern auch das Selber-Spüren, wie es ihr leichter wurde, wenn sie sich wieder entspannen lernte, halfen ihr.

Die kleine Patientin kam einige Zeit zweimal wöchentlich zu mir zum Malen, Spielen und Spüren. Die zunächst nur schmalen "Kopffüßler", die sie als ihre Gespenster zeichnete, wurden bald runde, menschenähnliche Gebilde. Tiermutter- und Tierkindspiele halfen, ihr gestörtes Vertrauen wiederzufinden. Die Mutter erkennt den therapeutischen Hintergrund, und beide Eltern haben durch Gespräche verstanden, wie sehr sie den Freiraum ihres Kindes aus Ängstlichkeit eingeengt hatten. Nach etwa drei Wochen schlief das Mädchen wieder durch. Sie ist selbstbewußter geworden, und auch die Eltern haben erfahren, daß ihre Sicherheit größer wird, wenn sie Abstand bekommen. Das eigene Entspannen hilft zur heilsamen Distanz und zu einer besseren Beziehung.

Ich führte solche Behandlungen bisher während meiner Sprechstunde durch, benötige aber mindestens 30 Minuten und schlage auch feste Termine dafür vor. In das begleitende therapeutische Gespräch kann ich immer wieder Anteile der FE einbringen. Spielerisch sollen Verhaltensänderungen erreicht werden! In den Eltern lebt das Kindheits-Ich wieder auf, und sie rücken ab von zu hohen Leistungserwartungen, nach dem Motto: "Weniger ist oft mehr!" Dann gelingt es bei Kindern, die vegetative Dysfunktion wieder ins Gleichgewicht zu bringen, fehlgeleitete Energie zu befreien und den Atemrhythmus zu vertiefen.

GERLIND OTTENSMEIER

# "Therapeutisches Anfassen" als Orientierungshilfe in einer Kinderarztpraxis

Wenn ein Kind von seinen Eltern dem Kinderarzt vorgestellt wird, geschieht dies entweder mit der Frage, ob alles in Ordnung sei oder *warum* etwas nicht in Ordnung ist. Ob diese am Kind beklagte "Unordnung" somatischer, psychischer oder kognitiver Natur ist – immer bedeutet sie auch Veränderung der gewohnten "Ordnung" im sozialen Umfeld des Kindes und ist hier wie dort ablesbar am Eigenrhythmus der miteinander in Beziehung stehenden Menschen. Ziel der FE ist es, durch Entbinden des Eigenrhythmus verlorengegangenes funktionelles Gleichgewicht wiederherzustellen.

FE-Arbeit beginnt mit dem Aufspüren und Lösen von Spannungen an den gelenkigen Verbindungen des knöchernen Gerüstes, damit dem Zwerchfell wieder der Spielraum zur Verfügung steht, den es für den autonomen Schwingungsablauf benötigt. Die Haut als leibliche Grenze des Individuums ist zugleich schützende Hülle für den darunterliegenden Organismus *und* als Träger verschiedener Sinnesorgane Kontaktmedium zur Außenwelt. Der dem Organismus zur Verfügung stehende Raum ist in seiner Größe und Veränderlichkeit bestimmt von der leiblichen Grenze. Eine flexible Grenze ermöglicht einen sich verändernden inneren Spielraum, starre Grenzen schränken ihn ein. Spielraum und Grenze als Verbindung von Innen- und Außenwelt bedingen sich und bilden die leibliche Basis für Beziehung.

Für den Weg zum Verstehen individueller Beziehungsmuster bietet sich dem FE-Therapeuten als Orientierungshilfe das sogenannte therapeutische Anfassen in der Begegnung mit Eltern und ihren kranken Kindern an. Es handelt sich dabei noch nicht um Therapie im eigentlichen Sinne, sondern um leibliche Erfahrungen zum Thema "handeln – behandeln – behandelt werden". Sie können individuell wahrgenommen werden und hinterlassen Eindrücke, die so oder so als "wahr", d. h. "stimmend", Ausdruck finden. Dazu lasse ich Mutter oder Vater auf einem Hocker Platz nehmen und lege beide Hände am rückwärtigen unteren Thoraxrand an. Unter nochmaligem Hinweis darauf, daß dieses Anfassen nichts anderes als eine Orientierungshilfe für die anstehenden Fragen sein soll, bitte ich sie, sich darauf zu sammeln, *wo, wohin* und *wie* die Hände in unterschiedlicher Weise gespürt werden. Das Anfassen geschieht auf dreierlei Art:

(1) Die Hände des Therapeuten spüren sich in den Rhythmus des Klienten ein. Sie begleiten die rhythmusgebundene Bewegung der Rippen.
(2) Die Hände begleiten nicht die Bewegung der Rippen, sondern gehen in irgendeine andere Richtung oder drücken zu stark.
(3) Die Hände werden unangemeldet weggenommen oder stellen nur hier und dort flüchtigen Kontakt her.

Ersetzt man das Wort "Hände" durch das Wort "Beziehung", so hat man hautnahe Erfahrung gewonnen für unterschiedliche Modelle von Pädagogik:

(1) für Er- oder Be-ziehung, die innerhalb flexibler, schützender Grenzen Spielraum für individuelle Bedürfnisse und individuelle Entfaltung zuläßt;
(2) für Er- oder Be-ziehung, die durch Einwirkung von außen den inneren Spielraum in einen bestimmten Rahmen pressen möchte;
(3) für Er- oder Be-ziehung, die durch Fehlen oder Unverläßlichkeit schützender Grenzsetzung Verunsicherung im Erproben des Spielraums bewirkt.

Auf jeden dieser Beziehungsmodi antwortet der individuelle Atemrhythmus in unterschiedlicher Weise. Dies kann in einer kurzen Selbstwahrnehmung beim therapeutischen Anfassen unmittelbar überprüft werden. Darüber hinaus führen die Spontanantworten, obwohl sie zunächst nur auf leiblicher Ebene gefunden und mitgeteilt werden, meistens zu Einsichten auf anderen Ebenen, die sich als "stimmig" für das jeweilige Beziehungsgefüge erweisen. Sie wirken in den meisten Fällen nach und führen oft noch später zum Erfassen von Zusammenhängen, über deren Änderung der Eigenrhythmus und damit das

Beziehungsgleichgewicht verbessert oder auch entwickelt werden kann.

Sabine, 3½ Jahre, stottert seit sechs Monaten. Alle Geschwister des Vaters sind Stotterer. Der Vater hat als einziger in einem langen Prozeß von Selbstdisziplinierung das Leiden überwinden können. Die Eltern befürchten, daß Sabine erblich belastet ist. Diese klammert sich in der ersten Stunde ängstlich an die Mutter und ist zunächst durch nichts zu verlocken, deren Schoß zu verlassen. Sonstige Klagen: keine.

Konfrontiert mit dem therapeutischen Anfassen, erlebt die Mutter am unangenehmsten das unangemeldete Loslassen. Während sie versucht, zu beschreiben, wie sie sich dabei fühlt, erinnert sie sich an ihre Mithilfe bei baulichen Veränderungen des Wohnhauses, die zu rigider Verkürzung des abendlichen Einschlafrituals geführt hatte. Die Eltern fanden das Kind, wenn sie selbst zu später Stunde schlafen gingen, häufig in einem leergeräumten Bettchen und mit Spuren von Tränen auf dem Gesicht vor. Der Vater, der mit sich selbst äußerst streng verfahren war, glaubte, dieses Verhalten des Kindes ebenfalls mit Strenge beantworten zu müssen. Offenbar fiel in diese Zeit der Beginn des Stotterns.

Sabine hat während dieses Gesprächs Kontakt mit dem Scenokasten aufgenommen und spielt vor unseren Augen folgende Szene: Die Mutti legt das Baby auf dem weichen Fell schlafen. Sie singt und schmust. Als sie verschwindet, beginnt das Baby laut zu weinen. Es beruhigt sich erst wieder, als die Mutti kommt, um es zu trösten. "Ich gehe bestimmt nie weg!" läßt das Kind die Puppenmutter sagen.

Auch der Vater konnte über das therapeutische Anfassen an sich selbst überprüfen, daß jegliche Form von Druck und Anstrengung, die den eigenen Antriebsbedürfnissen zuwiderläuft, zur Blockierung des Atemrhythmus und damit des Sprechrhythmus führt. Es bedurfte über diese Selbstwahrnehmung hinaus allerdings noch eines längeren Gesprächs über die Entwicklungsphase des Kindes, für die eine Änderung der erzieherischen Haltung not-wendig wurde.

Folgendes spielte sich seit einiger Zeit im häuslichen Alltag ab: Das kleine Mädchen äußerte allmorgendlich den Wunsch, den Vater in seinem Zeichenbüro aufzusuchen. Die Mutter ließ dies um so lieber zu, als ihr die Abwesenheit des Kindes einen ruhigeren Ablauf ihrer Hausarbeit ermöglichte. Der Besuch des Kindes pflegte aber jedesmal mit einem Desaster zu enden, weil der Vater erwartete, daß das Kind sich so lange still verhielt, wie er es für die Arbeit brauchte. Er interpretierte den Bewegungsdrang seiner kleinen Tochter als Ungezogenheit, die er mit Strenge glaubte einschränken zu müssen.

Das kurze, rhythmusgebundene Entspannen und das Sich-selber-an-die-lange-Leine-Lassen brachte diesem Mann, der so lange bittere Jahre des Sprechtrainings und mißglückter Kommunikation hinter sich hatte, einen einfacheren Zugang zu sich selbst. Trotz der Arbeiten am Haus verlor die Familiendynamik ihre gespannte Einengung und Überforderung. Eine kurze FE-Therapie mit Mutter und Kind, eingebaut in die vom Kind angebotenen Spielmuster, half der jungen Familie, ihr Beziehungsgleichgewicht wieder einzupendeln. Katamnese nach drei Jahren: Keine Störungsanzeichen.

Corinna, 2½ Jahre. Häufiges Symptom: ungeklärte Bauchschmerzen. Sie wird von einer überbesorgten Mutter vorgestellt, die Angst hat, das Kind könne nicht altersgerecht entwickelt sein. Bei der Prüfung der Denver-Skalen fällt auf, daß das Kind keinerlei Möglichkeit hat, sich einer Aufgabe zu widmen, weil die Mutter ständig unterbricht, auffordert oder korrigiert. Beim therapeutischen Anfassen erfährt sie selbst die Enge und Einschränkung einer solchen erzieherischen Begleitung. Es kommt dabei wie nebenbei zur Sprache, daß sie als Vierzigjährige über die unerwartete Schwangerschaft sehr unglücklich war, weil sie dadurch ihre Berufstätigkeit aufgeben mußte, durch welche sie zeitweilig aus der sehr einengenden ehelichen Beziehung entweichen konnte. Diese Ablehnung verkehrte sich nach der Entbindung ins Gegenteil, so daß die überfürsorgliche und überfordernde Haltung den Autonomiebestrebungen des Kindes wenig Spielraum ließ. Das kleine Mädchen antwortete darauf mit Zurückhaltung in Motorik und Sprache.

Auch Corinna spielt, vom Scenomaterial angelockt, vor den Augen der Mutter eine aufschlußreiche Szene: Sie setzt alle Püppchen gewaltsam aufs Klo, läßt sie Laute von sich geben und haut sie anschließend. Darauf berichtet die Mutter betroffen, daß das Kind völlig verstopft sei. Obwohl schon mit einem Jahr völlig sauber, sitze es jetzt stundenlang auf dem Töpfchen ohne Erfolg. Der Vater habe schon alles versucht, dies Verhalten mit Zäpfchen, Einläufen und Klapsen zu ändern, aber ohne Erfolg. In seinem Trotz verweigere das Kind alles: Stuhl, Essen und Sprache.

Die Erfahrung leiblicher Verspanntheit am oberen und unteren Mundloch als Antwort auf Drohung und Angst verhelfen dieser Mutter zum Spüren von Zusammenhängen. Offenbar gab sie diese Erfahrungen nicht sehr diplomatisch an den Vater weiter. Da dieser sie als narzißtische Kränkung erlebte, ließ er eine Fortsetzung der Behandlung nicht zu. Jedoch berichtete die Mutter zwei lahre später von Lösungen, die sie hatte finden können, um dem leiblichen Dilemma des Kindes ein Ende zu setzen.

Max, 10 Jahre, wird vorgestellt wegen Konzentrationsschwäche, Schulunlust und nicht ausreichenden Rechtschreibleistungen. Nach Aussagen der Mutter vertreten Lehrer und Schulpsychologe die Ansicht, Max könne durch mehr Druck von seiten des Elternhauses bessere Noten erbringen.

Max wurde zu früh geboren und verblieb drei Monate nach der Geburt wegen einer Darmoperation im Krankenhaus. Die einschlägige Diagnostik weist ihn als intelligenten Jungen aus, der infolge einer cerebralen Koordinationsstörung besondere Schwierigkeiten hat, visuelle Informationen in die Handmotorik umzusetzen.

Beim therapeutischen Anfassen spürt die Mutter an sich selbst, wie Druck von außen nicht nur die feinen Bewegungsabläufe bremst, sondern auch die Wahrnehmung des inneren Spielraumes einschränkt. Für sie ist interessant, daß dem individuellen Spielraum zwar Grenzen gesetzt sind, daß aber Gleichgewicht dennoch im Rahmen dieser Grenzen gefunden werden kann, wenn sie flexibel sind. Durch die kunstlose Erfahrung der aufliegenden Hand der Therapeutin gewinnt sie ein Gespür für den Unterschied zwischen "fördern" und "fordern". Rücksprache mit der Schule, eine gute krankengymnastische Betreuung und kurze Brummspiele oder lautlose Er-innerungen mit FE haben zusammen mit der verständnisvollen Begleitung durch die Eltern den Spielraum des Kindes so verändert, daß im Rahmen der Grenzen Platz für seine Entfaltung gegeben ist.

Die der anthropologischen Medizin V. v. Weizsäckers verpflichtete FE versteht den Menschen als soziales Wesen, das in ständigem Austausch mit der Umwelt davon bedroht ist, seine Balance als Ganzheit Mensch zu verlieren. Es geht in der FE-Therapie darum, die als individuelle Antwort darauf zu verstehenden Fehlspannungen leiblich aufzuspüren und Lösungen dafür zu finden, damit die fehlgeleitete Energie für das autonome Antriebsgeschehen wieder zur Verfügung stehen kann. Ein Element des therapeutischen Procedere ist das "therapeutische Anfassen in verantworteter Beziehung". Generell wird es sehr behutsam und am Klienten orientiert eingesetzt. Die oben aufgezeigte Art des therapeutischen Anfassens eignet sich bei der Einführung der Mütter in die Therapie von Kleinkindern, für die die begleitende Hand einfühlende Hilfe sein soll.

In den oben aufgeführten Sitzungen sollte das therapeutische Anfassen als Orientierungshilfe die Suche nach stimmenden Lösungen unterstützen. Aus diesem Grunde hatte der Kinderarzt die genannten Eltern mit ihren Kindern an die FE-Therapeutin überwiesen. Die Sitzungen fanden außerhalb der Praxisräume in ruhiger Umgebung und für die Dauer von ca. 60 Minuten statt.

**Literatur**

Biermann, G. (Hrsg.): Handbuch der Kinderpsychotherapie. Bd. I. München. Basel: Reinhardt 1976, 547–562.

Fuchs, M.: Funktionelle Entspannung. 5. Auflage. Mit einem Anhang über "Psychoanalytische Aspekte der funktionellen Entspannung" von Rolf Johnen und Hans Müller-Braunschweig. Stuttgart: Hippokrates 1994.

MAGDALENE PETÉNYI

# Behandlung einer Patientin mit beginnender Anorexia nervosa

Folgende Kasuistik möchte dazu beitragen, die FE als tiefenpsychologisch fundierte, pragmatische Therapiemethode an einem Behandlungsverlauf zu veranschaulichen. Die Möglichkeit der Aufdeckung persönlicher Not, Zusammenhänge zwischen Verdrängtem und körperlicher Fehlspannung wurden hierbei besonders deutlich.

*Kasuistik.* Die Patientin ist 16 Jahre alt. Gymnasialschülerin, körperlich bis vor einem halben Jahr ohne Beschwerden. Menarche mit 13 Jahren, seit einem halben Jahr keine Menstruationsblutung. Die Patientin treibt auffallend viel Sport, zeichnet sich durch überragende Intelligenz und sehr gute schulische Leistungen aus. In den letzten Monaten nahm sie 15 kg Gewicht ab. Sie ist 165 cm groß, wiegt 40 kg. Nach Angaben der Mutter hat sie häufig Erbrechen, Laxantinabusus, Inappetenz. Das Mädchen ist in letzter Zeit nur noch traurig, weinerlich, hat deutlich aggressive Ausbrüche.

*Anamnese.* Die Mutter der Patientin ist Sachbearbeiterin bei einer großen Firma, Tochter eines Arztes. Mit 17 Jahren wurde sie durch einen älteren, verheirateten Mann verführt und schwanger. Der Vater jagte sie aus dem Haus, seither hat sie keinen Kontakt mehr mit den Eltern. Als das Kind – die Patientin – zwischen 3 und 4 Jahre alt war, ging die Mutter eine kurze Partnerbeziehung ein, die nur einige Monate dauerte. Seit zehn Jahren lebt sie mit einer geschiedenen Freundin zusammen. Beide erziehen gemeinsam diese Tochter. Die Patientin hat oft Konflikte mit dieser Freundin die meistens auf "Verhaltensfehlern" beruhen, wie Unpünktlichkeit, Aussehen, freche Antworten usw. In den letzten Wochen hat die Patientin seltsame Angewohnheiten entwickelt. Sie sammelt Abfalltüten, Lebensmittelkonserven und hortet sie in ihrem Zimmer. Seit jeher hat sie ausschließlich Jungen als Freunde, keine Freundinnen.

Bei der ersten Begegnung brachte die Mutter das junge Mädchen, Doris, in die Praxis. Sie war abgemagert, in Hosen, Turnschuhen, zu großem Pullover, und hatte kurze, ungeordnete Haare, drückte Unlust, Widerstand aus. Sie saß mit übergeschlagenen Beinen, gekrümmt, mit nach vorne geschobenen Schultern, schaute nach unten, mit hängendem Kopf. Nachdem die Mutter auf meine Bitte aus dem Sprechzimmer gegangen war, teilte mir Doris in aggressivem Ton mit, daß sie nur noch ihr 18. Lebensjahr abwarte, dann ginge sie nach England, auch wenn sie dort Teller waschen müsse. Nachdem ich mich, statt gegenüber, neben sie gesetzt und ihren Wunsch nach Unabhängigkeit bestätigt hatte, wurde sie etwas gelöster. Ich forderte sie auf, bei geschlossenen Augen, selbst nachzuspüren, wo sie – sitzend – eine Berührung am Körper spüre. Ich hatte sie nicht angefaßt. Ihre Antwort war: "Nirgends!" Ich sagte: "Spüren Sie bitte noch einmal. Wo gibt es Kontakt?" Darauf "überlegte" Doris sichtbar und sagte, sie fühle den Stuhl, die Lehne, den Sitz, den Fußboden. Ich wiederholte die Frage: "Wo fühlen Sie Ihren Körper?" Jetzt erst nahm sie Rücken, Gesäß, Füße wahr. Das ergab ein Gespräch über das Wahrnehmen der Umwelt, des Gegenstands und/oder der Empfindung für sich selbst. Auffallend war, daß sie weder ihre Oberschenkel, die den Stuhl berührten, noch ihre Unterarme, noch ihre Hände, die sich festhielten, empfinden konnte. Eine zweite Frage in diesem kurzen, wichtigen Erstgespräch war, ob sie logisch überlegt oder empfindend, dem Gefühl vertrauend, geantwortet habe. Darf "man" das? Wir kamen ins Gespräch über die Rolle des Körpers, darüber ihn kennen, sogar lieben zu lernen, sich leben zu lassen. Erst wenn diese Beziehung stimmt, sind wir beziehungsfähig für andere. Überraschend für uns beide klangen theologische Themen an. Es stellte sich heraus, daß Doris in einem katholischen Pfarrer eine Art Vater gefunden hatte, mit dem sie philosophisch-theologische Fragen besprach. Sie war verwundert über die Aussagemöglichkeit des kleinen Spiels, das wir gemacht hatten: Bin ich in einer Situation mehr objekt- oder subjektbezogen, mehr "außenorientiert" oder mehr "innenbeteiligt"?

Im weiteren Verlauf lernte sie über die Grundregeln der FE, mit ihrem Körper vertrauter zu werden. Sie entdeckte, wie sie den schweren, hängenden Kopf über das oberste und obere Kreuz spielend zurechtrücken und schließlich halten konnte.

Bei den breiten Schultern und Schulterblättern gebrauchte sie das Symbol "Schutz", "Schutzschilder". Sie merkte, daß sie beim Suchen dieser hinteren Gestaltbegrenzung – sich loslassend – mehr Raum im Brustkorb bekam. Probleme entstanden beim Bewegen und Spüren des unteren Kreuzes. In halber Seitlage empfand sie "eine Art Schmerz". Sie krümmte sich zunächst wie ein Fötus zusammen. Mit sehr viel Geduld, kleinsten Bewegungen und Warten konnte Doris im "Aus"-atmen ihren Beckenraum und ihre Beckenbeweglichkeit empfinden. Besser war ihre Körperwahrnehmung im Bereich des oberen Kreuzes. Bewegte sie sich dort, dann spürte sie die Veränderung bis ins untere Kreuz. Umgekehrt war das nicht möglich. Ihr Einfall dazu war: "Mein Kopf kann dem Becken was sagen, nicht aber mein Becken meinem Intellekt!" Bei diesem kopflastigen jungen Mädchen mußte die Verbindung oben-unten und außen-innen gefördert werden. Eine tiefere Beziehung zu sich selbst vertiefte auch ihren Atemrhythmus, vitalisierte ihr Lebensgefühl: Das war mein Therapiekonzept.

Die nächsten Stunden brachten den entscheidenden Durchbruch, zeigten noch tiefere Konflikte. Beim Entdecken des Beckenraums, seiner Abgrenzungen und Öffnungen bekam Doris einen Weinkrampf. Jetzt gestand sie ihre größte Sorge: Die Mutter lebe in lesbischer Beziehung mit der Freundin. Doris habe panische Angst, diese "Veranlagung" geerbt zu haben. Sie habe Angst, daß ihre Freunde diese Perversion, die sie ablehne, erfahren. Deshalb habe sie nur platonische Beziehungen mit Jungen. Bei der ersten körperlichen Annäherung beende sie die Freundschaft. In dieser Stunde sprachen wir ausführlich über Ursprung und Wesen der Homosexualität, und Doris ging erschöpft, aber erleichtert nach Hause.

Noch einige Sitzungen waren notwendig, um den Bauchraum zu spüren. Das Becken erschien ihr wie ein "Kelch", der sich füllte und leerte. Sie sagte: "Nur was leer ist, kann gefüllt werden! "Als Erinnerung für den Beckenboden schlug ich ihr vor, sie könne sich vorstellen, am Boden des "Kelches" sei ein weicher, samtener "Naturschwamm"'. Einige Tage später bekam ich einen Anruf von ihr, sie hätte ihre Menstruationsblutung eben bekommen, ob das mit diesem Üben zusammenhinge? Von diesem Tag an war sie stark motiviert, pflegte sich auch äußerlich mehr, lernte nach dem Essen oder schon währenddessen, ihren Verdauungstrakt von oben nach unten zu entspannen, berichtete über nachlassende Übelkeit und formulierte: "Es liegt mir nicht mehr so im Magen!" An Hand dieses Satzes sprachen wir über Distanz und Sicherheit in uns selbst, über die schützende Haut, die sie erfahren hatte, die gleichzeitig Kontaktorgan ist, über ihren Atemrhythmus. Nach 20 Behandlungsstunden war Doris 12 kg schwerer, hatte weder Erbrechen noch sonstige körperliche Störungen. Zwei Monate nach Beendigung der Therapie kam sie noch einmal, um von ihrer ersten Liebesbeziehung zu berichten.

URSULA PETRY-VOGEL

# Funktionelle Entspannung als eine Möglichkeit der Kurztherapie in der ärztlichen Praxis

Für Patienten, die wegen oft langjähriger Somatisierung einer Kurzpsychotherapie und wegen mangelnder Einsicht in die Psychogenese einer analytischen Psychotherapie nicht zugeführt werden können, bietet sich die FE als eine Methode der Wahl an. Folgende Krankengeschichte einer jungen Mutter, deren Not auch im Verhältnis zu ihrem 9jährigen Sohn deutlich wurde, zeigt, wie somatisierte Probleme leiblich bearbeitet werden können und im Alltag Hilfe zur Selbsthilfe erfahren, die dem eigenen Kind und hier auch den Schulkindern nützt.

Eine 32jährige Grundschullehrerin, verheiratet, Mutter eines zappeligen 9jährigen Sohnes, kommt wegen rezidivierender Heiserkeit und fast permanenter Rachenbeschwerden in meine HNO-Sprechstunde. Ich erkundige mich nach den vor drei Jahren kurzzeitig von mir behandelten Kopfschmerzen und erfahre, daß nach vorübergehender Besserung regelrechte Migräneanfälle mit Übelkeit aufgetreten seien. Mit Schmerzmitteln könne sie meist trotzdem ihren Dienst tun. Sie habe sich damit abgefunden. Bei der Spiegeluntersuchung fällt eine paradoxe Reaktion der Stimmbänder auf, d. h. die i-Phonation mißlingt, da die Patientin die Stimmritze öffnet, statt sie zu schließen. Erst nachdem wir durch gemeinsames Lachen die Atmosphäre gelockert hatten, gelang eine klare Phonation.

Die Haltung der Patientin mit kerzengeradem Rücken und hochgezogenen Schultern veranlaßte mich zu der Bemerkung: "Organisch ist alles gut, nur mit der Funktion ist es sicher oft schwierig, wie wir eben beim Spiegeln beide gemerkt haben. Wo mag diese Spannung herkommen?" Als psychologisch-pädagogisch gebildeter Mensch zählt Frau C. einige Konfliktbereiche auf und wischt dann schnell alle Probleme vom Tisch mit der Bemerkung: "Das weiß ich alles, damit muß ich leben!" "Zugegeben", sage ich, "vielleicht geht's aber etwas leichter als jetzt". Ohne die angedeuteten Probleme überhaupt anzusprechen, zeigte ich ihr – hinter ihr stehend und sie mit meinen Händen an den Schultern unterstützend – wie sie in der augenblicklichen Lage ihre Schultern entlasten und ihren Rücken als Halt spüren kann, ohne steif zu sein. Noch einmal aufgefordert, unter begleitendem "gemütlichem Brummen oder Schnurren" (das der Therapeut anfangs mittönen sollte) das elastische Einschwingen der Längsachse zu probieren und zu empfinden, übt Frau C. diese kleine Bewegungssequenz mit neugieriger Aufmerksamkeit, und es folgt prompt ein tiefer Atemzug, der von der Patientin mit "Das war richtig angenehm" und von mir mit der "psychosomatisch" gemeinten Bemerkung: "Schön, wenn Sie mal aufatmen können", kommentiert wird. Nach der Aufforderung, es doch zu Hause möglichst oft – aber nur je ein- bis zweimal nacheinander, dafür mit Genuß zu versuchen, wird ein neuer Termin vereinbart.

Bei Frau C. stieß das erste Angebot auf Interesse, so daß ich ihr vorschlug, diese Methode weiter mit ihr zu erarbeiten. Es folgten in diesem Falle nur sechs weitere Sitzungen zu je 60 Minuten, eine allerdings besonders kurze Behandlungszeit. Zuerst wurden in Rückenlage, gelegentlich auch in Bauch- und Seitenlage Gewicht, Schwere und räumliches Empfinden in der Situation und im eigenen Körper durch kleine Bewegungsreize erlebt, wobei die Patientin sehr schnell selbst die psychosomatischen Parallelen entdeckte. Wie sie mit der Atmung oft ihren Raum im Thorax nicht nutzte, so ließe sie sich auch zu Hause und in der Schule oft "völlig unnötigerweise" Platz oder Zeit wegnehmen. Unser methodisches Vorgehen mit den häufigen Fragen: "Wie fühlen Sie sich jetzt, wo ist es unbequem, wo drückt etwas, was könnten Sie jetzt noch an Ihrer Lage verbessern?" lehrt den Patienten, seine Bedürfnisse zu verbalisieren, und da Frau C. sprachliche Doppelsinnigkeiten großen Spaß machen, konnte sie in erstaunlich kurzer Zeit neben dem Gewinn der größeren inneren Geräumigkeit auch die "preußische Haltung" allmählich ablegen und eine elastischere "Ich-Achse" mit angemessenem Selbst-Bewußtsein und weniger Störanfälligkeit erreichen. Interessant ist, daß sie nach drei Jahren noch betont, daß sie Unruhe in der Schulklasse nur mit Hilfe der Funktionellen Entspannung ohne Aufregung gut steuern kann.

Frau C. ist eine Patientin, die in der FE trotz des guten Kontaktes zur Therapeutin ihre eigentliche Problematik gar nicht zu verdeutlichen brauchte. Sie hat bei der ersten Begegnung signalisiert, daß sie das nicht wolle, was sofort akzeptiert wurde. Die wesentliche Besserung des Befindens und die viel entspanntere Familienatmosphäre wurden über das Erlernen eines besseren Umganges mit sich selbst und die damit verbundene Aufmerksamkeit für die psychischen Parallelen erreicht. Für diese Patientin ist während der drei Jahre Nachbeobachtung – anläßlich gelegentlicher kleiner Erkrankungen in der Familie – die FE ein stets gegenwärtiges Korrektiv geblieben. Sie erinnert sich in schwierigen Situationen, bei Schmerzen, Überanstrengungen und bei Problemsituationen im psycho-sozialen Bereich der Möglichkeiten, die ihr mit der Anwendung der FE gegeben sind.

Gehen wir davon aus, daß auch psychosomatische Erkrankungen ein Schutz des Bewußtseins vor unlustvollen Erlebnissen sind, ist es einleuchtend, daß mit zunehmender Ich-Stärke ein erweitertes Spektrum belastender Erinnerungen zugelassen werden kann. So ergibt sich bei einem psychotherapeutisch arbeitenden Arzt oftmals Gelegenheit, über die FE grundlegende Probleme mit dem Patienten aufzuarbeiten.

Vor Aufnahme der Arbeit mit FE sollten folgende Voraussetzungen erfüllt sein:

(1) Der Patient muß unter seinem Symptom leiden.
(2) Er muß verstehen, daß sein Symptom mit einer Fehlhaltung im weiteren Sinne zusammenhängen kann und Symptom und Haltung sich wechselseitig beeinflussen.
(3) Der Patient muß die Bereitschaft mitbringen, durch eigene Mitarbeit seine Gesundheit zu fördern.
(4) Der Patient muß ein Mindestmaß an Ich-Stärke haben, das sowohl fokussierende Aufmerksamkeit (d. h. beim Thema bleiben) als auch das zwischenzeitliche und spätere Weiterarbeiten ohne therapeutische Hilfe von außen gewährleistet.
(5) Der sekundäre Krankheitsgewinn sollte keine dominierende Rolle spielen.

Überprüfen wir diese Forderungen an der oben beschriebenen Patientin, so scheinen auf den ersten Blick (1) und (2) nicht erfüllt zu sein. Im ersten kurzen Dialog zeigte sich jedoch, daß die scheinbare Resignation eher ein ungeeigneter Versuch zur Bewältigung des Leidens war, und bezüglich der Einsicht in psychophysische Zusammenhänge zeigte die Patientin, daß die Einsicht vorhanden war, sie nur nicht darüber reden wollte. Das Eingehen auf das erste kleine Übungsangebot zur Entlastung und das Wiederaufnehmen des Themas in der nächsten Sprechstunde zeigte Motivation und zielgerichtete Eigenaktivität.

Schwierigere Patienten, die dann bevorzugt einer Serie von FE in Einzelbehandlung bedürfen, haben manchmal eine lange Krankheitsodyssee hinter sich. Sie sind mitunter besessen von der Idee, nun müsse endlich ein Arzt eine Krankheit mit einem anständigen wissenschaftlichen Namen finden. Es ist meist nicht schwer, einen Konsensus darüber zu gewinnen, daß die Beschwerden viel Erstrebenswertes verhindern, daß sie an

Schlafstörungen und traurigen Gedanken schuld sind. Eingesehen wird auch, daß Schlafstörungen und schlechtes Befinden die Beschwerden noch schlimmer werden lassen. Diese Einigkeit vorausgesetzt, nehme ich jede Meinung des Patienten über die Ursache seiner Beschwerden ruhig als Arbeitshypothese an. Das Festhalten an der Somatogenese erspart ja dem Patienten das Erleben seiner Neurose, es entschuldigt ihn vor sich selbst.

In der FE-Arbeit erlebt der ja in einer gestörten inneren Ordnung lebende Patient eine Strukturierung. Er erfährt Schwer- und Drehpunktveränderung, er fühlt seine Wirbelsäule, die in dieser Therapie auch als Ich-Achse verstanden wird, und er erfährt die Begrenzung seines eigenen Körpers. Das Prinzip ist dialogisch, wobei wie in der Psychotherapie die gesunden Anteile des Patienten, vom Therapeuten angeleitet, regulierende und kontrollierende Funktionen übernehmen. Die Behandlungstechnik erscheint bestechend einfach, ist jedoch ohne ausgiebige Selbsterfahrung nicht zu verwenden, da nur der eigene Erlebnisgrund einfühlende Reaktion auf die vielfältigen Patientenangebote ermöglicht.

Die wichtigsten "Spielregeln" sind: Ausführen einer sehr kleinen Bewegung an genau umschriebener Stelle (etwa minimale Drehung der einen Schulter), diese Bewegung konzentrativ gebunden an die entspannte Phase der Aus-Atmung, abwarten, bis die Einatmung geschieht, dasselbe noch einmal nachspürend wiederholen und danach bewußt registrieren, was dabei geschehen ist und erlebt wurde. Wichtig ist das Aufmerken auf Störungen und der Versuch, einen Weg zu deren Beseitigung zu finden.

Mit Hilfe doppelsinniger Sprachformulierungen wird auch der psychische Bereich erlebt, strukturiert und zugänglich gemacht. Die daraus resultierende Zunahme des Selbst-Bewußtseins, die neue Ich-Stärkung, läßt dann zu, daß einzelne Erlebnisanteile in Form von Erinnerungen oder Träumen neu bewußt werden. Der Patient, der ja zum Erlernen der FE und nicht zur Psychotherapie gekommen ist, zieht seine Befriedigung aus der Besserung der Symptome und der Freude, mit seinem Körper ein freundlich-einfühlendes Verhältnis zu haben, statt dessen "Launen" ausgeliefert zu sein. Daher geschieht das Berichten und Durchsprechen von Problemen oder gelegentlich von Träumen wie nebenbei, so wichtig es auch sein mag. Der Umgang mit dem seelischen Bereich wird bei einer großen Zahl von Patienten erstaunlich unkompliziert. Das psychosomatische Ordnen, das Erlebnis, mehr und mehr "Herr im eigenen inneren Haus" zu sein und die streiflichtartigen psychoanalytischen Entdeckungen neuer innerer Möglichkeiten bringen bei vielen Patienten in wenigen Behandlungsstunden ein befriedigendes Ergebnis bezüglich Symptom, Verhaltensänderung und Lebensfreude. Bei einigen wenigen Patienten machte das Auftauchen von unbewältigtem Material trotz vorsichtigster Führung so viel Angst, daß die FE keine Fortschritte brachte und mit Teilerfolg abgebrochen wurde. Vier Patienten wurden, ebenfalls nach deutlicher Stagnation der FE, bei sehr großem Angebot an psychischer Problematik in Psychotherapie übernommen.

Die *Übertragung* spielt eine um so geringere Rolle, je besser es gelingt, den Patienten auf den Dialog mit seinem eigenen Körper einzustellen. Der konzentrierte, subtile Umgang mit Reiz und Reizantwort und die Beobachtung des Eigenrhythmus binden das Interesse weit mehr an das Erleben des eigenen Fortschritts als an den Therapeuten. Auch das tägliche Anwenden der FE zu Hause bei allen möglichen Gelegenheiten im Tagesablauf wirkt verselbständigend. Die Gefahr einer negativen Übertragung bzw. einer Übertragungsneurose ist kaum gegeben, denn Aggressionen und Widerstände werden im eigenen Körper als Symptome erlebt und in der Verkleidung als Symptom bearbeitet. Die Projektion auf den Therapeuten als Verlagerung nach außen erübrigt sich dadurch. In der Regel wird bei ausreichend geduldiger Führung in der Behandlung das hinter dem Symptom liegende Verhalten erst dann bewußt, wenn der Patient in der Lage ist, damit umzugehen bzw. wenn ihn der Therapeut dabei genügend unterstützen kann.

Natürlich benutzen wir zu Beginn der Arbeit eine (positive) Primärübertragungsbeziehung zu dem als hilfreich erlebten Therapeuten, um erste Erfolge zu unterstützen und das häusliche "Daran-Denken" zu motivieren. Die Übertragung wird jedoch in der Regel nicht angesprochen und sollte durch ganz bewußt gehandhabte Ermutigung des Patienten zur Verselbständigung vom ersten Tag der Behandlung an auf frühe und vollständige Ablösung hin programmiert werden. Solange die Behandlung läuft, müssen wir uns jedoch darüber klar sein, daß eine gewisse Übertragung auf den Therapeuten selbstverständlich besteht, sonst könnten wir gar nicht genug bewirken. Deshalb ist m. E. die in der Psychotherapie geforderte Abstinenz bezüglich direkter Ratschläge zur Lebensgestaltung des Patienten unbedingt einzuhalten. Die gutgemeinte Aufforderung eines Therapeuten, sich doch endlich scheiden zu lassen oder sonst eine Entscheidung zu fällen, kann zu einem Handeln unter fremdautoritärem Einfluß führen. Was wir aber wollen, ist doch, den Patienten erleben zu lassen, daß er in sich selbst genügend Rückhalt findet, selbstverantwortlich zu entscheiden.

Es wäre zu wünschen, daß jeder, der mit dieser subtilen Methode umgeht, genügend psychotherapeutische Eigenerfahrung hat, um die Gefahren der Übertragungsbeziehung und das Ausmaß der von ihm benutzten Suggestion erkennen und steuern zu können. Neben psychotherapeutischem Können braucht der ärztliche Therapeut für die Anwendung der FE natürlich auch in der Methode selbst ausreichende Selbsterfahrung, da die Fülle der psycho-physischen Korrelationen sich wirklich nur durch das Erleben am eigenen Leibe erschließt.

Der 1975 verstorbene Philosoph Wilhelm Weischedel bezeichnet in seiner "Skeptischen Ethik" Neurose als "nicht konkretisierbares schlechtes Gewissen, d. h. Folge persönlichen Handelns oder Denkens, das außerhalb des persönlich optimal Möglichen liegt", und Y. Ikemi, Japan, betont als wichtigen Bereich innerhalb der psychosomatischen Medizin die "Orientierungshilfe der Realisierung der eigenen Natur".

Wir sollten auch mit dieser Methode der FE nichts weiter sein wollen als Geburtshelfer dessen, was der Patient als eine optimale Möglichkeit oder als seine eigene Natur bereits in sich trägt.

**Literatur**

Bepperling, W., Klotz, M.: Analytische Psychotherapie und Funktionelle Entspannung als kombinierte Behandlungsmethode. Stuttgart 1978.
Fuchs, M.: Funktionelle Entspannung. 3. Aufl. Stuttgart: Hippokrates 1984.
Rosa, K. R., Rosa-Wolff, L.: Psychosomatische Selbstregulation. Stuttgart 1976.
Weischedel, Wilhelm: Skeptische Ethik. Suhrkamp-Verl. 1976.

THERESA UND EBERHARD WAHNSCHAFFE

# Spiel- und familientherapeutische Elemente in der Funktionellen Entspannung

Weil man Kinder mit ihren unwägbaren Talenten nicht in Charakter- oder Neuroseschubladen stecken kann, werden wir als Therapeuten ihren individuellen Persönlichkeitsstörungen mit standardisierten Behandlungsverfahren nicht gerecht. Nie gestaltet sich uns eine Therapie so geradlinig, wie im Kassenantrag oder bei der ersten Supervision optimistisch entworfen. Nicht nur die intrapsychischen Konfliktinhalte, sondern mehr noch die Objektkonstellationen stellen sich uns, wie beim Schütteln eines Kaleidoskops, ständig neu dar. Diese psychische Instabilität des Kindes verliert im Spiel ihre Bedrohlichkeit: Als Pumuckel darf es unzuverlässig, ungehorsam und auch mal "böse" sein, beim Kampf um die Ritterburg darf es mal hinterlistiger Schurke, mal gestrenger Herrscher, dann wieder die edle Königin oder deren wunderschönes Töcherlein sein. Kinder brauchen das Spiel zum seelischen Atmen. Kindertherapie und FE mit Kindern wird deshalb immer auch Spieltherapie sein.

Der familiäre Hintergrund wird zu Beginn einer Therapie oft vereinfacht präsentiert („seit der Geburt des Geschwisterchens..."). Nach einigen Stunden kann der Routinefall zur heißen Kartoffel mit hochbrisanter Familienpathologie werden. Andererseits kann sich ein offensichtliches Familienchaos als spezifisches Arrangement entpuppen, dessen Pathogenität anfangs völlig überbewertet wurde. Wie auch immer: Kinder sind in ihrem Wohl und Weh in ihre Familien eingebunden. Sie brauchen die Familie als Raum des Nehmendürfens und Lassenkönnens. Kindertherapie und FE mit Kindern wird deshalb immer auch Familientherapie sein.

*Fall A:* Wegen zunehmenden Stotterns wird der 9jährige Alexander in unserer kinderärztlichen Praxis vorgestellt. Jetzt, in der 3. Klasse – der Vater ist in den Vorruhestand getreten, die Mutter hat wieder zu arbeiten begonnen – ist die Störung ganz schlimm geworden. Außerdem sitzt Alexander stundenlang auf dem Klo und kotet tagsüber wieder ein. Beides, der Wortsalat und die volle Hose, stören den Buben angeblich nicht. In der Schule hat er keine Probleme. Die Neigung zur Stuhlverhaltung mit wiederholten Phasen des Einschmierens besteht seit der Sauberkeitsentwicklung, dem harten Sauberkeitsdrill des Vaters ebenso wie seinen Belohnungsversprechungen zum Trotz. Ein leichtes Stammeln war im Vorschulalter erfolgreich behandelt worden. Bei Alexanders Untersuchung stellt sich dessen Redeflußstörung nicht als typisches spastisches Stottern dar, sondern als wechselnde Blockade des Satzanfangs mit polterartigen Silbenwiederholungen. In der Untersuchungssituation wirkt der Bub flink und leistungsorientiert, allerdings auch noch etwas kleinkindhaft-undifferenziert. Er ist voller phantastischer Einfälle, scheint jedoch den Untersucher zum Teil auch mit Übertreibungen und realitätsfernen Behauptungen provozieren zu wollen. Auffällig ist der Wechsel zwischen altersgemäß vernünftigen und von Interesse und Wissen zeugenden Äußerungen einerseits und prahlerischem Auftrumpfen und demonstrativem "Dummtun" andererseits. Auch seine Gestik und Körpersprache drücken Rückzug und skeptische Vorsicht ebenso wie provokative Wurstigkeit und desinteressierte Überlegenheit aus.

Kinder und Jugendliche mit psychosomatischen Störungsbildern sind Stammkunden in unserer psychotherapeutisch orientierten Kinderpraxis. Wegen der meist langen Dauer der Symptomatik ist eine tiefenpsychologisch fundierte Therapie mit ihren immanenten Begrenzungen nicht das adäquate Behandlungsverfahren. Häufiger ergibt sich dagegen bei uns die Indikation zur FE. Beim Familiengespräch nach der drei- bis vierstündigen diagnostischen Phase ist dann die FE-Therapeutin bereits mit anwesend und kann so ihre Methode erläutern. Gemeinsam können wir bei den skeptisch besorgten Eltern Schwellenängste vor der Therapie abbauen und beim betroffenen Kind oft positives Interesse wecken. Gegenüber anderen Verfahren ist unserer Erfahrung nach die elterliche Einstiegs- und Kooperationsbereitschaft bei der FE besonders groß, weil es weniger Angst macht, bei körperlichen Störungen ihres Sprößlings primär am Körper (und scheinbar nicht am Konflikt und dessen Abwehr) zu arbeiten.

Als händchenhaltender "Alexander der Kleine" brachte der Vater seinen Sohn zur ersten Therapiestunde. Lehrbuchmäßige FE wehrte der Bub gleichgültig ab (jede Form des Körpererlebens war ihm "eh wurscht"). Dagegen bewirkte ein vorsichtiges antippendes Fragen nach seiner Alltagssituation sofort eine hektische Überaktivität. Unstet zappelnd, schnell ins Schwitzen kommend, klopfte er wichtigtuerisch altkluge Sprüche, plusterte sich mit übertriebenen Geschichten auf. Nach dieser "Aufmandlsituation" klappte er dann zusammen, sah ängstlich auf die Uhr und fragte nach dem Ende der Stunde.

Als Bild sah ich vor mir einen Ballon, der stoßweise mit großer Anstrengung fast bis zum Platzen aufgeblasen wird und dann aus der Überblähung erschlaffend die Luft verliert. Diesem selbstdestruktiven Symbol konnte ich ein positives Spielerleben entgegensetzen: Es war der luftgefüllte, elastisch tragende Pezziball, auf dem Alexander sich sichtlich wohlfühlte. Auf ihm ruderte er bäuchlings balancierend durchs Zimmer, provokativ die dekorativen Grünpflanzen ansteuernd: Als Haifisch, der – an sich gutartig – erst durch die Menschen böse wird. Auf meine Frage, wie es aussehe, wenn ein Hai böse wird, riß Alexander weit sein Maul auf und machte im Ausatmen ein aggressiv fauchendes Geräusch. Später ließ ich ihn den Hai malen: der gefährliche Räuber glich eher einem dicken Kugelfisch. Ein Löwe, den er ein andermal aus Ton formte, sah ebenfalls dickbäuchig und gebläht aus. Beim Aufblasen eines Luftballons konnte er selbst bestimmen, wieviel Puste er hergeben wollte.

Auf dem Trampolin tobte sich Alexander anfangs fast bis zur Erschöpfung aus, langsam lernte er seine motorische Energie zu dosieren und einen Rhythmus zu finden, der für ihn stimmig war. Auch erlebte er nach den Luftsprüngen den Fußboden als sicher tragenden Grund.

Auf dem Boden einen festen Stand einzunehmen und das Ziel ruhig anzupeilen, war beim Dartspiel ebenso wichtig wie den Pfeil in einer kontrollierten Bewegung aus dem ganzen Körper heraus zu werfen. Wütend geschleuderte Pfeile verfehlten meistens das Ziel.

Rollenspiel liebte Alexander besonders: als Teilnehmer einer Prominenten-Talkshow oder einer Expertendiskussion zum Beispiel zwischen einem Astronomen und einem Tiefseeforscher. Dabei konnte er mich langsam partnerschaftlich am Spielgespräch teilnehmen lassen und kam dabei selbst in ein entspanntes Ein- und Ausatmen.

Die FE bedient sich der Sprache des Patienten. Kinder können die sprachliche Kommunikation einfach verweigern oder, wie Alexander, ganz in den Dienst der neurotischen Abwehr stellen. Das Spiel kann hier eine gleichwertige Schiene im therapeutischen Dialog sein. Die FE-Therapeutin wird ihr Wissen von der regulierenden Kraft des gelassenen Körpererlebens in die Symbolik des Spiel übersetzen und es dem Kind im Medium des Spiels nahezubringen versuchen. Scheinbar Fremdes, wie Pfeilewerfen, Trampolinhüpfen oder Rollenspiele, wird so zum Bestandteil der FE.

Der familientherapeutische Aspekt bei Alexanders Therapie

kann trotz seiner Bedeutung nur am Rande Erwähnung finden. Anläßlich regelmäßiger Familiengespräche – beide Therapeuten mit den Eltern, mal mit, mal ohne Kinder – wurde der tiefgreifende familiäre Beziehungskonflikt deutlich. Bei Alexanders Vater, Herrn B., wurde eine frühe narzißtische Störung erkennbar. Seine vorzeitige Pensionierung bewirkte eine schwere depressive Selbstwertkrise mit aggressiven Durchbrüchen gegenüber seiner Frau und strafend repressivem Verhalten seinem Sohn gegenüber. Die zwei Jahre ältere Schwester von Alexander wußte sich geschickt im richtigen Moment abzusetzen. Herrn B.s entwertende Frauenfeindlichkeit, die sich in charmeurhaftem Gebaren und unterschwelligem Diskriminieren äußerte, erschwerte meine Arbeit als Therapeutin erheblich.

Von mir, dem ärztlichen Therapeuten, wurde deshalb eine Kurztherapie mit dem aktuellen Fokus seiner Arbeitslosigkeit durchgeführt. Ich konnte Herrn B. ein wenig seiner eigenen Problematik näherbringen und für eine Langzeittherapie motivieren. Alexanders Behandlung wurde dadurch erheblich erleichtert.

Frau B.s Fluchttendenzen aus der schwierigen Ehe in den Beruf belasteten durch die verdrängte Schuldangst die Familie. Im schützenden therapeutischen Rahmen konnte sie vorsichtig ihre Not andeuten, bei einigen FE-Sitzungen auch etwas Kraft schöpfen. Diese Entlastungen kamen dem gefährdeten Familiensystem zugute.

Während der einjährigen Spiel-FE hatten sich Alexanders somatische Störungen aufgelöst. Darüberhinaus war die anfangs spürbar "dicke Luft" aus dem Raum des familiären Miteinanders gewichen.

Falldarstellungen

MARIANNE FUCHS

# Migräne – auch eine Beziehungsstörung

Der Mensch reagiert auf seine Umwelt und verarbeitet vieles im Unbewußten mehr oder weniger gut. Er kommt aus dem Gleichgewicht und muß es immer wieder finden. Das ist psycho-somatisch gemeint. Fremde oder eigene Gefühle schon stören die rhythmische Ausgewogenheit und Ordnung des Körpererlebens. Auch der Gebrauch der Sinne und des Denkens beeinflußt den Atemrhythmus. Am sensibelsten reagiert das Zwerchfell, das unmittelbar auf das neurovegetative Gleichgewicht einwirkt. Anregung ist nicht Störung, kann aber zur Aufregung werden, wenn die Pause, die Ruhe fehlt. Das spürt das Kind – auch nonverbal. Wenn Anreize von außen eine gelassene Verarbeitungszeit für innen bekommen, stabilisiert sich nicht nur das Körpergefühl. Reiz, Druck von außen kann Re-aktion von innen beleben oder unterdrücken, den Eigenrhythmus stärken oder verunsichern.

Auch auf diesem Wege ist das Entstehen von psychosomatischen Störungen zu erklären und Eigenschaften, die wir bei Migränepatienten beobachten, lassen sich so verstehen: Überforderungsbereitschaft, Perfektionismus, Kopflastigkeit, Leistungsdruck, oder ebenso das Gegenteil: Selbstaufgabe, Erschlaffung, Resignation. Zur genetisch-konstitutionellen Anlage kommen Erfahrungen mit der Umwelt, die das Kind beim Finden seines funktionellen Gleichgewichts mehr stören als stützen. Für solches Versagen – oft schon in der frühen Kindheit – sollte aber nicht *nur* die Mutter verantwortlich gemacht werden. Die Einsicht, daß das ganze Familiengefüge ein komplexes System ist, das sich mehr oder weniger gut im emotionalen und aktionalen Gleichgewicht hält, hat der Familientherapie ein weites Feld eröffnet.

Im Verständnis der FE hat der Migränepatient trotz seines

Leistungsdrangs ein unökonomisches Verhalten, eine fehlende, innere Vitalspannung, die zur Erschöpfung führt. Das entwertete oder einseitige Körperempfinden zugunsten der nach oben orientierten Spannung, der Leistung, verhindert eine behagliche Sinnlichkeit bis zur abgewehrten Sexualität. Verdrängtes wird durch Aktivität kompensiert oder durch "Höherwertiges" sublimiert. Weil der Migränepatient ebenso an Verspannungen wie an radikalen Zusammenbrüchen aller Regulationen leidet, bietet sich die FE als Methode an. Ohne zu harmonisieren, wird das Loslassen und das Entfaltetwerden, das Bewegtwerden erfahren. Das Kind erlebt seine verdrängten, animalischen Seiten. An einer Krisenintervention bei einem 5jährigen Mädchen, das an schweren Migräneanfällen litt, möchte ich diese Überlegungen verdeutlichen.

Susanne kommt mit ihrer Mutter auf Anraten des Kinderarztes, der die sich seit einem Jahr ständig steigernde Migräne nicht weiterhin täglich mit Dihydergot bekämpfen wollte. 4jährig hatten diese plötzlichen Kopfschmerzen begonnen, einmal im Monat. Es hänge offenbar mit dem Wetter zusammen, wenn das Kind von "einer Minute auf die andere" klage, eine ganz plötzliche Übelkeit mit Erbrechen bekomme und danach erschöpft einschlafe. Im Herbst wäre sie einmal ohne Anfälle sechs Wochen gesund gewesen. Dann aber hätten sich die Zustände jede Woche wiederholt bis heute. Die Eltern seien in großer Sorge. Das war wenige Tage vor Weihnachten. Wir begannen, ohne daß ich irgendwelche Versprechungen machen konnte.

Während Susanne sich unbefangen umsieht und beschäftigt, berichtet die Mutter, daß S. eine Frühgeburt und schwierig groß zu ziehen gewesen sei. Noch heute lasse sie sich füttern! Sie wolle am liebsten wieder ein Baby sein. Dabei sei sie seit ihrem 3. Lebensjahr "unheimlich aktiv", sei wild und gefährlich geklettert, so daß die ganze Familie abends geschafft gewesen wäre. Der Bruder ist drei Jahre älter. Susanne habe mit 3 Jahren auch eine Schlafstörung entwickelt. Heute sei das besser, Susanne gehe mit dem Bruder um 19.30 Uhr ins Bett.

Die Mutter wirkt besorgt, sehr gespannt bis skeptisch, und am Schluß der ersten Stunde deutet sie kurz ihre verzichtende Rolle als Mutter und Hausfrau an, die auf ihren früheren Beruf verzichtet hat. Ihr Mann mache sie mit ihrer Nervosität auch mitverantwortlich für die Störung des Kindes. Das auszusprechen gelang wohl durch die Hilfe, die ich ihr über das "therapeutische Anfassen" gab. Sie lag auch selbst am Boden und spürte, was Loslassen bedeutet, auch wie fehlerhaft man Kontakt nehmen kann, bedrängend und störend oder bestätigend in der richtigen Distanz, wodurch der Angefaßte einen Weg nach innen finden, bei sich selbst sein kann. Sie merkte wohl, daß ich ihr hier eine Hilfe zur Selbsthilfe anbot, anstatt Vorwürfe zu machen, und verlor ein wenig die Skepsis. Sie verstand das therapeutische Anfassen als eine Beziehungshilfe, bei der sie sich auch veränderte, und sie übernahm das "Gute-Nacht-Ritual", auf das Susanne in Zukunft großen Wert legte. Wie haben wir sie, die Gespannte, Unruhige, "Spastisch-Atonische", gewonnen?

Während unseres Gesprächs war Susanne sehr beschäftigt mit einer Spielkiste, holte sich Puppen und Stofftiere, nicht gerade erethisch, aber "außengeleitet"'. Es war nun das Problem zu lösen, ein derartiges Kind zu einem spürenden Sich-Sammeln, zu seinem Weg nach innen, zu seinem Rhythmus zu verlocken, lustmachend, nicht fordernd. Seine Beziehung zu sich selbst, sein elastisches Entspannt- und Gespanntwerden sollte verbessert werden, um neurovegetative Entgleisungen zu verhindern.

Auf dem Spielteppich lag ein großer Bär, dessen dickes Fell sich anbot zum Anfassen, zum Spüren. Ich begann zu brummen. "Ob Du das auch kannst, so brummen?" "Nein!" antwortete Susanne abwehrend und sehr bestimmt. "Oh, aber Du kannst Nein sagen, das ist noch besser!" Und schon lag sie auf dem Bauch wie der Bär und ließ zu, daß ich beim "Nein, Nein" ihr "weiches Fell" spürte oder merkte, wie sie sich sperren konnte. Auch das Brummen oder ärgerliche Knurren machte ihr nachher Spaß. Erst recht dann das "Wickel-Wackeln mit dem Po" (Becken), wobei das Brummen das Maß gab und sie auf-hören lernte, wenn es nicht mehr brummte. So fand sie zum Loslassen, nach innen und unten, zur Ruhe und zu ihrem Antrieb, ihrem Rhythmus. Wie kann wenig Angebot doch so viel bedeuten!

Die Mutter schaute überrascht zu und sagte: "Ich glaube, so was liegt uns, was Sie da mit ihr machen. Wir machen nämlich gerne Fernkitzeln!" Ich ließ mir erklären, daß es für Mutter und Kinder eine große Gaudi sei, wenn sie, entfernt voneinander sitzend, sich sagten, wo der eine den anderen jetzt – in der

Vorstellung also – kitzele. Das mochte lustig sein – aber nicht für dieses erregbare Kind. Vorsichtig erklärte ich der Mutter, daß Susanne gerade umgekehrt zu verlocken sei: nicht nach außen, sondern nach innen, nicht erregend, sondern sie sammelnd und ihre Vitalität stärkend.

Das war die erste Stunde. Erst nach vier Wochen, nach den Weihnachtsferien, kamen beide wieder. S. hatte keinen einzigen Anfall gehabt! Die durchklingende Skepsis der Mutter nahm ich an: Luftwechsel und Familien feiern hätten auch eine Rolle gespielt. Aber ich ließ mir erzählen. Das kurze tägliche Spielen vergaßen sie nie. Dafür sorgte auch Susanne. Auch der 8jährige Bruder wolle so angefaßt werden, er, von dem die Mutter sagte, er sei so mimosenhaft gewesen. Die Mutter war die, die sich mitverändert hatte. Denn nun berichtete sie: In den vier Wochen habe es zwei kritische Situationen gegeben. Zu der bis dahin verunsicherten und ängstlichen Mutter kam einmal an Silvester und dann Mitte des Monats noch einmal Susanne und klagte über Kopfweh. Sie habe das erste Mal das Kind wie beim Bärenspiel hingelegt und das Zimmer etwas abgedunkelt. Darüber sei Susanne eingeschlafen, und alles blieb gut. Sie bemerkte, daß Susanne überhaupt mehr Schlaf brauchen könne. Einmal habe sie in den Ferien 14 Stunden geschlafen. Seither habe sie begonnen, sie in Mutters Bett vorschlafen zu lassen, anstatt sie erst später mit dem großen Bruder schlafenzulegen. Das scheine ihr gut zu bekommen. Auch hier galt es, Susannes eigenen Rhythmus zu finden. Das zweite Mal sei sie vom Schlittenfahren heimgekommen und habe "behauptet", sich am Schlitten gestoßen zu haben; deshalb hätte sie nun Kopfschmerzen. Sie habe aber keine Beule bekommen, die Mutter glaube ihr nicht recht. Meine Frage, ob sie ihr nicht ein kaltes Taschentuch aufgelegt habe, verneinte sie. Ihre Skepsis war ja dagegen gestanden, aber immerhin wurde sie selbst nicht hart und nicht hilflos, sondern gab S. wieder die nötige Unterstützung, um nach innen/unten lebendiger zu werden, ohne daß es zu Erbrechen kam, dafür zu einem verbesserten Stoffwechsel. Ich konnte der Mutter Verständnis dafür übermitteln, daß alles spielende Sich-um-das-Kind-Kümmern verstärkt werden kann durch den Spaß, sich animalisch zu rühren oder zu schmatzen, zu kauen oder mit dem Ball zu spielen, wobei das "weiche Fell" die Kontrolle werden kann, ob es mit dem "Animalischen" stimmt.

Nach dieser zweiten Stunde beschlossen wir, das Dihydergot zu reduzieren und den Kinderarzt zu benachrichtigen. Anfang Februar rief mich die Mutter glücklich an: Seit 14 Tagen seien sie ohne Mittel ausgekommen. Susanne erzählte begeistert der ganzen Nachbarschaft, wie sie ihr Kopfweh losgeworden sei. Eine kleine Enttäuschung habe es nach einem zweiten Föhntag gegeben, an dem sie, die Mutter, auch sehr kribbelig gewesen sei. Das Kind habe an jenem Tag starkes Kopfweh gehabt, habe gewürgt, aber nicht erbrochen. Sie habe ihr ein leichtes Pyramidon gegeben, mit ihr Funktionelle Entspannung gemacht. Daraufhin sei sie für zwei Stunden eingeschlafen. "Jetzt ist alles wieder gut", habe S. beim Aufwachen gesagt. Die Mutter meinte zu beobachten, daß S. durch die Abgewöhnung des Dihydergot in der ersten Woche recht labil und zappelig gewesen sei. Jetzt, in der zweiten Woche, schiene sie viel stabiler. Die Mutter fügte hinzu: "Ich gebe mir auch jetzt viel Mühe, mich ihr gegenüber richtiger zu verhalten, ohne Brimborium zu machen!"

Ein Vierteljahr trafen wir uns alle vier Wochen eine Stunde lang "spielten", und die Mutter berichtete, begann Zusammenhänge zu verstehen und sich zu ändern. Zwei Telefongespräche und nach 1½ Jahren noch einmal eine Stunde: Das war bisher der therapeutische Einsatz. Das vorläufige Ergebnis: Die Einschulung von Susanne ergab keinerlei Schwierigkeiten. Vorher, im Sommer, bei starken Temperaturschwankungen, gab es einmal einen Anfall mit Erbrechen. Die Mutter meinte, daß sie damals selbst unter großer Überforderung gestanden habe: "Sie wissen ja, ich habe einen Wissenschaftler zum Mann, der zur alltäglichen Realität keine Beziehung hat. Wir standen vor einem Umzug. Immer soll ich der ruhende Pol sein! Ich war sicher auch schuld daran, daß S. einen Anfall bekam. Ich sehe es ihr an: Heute kommt was! Aber ich bin innerlich ruhiger geworden, obwohl unterschwellige Probleme noch immer zu verarbeiten sind. Ich glaube, die Therapie galt mehr der Mutter. Das meint mein Mann auch!" Es war deutlich, und sie sprach später noch einmal direkter davon, daß das Ehepaar erhebliche Schwierigkeiten miteinander hatte. Das Verständnis für die FE, die die Mutter auch am eigenen Leib erfahren hatte und die ihr Distanz und Selbstbestätigung brachte, dazu die entlastenden Gespräche, genügten ihr. Sie hatte einen guten Überblick über ihre Familiensituation, die nicht einfach war.

So blieb es nun sechs Jahre. Weil Susanne Einschlafschwierigkeiten hatte und mir die Mutter die nun 12jährige gern wieder einmal zeigen wollte, suchten sie den Kontakt. "Der Arzt in X kennt nur Chemie!" war außerdem eine Begründung. Erneut wurde der Mutter deutlich, daß dieses intelligente, sensible junge Mädchen sowohl Anregung wie Ruhe und eine feste Tagesordnung brauchte, die von ihr selbst als "Rahmen", als hilfreiche Abgrenzung erlebt werden kann. Je mehr die Mutter die Sorge um das Kind abbauen konnte und ihre eigene Sensibilität zur persönlichen Stabilisierung zu benützen verstand, je mehr traute sie Susanne Eigenverantwortung zu: Gleichgewicht zwischen Spannen und Lösen entstand. Ihrem jetzigen Alter entsprechend suchten wir nach Hilfen wie ihr das "Umschalten" zum Schlafen besser gelingen könne. Alte Erinnerungen aus der Kindertherapie tauchten auf: Die Schnecke, die sich in ihr Haus zurückzieht, aber sich leben läßt, oder das "weiche Fell", das auch wie ein "Rolladen" erlebt werden kann, wobei noch "Luft durch die Ritzen kommt". Susanne, eine eifrige Radfahrerin, ergänzte: "Ich muß auch überall gut ölen, damit es unten und innen läuft!" Die Familie hat verstanden, daß jeder bei sich selbst anfangen muß, um immer wieder von neuem ins Gleichgewicht zu kommen.

GABRIELE JANZ

# "Alles ganz normal"
# Behandlung einer Stottersymptomatik mit Funktioneller Entspannung bei einer Jugendlichen

Im folgenden Fall eines schweren Stotterns handelt es sich um ein 19jähriges Mädchen, das im Sommer 1980 nach dem Abitur zur Ausbildung als Krankengymnastin nach Berlin kam. Sie war zum ersten Mal von zu Hause fort. Die Mutter war mit angereist, um ihr bei der Zimmereinrichtung zu helfen. Die Mutter begleitete sie auch, als sie das erste Mal zu mir kam und war weitgehend die Fragerin und Antworterin beim Erstinterview, auch wenn ich das Mädchen direkt ansprach. Dabei erfuhr ich, der Vater sei Lehrer an einem Gymnasium für Latein und Griechisch. Sie habe einen Bruder +3, eine Schwester +1, zwei Schwestern –3 und –5 Jahre alt. Die Patientin nimmt also eine Mittelstellung ein.

Es sei immer von den zwei Großen und von den zwei Kleinen die Rede gewesen, äußerte sie später einmal. Die Sprachentwicklung sei bei ihr unauffällig und ganz normal gewesen, ganz anders als bei der um ein Jahr älteren Schwester, die bis zum 5. Lebensjahr kaum einen Ton herausgebracht habe, dann aber gleich perfekt sprechen konnte. Als ich den Vater viel später kennenlernte, erzählte er, daß die Patientin als Kleinkind beim Erzählen immer "so putzige Verdrehungen" gemacht habe, über die alle amüsiert lachen mußten. Seit dem 10. Lebensjahr habe das Stottern plötzlich begonnen. Nach den Begleitumständen oder möglichen Ursachen befragt, meinte die Mutter: zu dieser Zeit habe die Tochter eine Zahnklammer tragen müssen; sie sei für Mutter und Tochter ein ständiger Anlaß zu Zank gewesen und für beide "der Ruin". Auch habe sie zu dieser Zeit eine sehr strenge Lehrerin gehabt, die sie gar nicht mochte. Die Patientin direkt befragt, erzählt spontan eine Geschichte, die die Mutter noch nie gehört hatte: "Ich ging mit meiner älteren Schwester am Haus meiner Lehrerin vorbei, und wir sahen, wie andere Kinder Steine in ihren Briefkasten warfen. Am nächsten Tag wurde ich von der Lehrerin verdächtigt und beschuldigt. Da habe ich die anderen verpetzt, weil es sonst an mir hängengeblieben wäre." Im Verlauf der Behandlung wird diese Geschichte noch einmal erzählt, aber mit einer etwas anderen Nuance.

Die äußere Erscheinung der Patientin: eine hochgewachsene, schlanke Gestalt, kräftig, sportlich und gesund wirkend. Das ausgesprochen hübsche Gesicht drückt unübersehbar gespannte Aufmerksamkeit aus. Dieser Eindruck entsteht vor allem durch das irritierte Schauen der ständig bewegten Augen, die aus den Augenwinkeln heraus das Gegenüber anvisieren und unverhohlene Skepsis ausdrücken. "Daß ich so mißtrauisch gucke, sagen alle", äußerte sie einmal. Das Stottern war sofort deutlich erkennbar. Sie konnte keinen Satz sagen, ohne bei den ersten Lauten hängenzubleiben; aber auch während sie redete, blieb sie hängen, machte keine Pause im Redefluß, sondern versuchte unter großer Anstrengung und sichtbarer Muskelkraft, das Stolperwort herauszubringen, um wieder in Gang zu kommen. Befragt, wann das schlechter oder besser sei, meinte sie: "Vielleicht, wenn ich müde bin, schlechter" – Pause – "und zu Hause auch." Das hatte auch die Mutter erzählt mit der Bemerkung: "Bei Fremden gibt sie sich vielleicht mehr Mühe." Auf die Frage, ob sie in der Familie oder in der großen Geschwisterschar nur ungenügend zum Erzählen oder Gehörtwerden gekommen sei, sagte sie mit Nachdruck: "Nein, ganz im Gegenteil, alle sind immer sehr rücksichtsvoll gewesen und haben gewartet, bis ich fertig gesprochen hatte."

Nach anderen Beschwerden befragt antwortet sie: "Keine, alles ganz normal!" Nach Schule befragt: "Ganz normal. Es fiel mir leicht, das Abitur zu machen – aber ich habe auch dafür gearbeitet." Beziehung zu den Eltern und Geschwistern? Sie: "Ganz normal, zu Hause ist es doch am schönsten, das ist doch klar! Mit meiner um ein Jahr älteren Schwester war ich am meisten zusammen. Ja, und klar, zu den Geschwistern habe ich ein gutes Verhältnis!" Die Pubertätszeit? "Ganz normal. Erste Periode – da war ich gerade mit Vater und Schwestern in den Ferien, ich fand das nicht weiter schlimm." Wie geht es mit anderen Menschen? "Ich habe viele Freundinnen, ganz normal. Hier im Kurs sind auch alle sehr rücksichtsvoll, auch die Lehrer, ist doch klar!"

Ich könnte die Liste der Fragen noch verlängern, die sich im Anfang während der Behandlung ergaben. Immer kam die fast stereotype Antwort "ganz normal" oder "klar". Was alles nicht so normal und klar war, stellte sich erst langsam und mühsam heraus.

Vor 8 Jahren war eine längere logopädische Behandlung erfolglos durchgeführt worden. Sie war also skeptisch, und ich versuchte erst einmal, ihr Vertrauen zu gewinnen, ihr in den ersten FE-Behandlungen ein Wohlgefühl zu verschaffen und Mut zu geben zum Lassen, zum Sich-Wahrnehmen. Sie kam in der Folge gerne und hat während 70 Stunden auf 3½ Jahre verteilt nie abgesagt, umgelegt oder gefehlt.

Der zweite Schritt war dann, daß sie spüren lernte, wo und was sie beim Stocken während des Sprechens körperlich empfand. In der vierten Stunde kam die Aussage: "Komisch, es ist wie ein Brikett auf der Brust, etwa so wie Rheumaschmerzen im Arm." Im weiteren Verlauf wurde sie mehr und mehr feinfühlig, und es stellten sich noch andere Beschwerden ein: Druck am Hals und Kiefergelenk und Mundboden, Druck im Bauch, Stau am Brustkorb. Also war doch nicht "alles so ganz normal".

Wenn wir sehen, wie beim Stottern die Muskulatur des Brustkorbs, des Halses und auch des Gesichts unter der ungeheuren Anstrengung des Artikulierens angespannt ist, und wir andererseits wissen, daß Herauslassen und Hergeben in diesem Zustand nur schwer möglich sind, so ergeben sich daraus viele Ansatzpunkte für die FE. Das zentrale Anliegen ist dabei, die Beziehung zur eigenen Mitte zu entdecken und herzustellen. Durch Rhythmisierung der Atmung wird eine tiefere Schicht zu einem inneren Bewegtsein berührt, das Fließenlassen bewirkt so eine Abfuhr von Gestautem. Das Fließenlassen ist die Ausatmungsphase, ohne die Sprechen nicht möglich ist. Sprechen ist Ausatmung, und von der FE her gibt es vielfältige Möglichkeiten, diese qualitativ zu verbessern und als Wohltat und Erlösung zu erleben; sei es durch die Erfahrung der Unterlage, die trägt und hält, also ermöglicht, loszulassen, Kontakt zu finden, sei es durch die Gegensatzerfahrung von Spannung und Loslassen. Immer gibt das "Aus" und "Lassen" ein Fließgefühl; das daraus resultierende, so wichtige "Ein" schafft Platz und wird als Weite lustvoll erlebt. Dieser Wechsel ist die Voraussetzung des bewegten Austausches, das ist Sprechen und damit Kontakt. Der Atemstrom wird aber von Gefühlsregungen beeinflußt, und diese stören ihn in seinem Fließen. Das zu erkennen, mußte der nächste Schritt in der Behandlung sein, nachdem körperliche Wahrnehmungen so deutlich geworden waren und die Patientin mehr und mehr in Erstaunen setzten. Die Frage war jetzt also, welche Gefühlsregungen diesen Atemstrom beeinflußten und die Rede zum Stopp und Stolpern brachten.

Die erste Reaktion war Widerstand: "Das gibt's doch nicht!" Und als Aufgabe mitgegeben, darauf einmal zu achten, kam nur: "Das war schon immer so, mal besser und mal schlechter. Gefühle und Unbewußtes ist doch alles Quatsch."

Nach Träumen befragt: "Ich träume nie. Was würde das auch aussagen?" Es gab ein Gespräch darüber, an dem sie sich skeptisch, aber auch sehr neugierig beteiligte. Dann meinte sie: "Ich habe nur einmal einen Traum gehabt, das ist schon ewig her, als Kind mal." Der Traum: "Jemand hat mich verfolgt mit einer Pistole und hat geschossen. Da war mir ganz heiß, aber ich lebte noch." Ich: "Welche Empfindung gab Ihnen dieser Traum, daß Sie ihn über so lange Zeit behalten haben?" Sie: "Das war so das Erlebnis, daß ich lebe. Ich hab' ihn, glaub' ich, behalten, weil er so schrecklich *und* so schön war."

Als ich sie einmal fragte, ob sie unter ihrem Stottern leide, sagte sie: "Eigentlich nicht. Zu Hause sind alle so rücksichtsvoll und auch jetzt in meiner Ausbildung hier, alle nehmen Rücksicht, das tut sehr gut." Ich: War das immer so?" Sie: "Als Kind habe ich sehr gelitten. Ich hatte immer Angst, daß mich jemand auslachen oder nachmachen könnte, und Angst, angesprochen zu werden oder jemanden anzusprechen. Das tue ich heute noch sehr ungern – meine Schwester (+ 1) kann das ganz toll, sie hat es überhaupt viel leichter!" sagte sie etwas wütend, aber fließend. Ich machte sie darauf aufmerksam und sie meinte: "Ja richtig, aber wütend bin ich selten, ist ja klar, alle sind meistens sehr nett."

In der Tat wurde zunehmend deutlich, daß sie Emotionen schwer zuläßt. Sie schimpfte allenfalls über das Wetter oder ähnliches. Nie ließ sie sich über ihre Mitmenschen schimpfend aus, und wenn im Ansatz, dann nahm sie es rasch wieder zurück. Die Lehrer waren alle "nett", höchstens über die Menge des Paukstoffes polterte sie zuweilen. Oder: "Das Wetter zu Hause ist viel besser. Hier gibt es ja so wenig Schnee, und man kann nicht skilaufen. Alles Mist." Oder nach dem Ausgang der Wahlen in Hessen nach ihrer Meinung befragt: "Typisch, Hessen ist ja so rot." Ich: "Wieso?" Sie: "Ja, mit den Gesamtschulen zum Beispiel, das sagt mein Vater auch, das ist alles Blödsinn!"

Mit der Zeit aber nahm sie doch differenzierter wahr, wann sich Sprechblockaden bildeten, und sagte schließlich einmal: "Also, wenn ich so was Neutrales rede, geht es ja ganz gut, und auch was lesen oder was auswendig dahersagen, oder im Unterricht was Fachliches. Aber wenn ich was über mich sagen soll, ist das schon anders." Ihr fallen jetzt auch Beispiele dazu ein.

In einer der folgenden Stunden erzählte sie nochmals die Geschichte, auf die sie selber ihr Stottern zurückführte. Sie erinnerte sich, daß sie von der Lehrerin verdächtigt wurde, die Steine in deren Briefkasten geworfen zu haben, und daß sie daraufhin andere Kinder verpetzt hatte. Jetzt erzählte sie dazu noch: "Meine Schwester erinnert das gar nicht. Dabei fällt mir jetzt gerade ein, daß meine Schwester doch dabei war und nicht verdächtigt wurde." – Und erstaunt sagt sie weiter: "Das finde ich ja komisch!" Ich frage ob sie sich sicher erinnert, daß die Schwester nicht verdächtigt wurde. Die Patientin denkt nach: "Nein, sicher weiß ich es eigentlich nicht." Und weitersinnend fährt sie fort: "Vielleicht hat es ihr ja auch nichts ausgemacht, verdächtigt zu werden, typisch, die ist so unbekümmert!"

Zur nächsten Stunde bringt sie ihr Vater, weil er zu Besuch in Berlin ist. Ich bitte ihn auf einen Moment herein. Sie murmelt beim Hereinkommen, ohne daß der Vater es hört: "Ach, immer dieser besorgte Besuch, so anstrengend." Sie nimmt es aber gleich wieder zurück und sagt: "Na ja, ist ja auch ganz schön!" Der Vater, Lehrer, erzählt nun von ihrem putzigen Kindersprechen und daß er sehr besorgt gewesen sei, daß bei ihr auch etwas Unnormales entstehen könnte, weil die Schwester so lange nicht sprach.

„Da reagiert man als Eltern ja auch mit Ungeduld, ganz anders als bei Behinderten zum Beispiel, wo das Mitleid überwiegt – finden Sie nicht? – Bei der Sabina (der älteren Schwester) waren wir doch voller Erwartung, wann sie endlich sprechen würde und ließen ihr erhöhte Aufmerksamkeit zukommen. Es war schon eine Sorge, aber sie war ja sehr begabt und das phantasievollste unserer Kinder. Ihr fiel immer was ein, und sie hat immer den Ton angegeben für alles, was gespielt und in der Familie getan werden sollte." Patientin, aus dem Hintergrund: "Ja, ja, die hat immer den Ton angegeben, und ich hab' nicht gewagt, den Mund aufzumachen!"

In der nächsten Stunde erzählt sie ganz spontan einen Traum, zum ersten Mal (erstaunt, daß sie überhaupt träumt): "Ich hab' von meiner kleinen Schwester (– 3) geträumt, daß sie todkrank ist, weil sie nie was gesagt hat." Von da an, es war die 14. Stunde, erzählt sie häufiger Träume, auch längere, ungefragt und völlig ohne zu stottern. Ein Traum: "Ich war mit meiner älteren Schwester in einem schönen, großen Haus, das war möbliert, aber ganz unbewohnt." Dazu fällt ihr ein: "vielleicht zu Hause, aber es war ungemütlich, eben unbewohnt." Ein anderer Traum: "Ich ging mit meinem Bruder über einen gefährlichen Weg, rechts war ein Abgrund, weit weg unten ein großer See. Er wollte meine Brille haben, und ich habe sie ihm gegeben. Das fand ich ja komisch, weil ich dann nicht mehr sehe – das ist doch gefährlich, ich konnte den Abgrund nicht mehr sehen, auch das Wasser da unten nicht." Einfälle dazu: "Vertrauen zu meinem Bruder – ja, blindes Vertrauen. Und das Nichtsehen – man muß ja seine Brille nicht hergeben. Vielleicht wollte ich nicht mehr runtersehen, weil es so gefährlich war?"

Ihr erstes Examen rückte näher. Sie schimpfte über das viele Pauken, fand sich aber auch recht ehrgeizig und wollte es mit "sehr gut" machen. Sie meinte: "Äußerlich bin ich ja ganz ruhig, darum beneiden mich alle, aber ich merke, wie ich oft innerlich koche und erregt bin. Dann kriege ich die Worte nur schwer heraus." Immer wieder mußte sie das Grundsätzliche der FE erfahren, leibhaftig spüren, das Tun, das Leisten im Lassen, das Gehörte und Gefragte sich erst "setzen" lassen, ehe man reagiert, d. h. mit Sprechen reagiert. Die FE wurde ihr, wie sie sagte, hilfreich in Unterrichtssituationen. In dieser Stunde arbeiteten wir am Rücken: Rückhalt finden, Selbstbewußtsein und Ichstärke durch das Aufrichten. Den Rücken erlebte sie als prall. Dann: "Es geht auch, wenn man drunter weich macht." Daraufhin hatte sie einen Traum, den sie mir beim nächsten Mal erzählte: "Ich war im Wasser. Ich sollte mit einem Patienten krankengymnastische Rückenübungen zur Kräftigung machen; es war eine Prüfung. Meine Kameradinnen und eine Lehrerin waren auch mit mir im Wasser. Aber ich wußte nicht, wie ich das machen sollte. Es war mir aber egal, daß ich es nicht wußte. Aber beim Aufwachen wollte ich es doch wissen. Ich weiß es immer noch nicht." Ich: "Besinnen Sie sich mal, wissen Sie es wirklich nicht?" Daraufhin schaute sie mich einen Moment lang wieder mit dem skeptischen Blick von der Seite, aus den Augenwinkeln, an, lächelte etwas und sagte: "Ja, ja – ich weiß es jetzt."

Zwei andere Träume. Der erste: "Es sollte wieder Examen sein, und ich wußte nichts. Dann kam die Lehrerin und sagte, es sei ja noch Zeit." Der andere: "Ich war in Schlingen, überall aufgehängt, wie in der Orthopädie, wenn die Wirbelsäule gestreckt werden soll. Aber das war ganz schön so, man mußte nichts tun und nichts können." Ich: "Was?" Patientin: "Na ja – alles so", sagte sie vielsagend lächelnd. Abschließend meinte sie lakonisch: "Das ist ja ganz schön gefährlich, wenn man so träumt, und was man da alles erfährt!" Ich: "Was erfährt?" Die Patientin zögert erst, dann: "Na ja. über sich." Hierbei schaut sie mich zum ersten Mal direkt und lange an.

Etwas später hatte sie noch einen Traum, der auch vordergründig Examen zum Thema hatte: "Ich sollte eine Französischprüfung machen und wurde lauter absurde Vokabeln zu Tiernamen gefragt, die ich nicht wußte. Zum Beispiel Lurch, das wußte ich nicht. Aber das ist ja auch gar nicht brauchbar. Die Grammatikfragen danach, die wußte ich aber gut." Ich: "Was ist denn ein Lurch?" Patientin: "Das ist so was wie ein Salamander, das ist so was Glitschiges, was man nicht gerne anfaßt." Dazu fiel ihr ein: "Ja, manche Körperteile bei Patienten fasse ich auch nicht gerne an."

Sie machte das erste Zwischenexamen, ohne daß es sie sehr beeindruckte. "Es war ja leicht!" Ich: ob sie sich ein schweres Examen vorstellen könnte?" Patientin: "Ach, das ist ja alles nicht schwer, wenn man paukt. Wenn alles so leicht wäre!" Über das "alles" ließ sie sich nicht näher aus: was wäre wohl für sie das eigentliche Examen, das Schwere? In der Nacht vor dem Examen träumte sie: "Wir Prüflinge mußten zu sechst an einen Tisch treten, auf dem zwei große Krüge standen. Da waren die Fragen drin, die wir uns nehmen sollten, in dem einen die leichten, in dem anderen die schweren. Wir mußten sie mit Löffeln nehmen. Da merkte ich, daß es Brei war, so ein undefinierbarer Brei, so quabbelig! Gott sei Dank habe ich aus dem mit den leichten Fragen gelöffelt. Da waren die über die Arm- und Handmuskeln drin, die wußte ich alle schon. Von den schweren, Bauch und Rücken, hätte ich ja keine gewußt."

Nach einer längeren Ferienpause mußte sie sich eine neue Wohnung suchen. Nach dem selbständigen Umgang mit FE in den Ferien befragt, sagt sie: "Mit dem Sprechen geht es ja viel besser. Das haben alle gesagt, wo ich in den Ferien war. Ich merke jetzt auch oft, wenn ich mit zuviel Kraft was rausdrücken will, daß es dann nicht geht, und mit je mehr Muskelkraft ich den Fluß erzwingen will, desto schlechter geht es. Das Alleinetun für mich zu Hause ist aber doch schwierig, so ohne Ihre Hilfe", meint sie. "Es bleibt oft äußerlich, ohne den richtigen Zugang zur Mitte." Zu der bildhaften Vorstellung des Fahrstuhls, der in ihr herunterfährt, sagt sie: "Das ist sehr hilfreich und fließend, aber er fährt nur, wenn ich alleine drin bin – höchstens mit jemanden, der es wert ist."

Als Tagesrest zur Wohnungssuche träumte sie. Erster Traum: "Ich hatte ein Zimmer in Aussicht, aber als ich hinkam, war es schon besetzt. Ich konnte nicht rein, es war irgendwie versperrt." Zweiter Traum: "Ich hatte eine Wohnung, die war aber geteilt durch einen Korridor. Das war mir unangenehm, da habe ich sie nicht genommen." Diese beiden Träume konnte sie sich selber rasch deuten, als ich ihr von der FE-Arbeit die bildhafte Vorstellung des Hauses und seiner Räume in Erinnerung rief. Sie konnte eine Beziehung herstellen zu dem, was sie gerade zuvor von dem schwierigen Zugang zu ihrer Mitte gesagt hatte, der ihr oft noch versperrt war. Beim Weggehen schon an der Haustür sagte sie: "Ich wollte Sie immer schon mal fragen, warum Sie mir da unten im Treppenhaus die Tür nicht aufmachen. Ich mache nicht gerne eine Tür selber auf; Sie machen mir immer nur oben die Tür auf!" Dieses so ganz nebenbei Gesagte habe ich sehr leibhaftig gehört.

Ich fasse zusammen: Die Patientin hatte nach Aussage der Eltern eine angeblich normale Sprachentwicklung bis auf eine auffällig "putzige Ausdrucksweise", bis im 10. Lebensjahr das Stottern begann. Was als auslösend anzusehen ist, ist nicht mit Bestimmtheit zu sagen. Der einzige Traum, der erinnert wurde, deutet auf ein sexuelles Traumaerlebnis. Wichtig für die Entstehung war wahrscheinlich die "Sprachstörung" der um ein Jahr älteren Schwester, durch die die Eltern im Hinblick auf unsere Patientin in erhöhte Alarmbereitschaft gerieten, größere Erwartungen an das Sprechenlernen stellten und sicher dadurch auch erhöhte Aufmerksamkeit auf das Schön-Sprechen des Kindes richteten. Wir wissen, daß Kinder sich als Prestigeobjekt der Eltern erleben können. Das bewirkt Minderwertigkeitsgefühle und Angst vor Versagen. Lebenssituationen können nicht mehr spontan akzeptiert werden; wo Unsicherheit und Niederlagen drohen, stottert's und stolpert's. Später hat die Patientin mit ihrem Stottern stärkere Beachtung und Rücksichtnahme hervorgerufen. Immer wieder betonte sie, wie ihr zugehört wurde und wie rücksichtsvoll alle gewesen seien. Sie stand im Mittelpunkt, auch jetzt wieder, in ihrer "Berufsfamilie". So schließt sich der Teufelskreis, in dem die Bezugspersonen das Symptom unbewußt mit unterhalten, erst durch Ehrgeiz und erhöhte Erwartung, später durch übermäßige Toleranz und Rücksicht. Durch die bisherige FE-Behandlung ist mehr Leidensdruck entstanden, sowohl körperlich als Schmerz- und Druckwahrnehmung als auch durch seelische Beunruhigung. Sprachlich ist die Patientin differenzierter geworden und der Widerstand im Hinblick darauf, daß ja alles "ganz klar und normal" sei, wurde ein Stück weit aufgegeben. Sie hat m. E. auch an Kraft gewonnen, sich zu begegnen und Emotionen zuzulassen. Deutlich wurde dies in den Träumen. Wenn, wie in diesem Fall durch die FE, nach anfänglich starkem Widerstand so viel aufgebrochen wird und Träume so massiv und spontan kommen und erzählt werden wollen, dann müssen wir das akzeptieren und damit umgehen. Hier wurden die Träume nicht direkt gedeutet, weil die Körperarbeit im Vordergrund stand. Auch schien es mir gefährlich, Unbewußtes zu früh zu deuten, weil dadurch eher Widerstand wächst. Nur durch ganz wenige assoziative Einfälle und sparsames Wiederholen der Aussagen und durch das Wegräumen der vordergründigen Tagesreste wurden die Träume sowohl der Patientin als auch mir meist unmittelbar verständlich. Sie stellten sich oft recht einleuchtend in den Zusammenhang von Lebenssituation, Krankheitsgeschehen und Behandlungsverlauf und taten damit eine gewisse Wirkung. Deutlich wurde das vielleicht im Hinblick auf das Verhältnis der Patientin zu ihrer Schwester und der damit verbundenen Rivalität. (Das Haus, in dem sie sich mit ihr befindet, ist schön, aber ungemütlich, unbewohnt.) Bedeutsam auch: Die Räume, die sie mieten will, sind ihr versperrt; ein anderes Mal sind sie durch einen Korridor getrennt. Oder in den Träumen, die wiederholt vordergründig Examen zum Inhalt haben, in denen aber das Wissen, das Nichtwissen, das Noch-nicht-wissen-Müssen oder Nichtwissen-Wollen, die eigentliche Rolle spielt.

Es war viel in Gang gekommen in den zwei Jahren Behandlung. In dieser Zeit machte die Patientin ihr Schlußexamen und zog fort von Berlin. Die Stottersymptomatik war, bis auf eine kleine "Ansprechhemmung" zu Beginn einer Aussage bei starken Emotionen, ganz verschwunden. So erhob sich die Frage, ob sie nun gereift sei für eine Psychotherapie; denn das Verschwinden der Symptomatik durfte nicht darüber wegtäuschen, daß sie den starken Harmonisierungszwang im Hinblick auf alle menschlichen Kontakte, vor allem zu den Eltern, noch nicht vollends aufgegeben hatte und somit noch nicht beziehungsreif war. Mehrere Fachexperten lehnten eine Psychotherapie zu diesem Zeitpunkt aber als verfrüht ab. So wurde ein lockerer Kontakt für die kommende Zeit vereinbart. Die Patientin kam in größeren Abständen nach Berlin zu sehr intensiven FE-Behandlungen. Nach 3½ Jahren ließ sich sagen, daß sie weiterhin symptomfrei geblieben war. Aus dieser Zeit ein letzter Traum (sie ist eine von vier Schwestern): "Ich war zu Hause zu Besuch. Da hat meine kleine Schwester unseren Vogelkäfig geöffnet, und sofort sind vier Vögel rausgeflogen. Ich bin ihnen nachgerannt und habe draußen drei gleich wieder noch einfangen können. Der vierte war weg. " Sie sagte dazu: "Vögel – die sind doch so eingesperrt und eingeengt –" Pause, dann: "Ich würde ja nie wieder nach Hause ziehen!"

An diesem Beispiel soll gezeigt werden, wie eine differenzierte Körperwahrnehmung bis in unbewußte Bereiche einwirkt. Die auftauchenden Träume des jungen Mädchens machen das anschaulich und lassen hoffen, daß die Therapie nicht nur ein Symptom wesentlich gebessert hat, sondern daß das leibliche Lösen auch die persönliche Freiheit und Selbständigkeit stärkte.

In größeren Abständen – krisenbegleitend – sollte die Patientin weiter betreut werden. Ziel muß es in jedem Fall sein, daß auf die durch die Krankheit erfahrene Verwöhnung verzichtet werden kann und damit auf die regressive Bindung an die Familie, und daß der Harmonisierungszwang aufgegeben wird, der das Böse auf die Umwelt projiziert. Damit gewinnt die Patientin letztlich eine bessere Beziehung zu sich und den Menschen, denen sie bisher nur kritisch und skeptisch gegenüberstand, wodurch sich dann auch die Ansprechstörung und die Ansprechangst verlieren können, denn Sprache ist Kontakt und Kontakt Voraussetzung für jede geglückte Beziehung.

SOPHIE KRIETSCH

# Bericht über eine Therapie mit Funktioneller Entspannung bei einem 4jährigen Mädchen mit Asthma bronchiale

Die Therapie umfaßte sechs Stunden. Die Mutter, Lehrerin und mit einem Lehrer verheiratet, machte einen lockeren, sympathischen Eindruck, als sie mit ihrer kleinen Tochter D. in die erste Stunde kam. Sie brachte die Entwicklung des Asthmas bei D. mit der Geburt des jüngeren Bruders vor zwei Jahren in Zusammenhang. Einige Monate nach der Geburt war D. so eifersüchtig gewesen, daß die Mutter die beiden Kinder nicht mehr allein lassen konnte. D. zog ihrem kleinen Bruder z. B. einmal die Decke über den Kopf, so daß er beinahe erstickt wäre. In dieser Zeit fing D. zu husten an und entwickelte dann das Asthma. Weitere wesentliche Angaben der Mutter erfolgten erst in den nächsten Therapiestunden. Es fiel ihr erst Entscheidendes ein, als auch bei ihr etwas in Bewegung kam. Sie brachte große Bereitschaft mit, die Therapie des Kindes zu unterstützen.
    Ich ließ die Mutter an ihrem eigenen Leib erleben, wie sie mit ihrer Tochter abends vor dem Einschlafen FE-gemäß lösend und Vertrauen vermittelnd umgehen sollte. Dadurch forderte ich sie in ihrer Einfühlsamkeit. In der dritten Stunde sagte sie: "Ich habe ein ganz anderes Verhältnis zu meinem Kind gewonnen." Sie hatte auch selbst Einfälle, wie sie das FE-gemäße Umgehen sinnvoll variieren konnte, damit D. immer Spaß dabei hatte. Bezeichnend ist die Aussage des Kindes nach der ersten Stunde auf die Frage des Vaters: "Was hast Du denn bei Frau K. gemacht"? – "Ich hab' mit der Mama schmusen dürfen." Dabei hörte ich von der Mutter, daß D. Zärtlichkeiten oft ablehne, denn sie nähme sie öfter bewußt auf den Schoß. Die Mutter hat sehr schnell verstanden, daß ein Kind spürt, ob die Mutter es nur aus Pflichtgefühl, vom Verstand her, in den Arm nimmt oder mit der ganzen warmen mütterlichen Zuneigung.
    Der Mutter fiel ein, daß D. die ersten asthmatoiden Hustenanfälle bereits viel früher, nämlich etwa im Alter von einem

Jahr hatte. Sie wurde damals wieder berufstätig, weil sie es zu Hause, "den ganzen Tag nur mit meiner kleinen Tochter" nicht mehr aushielt. Sie erinnerte sich, daß D. wochenlang jeden Tag weinte und auch oft hustete, wenn sie sie morgens bei der Pflegemutter abgab.

Noch ein anderes Trauma konnte aufgedeckt werden. Das Krokodil, das sich bei meinen Handpuppen befindet, war für D. einerseits anziehend, auf der anderen Seite löste es große Angst aus, als sich das Krokodilsmaul öffnete. Es ähnelte dem Wolfsmaul, und die Mutter erzählte mir folgende Begebenheit: Als D. etwa 1½ Jahre alt war, besuchten ihr Mann und sie mit ihr ein Tiergehege. Sie hatte D. auf dem Arm, und als sie sie dem Vater übergeben wollte, ließ sie D. aus Versehen fallen. Sie fiel auf ein Betonpflaster, war bewußtlos und hatte Gehirnerschütterung. Schnell fuhren sie mit ihr ins Krankenhaus, und als D. aufwachte, erinnerte sie sich an alle Tiere, die sie gesehen hatte, nur nicht an den Wolf, der in dem Augenblick auf sie zugekommen war (vermutlich mit offenem Maul), als sie fallengelassen wurde. Die Ärztin sprach damals von einer retrokraden Amnesie. Für D. war es ein Trauma, das aktualisiert wurde, als sie zum letzten Weihnachtsfest von ihrer Patin "Peter und der Wolf" bekam. Beim Anhören der Musik und beim Betrachten des Wolfs auf dem Plattenumschlag weinte sie so sehr und entwickelte solche Ängste, daß die Platte an die Patin zurückgeschickt werden mußte. Der Wolf muß mit dem Fallengelassenwerden von der Mutter zur Deckung gebracht werden. Doch *jetzt* hielt die Mutter ihr Kind im loslassen den "Aus"(atem), und so traute sich D. in den nächsten Stunden mehr und mehr, selbst dem Krokodil das Maul aufzusperren, wobei sie ihren eigenen Mund genauso weit aufriß und fürchterliche Töne herausließ, wodurch lösende Bewegung in dieses traumatische Erlebnis kam.

Bereits nach der dritten Stunde war der Husten soviel besser, daß die Mutter alle Medikamente wegließ. Auch bei nächtlichen Anfällen kam der Atemrhythmus des Kindes durch Mutters FE-Hilfe sehr schnell wieder ins Fließen.

Wir hatten fünf Wochen im Rhythmus von je einer Stunde wöchentlich geübt. Dann waren zwei Wochen Pause. Als die Mutter mit D. in die sechste Stunde kam, berichtete sie mir: "D. ist in der Zwischenzeit vom Rad gefallen, anschließend bekam sie die Röteln, und jetzt ist der Husten wie weggeblasen." In dieser Stunde malte D. einen Baum mit einem Gesicht im Stamm und sagte auf meine Bemerkung "der hat ja ein Gesicht" – "der lacht mit dem Bauch". Vorher war sie selbst auf dem Bauch gelegen und hatte gespürt: "In meinem Bauch rührt sich was."

Was geschah in dieser Therapie? D. hatte dreimal erlebt, daß sie von der Mutter "fallengelassen" wurde; das erstemal als "Abgegeben-Werden" bei der Pflegemutter, das zweitemal als echtes "Fallengelassenwerden" im Tiergehege, das drittemal als "Zurückgesetztwerden", als das Brüderchen zur Welt kam. Sie entwickelte ein asthmatisches Symptom, und ich sehe in der festgehaltenen Einatmung und in der schnell herbeigezogenen Einatmung das Festhalten-Wollen und Haben-Wollen der Mutter, in dem Nicht-Loslassen-Können der Atmung, daß D. sich nicht gehalten fühlte. In der Therapie aber erlebte D., daß ihre Mutter sie hält, sie liebevoll und einfühlsam im loslassenden "Aus" mit ihrer Hand begleitet und *dableibt,* um ihr im "Ein" Zeit und Raum zur Entfaltung zu lassen, wiederum begleitet von der mütterlichen Hand. Dadurch lösten sich die Ängste bei D. und sie konnte wieder frei atmen.

Nach fünf Therapiestunden fiel D. vom Rad, was so gedeutet werden kann: Sie konnte sich jetzt fallen lassen. Und durch die Röteln bekam sie nicht nur körperlich, sondern insgesamt eine neue Haut, in der sie sich wohlfühlen konnte.

*Katamnese,* 15 Monate nach Beendigung der Therapie: Die Mutter berichtete mir, D. gehe es bestens. Sie hatte nie mehr Beschwerden, die Ängste bezüglich des Wolfs haben sich ganz gelöst. Sie kann alle Märchen anhören, und vor etwa einem halben Jahr waren die Eltern mit ihr in dem gleichen Tiergehege, in dem damals das Unglück geschehen war: Der Wolf wurde wie alle anderen Tiere interessiert beobachtet und erlebt.

GERLIND OTTENSMEIER

# FE-Behandlung eines 10jährigen Jungen mit Asthma bronchiale

*Überweisung zur FE:* durch den behandelnden Kinderarzt
*Klinische Diagnose:* Asthma bronchiale, Allergie, Ekzem
*Behandlungsdauer:* erste Behandlungseinheit von September bis Mai 19 Stunden; nach einer Pause von zwei Monaten: zweite Behandlungseinheit 10 Stunden, einmal wöchentlich
*Setting:* gleichzeitige Behandlung von Mutter und Kind

Die gemeinsame Behandlung von Mutter und Kind war nicht von Anfang an vorgesehen, sondern ergab sich aus äußeren und inneren Gründen. Da die Familie einen weiten Anfahrtsweg hatte und die Mutter keinen Führerschein besaß, bereiteten die zusätzlichen Termine zur Einführung in die Methode in Einzelsitzungen Schwierigkeiten. Die Angebote zur Einzeltherapie wurden zwar angenommen, aber zweimal kurz vor Beginn der vereinbarten Sitzungen abgesagt, so daß die Behandlung von Mutter und Kind gleichzeitig durchgeführt wurde. Dies ist in der FE-Therapie möglich, weil es auch in der FE-Gruppe vorrangig um das "Ich-mit-mir-Selbst" geht, so daß die Arbeit mit Kind und Mutter gleichzeitig keine Fusion des Systems bedeutete, die der angestrebten Trennung zuwiderlief.

Die wohltuende Veränderung durch den neuen Zugang zu sich selbst bewirkte

(1) die Entwicklung des Eigenrhythmus bei Mutter und Kind und dadurch die Möglichkeit zur Überwindung verschiedenster Ängste.
(2) Dies führte zunächst zu einem Nachlassen, dann zur Lösung der symbiotischen Verklammerung von Mutter und Kind.
(3) Dieser Prozeß wirkte sich im Sinne einer flexibleren Familiendynamik aus.

Bei der ersten Begegnung mit der Therapeutin stellt sich die Mutter-Kind-Dynamik wie folgt dar: Thomas (zierlich, blond und dünnhäutig) wirkt trotz angespannter Aufmerksamkeit passiv. Er läßt sich nicht nur den Anorak, sondern auch die Schuhe ausziehen, läßt sich wie selbstverständlich von der Mutter den bequemer erscheinenden Sessel zuweisen, er läßt sie über seine Befindlichkeit sprechen, als gehe ihn das nichts an, und er antwortet auf meine Frage, ob ihm die Anwesenheit der Mutter recht sei: "Das macht mir überhaupt nichts aus. Sie weiß sowieso besser über mich Bescheid als ich." Thomas' Mutter, ebenfalls zart und sanft wirkend, sagt über sich, daß ihr die Krankheit des Kindes auch fast die Luft nehme und ihre Kräfte aufzehre. Sie hat aber außer Thomas noch den Ehemann, einen Sohn von 19 Jahren und die beiden bettlägerigen Großeltern zu versorgen.

In der ersten FE-Stunde findet sie beim Aufsuchen der bequemsten Haltung im Sitzen keinen Boden unter den Füßen. Der Kontakt zum Sessel ist an Rücken und Gesäß so "verschwommen", daß sie Mühe hat herauszufinden, "wo das eine aufhört und das andere beginnt". Thomas nimmt das Angebot zum Räkeln in Rückenlage, die er selbst wählt, nur zaghaft auf. Seine Brummtöne sind kurz und vermitteln ihm zwar die Richtung "fußwärts", aber deutlicher für ihn ist der "Halt von unten" und der "Druck von außen nach innen". Auf Nachfrage beschreibt er den "Halt" als "dicken Stop über dem Gürtel". Das Angebot, den "Gürtel" durch erneutes Räkeln etwas lockerer zu machen, während er das Brummen abermals fußwärts schickt, läßt ihn das Bild von der Rutsche finden, das für ihn in der gesamten Zeit der Therapie auch zu Hause besonders hilfreich war. Verständlicherweise ist das Herunterrutschen auf dieser inneren Rutsche mit vielen "Haken" versehen. "Sie sitzt oben und am unteren Ende fest", lautet die Beschreibung des Kindes. Unter den am Brustkorb aufgelegten Händen der Therapeutin wagt Thomas sich allmählich auf seiner inneren Bahn weiter abwärts. Er entdeckt, daß sich die Hände danach nach oben und auch nach rechts und links bewegen.

Da das Kind voller gespannter Lernbereitschaft war, bot die Arbeit mit der Mutter eine gute Gelegenheit, es nach dieser ersten Begegnung mit dem leiblichen Ich sich selbst zu überlassen, ihm eine Pause zu lassen, in der nichts geschehen "mußte". Die Mutter hatte sich inzwischen auf die Beschäftigung mit sich selbst gesammelt, eine Erfahrung, die sie als ganz ungewohnt beschreibt. "Man nimmt sich ja sonst nie Zeit für sich selbst. Schon das Sitzen in diesem Sessel tut gut. " Da die Zeit ja sowieso "für Thomas" eingeplant war, fiel es ihr nicht schwer, die Möglichkeit des Ausprobierens anzunehmen. Sie fühlte sich am Ende der Stunde erleichtert und fand es wunderbar, die "Füße einfach mal auf dem Boden abzustellen, anstatt sie von einer Stelle zur andern zu jagen".

Anläßlich der Einführung der "Spielregeln" wurde viel Sorgfalt darauf verwandt, jeder dieser beiden pflichtbewußten Personen erfahrbar zu machen, daß es um ein spielerisches Ausprobieren ging, in dem das "Müssen" durch das "Dürfen" ersetzt wird und damit Raum für neue Erfahrungen ermöglicht. Darüber verlor sich auch die Sorge der Mutter, Thomas durch ihre Anwesenheit etwas von der Stunde "wegzunehmen", was ihr gar nicht zustehe.

Zu ihrer Überraschung registrierte sie am Ende der ersten Stunde, daß die spastische Atmung des Kindes verschwunden war. Sie mochte fast nicht glauben, daß das "nur von dem bißchen Ausprobieren" gekommen sein sollte. Thomas selbst fand am besten, daß es in seiner Brust weiter geworden war und daß eine Spritze, die er noch auf dem Herweg befürchtet hatte, nicht mehr notwendig war. Diese Erfahrung der ersten Stunde überzeugte die beiden zwar nicht von einem neuen Zugang zum besseren Umgehen mit der Krankheit, hinterließ aber Neugier für das Ausprobieren zu Hause. "Wenn das wahr wäre, daß er sich selbst aus der Atemnot heraushelfen könnte...!" sagte die Mutter beim Abschied.

Und sie probierten Neues mit sich aus. In der ersten Woche erinnerte die Mutter Thomas noch an das "Üben", bis er sich die Aufforderung verbat, weil sie, wie er sagte, an der Atmung doch ablesen könne, daß er Luft kriege. Auch die Mutter probierte aus, etwas freundlicher zu sich selbst zu sein. Es waren wahrlich bescheidene Wohltaten, die sie sich gönnte: ein ausgedehntes Bad ohne schlechtes Gewissen, eine Stöhnpause zwischen zwei Arbeitsgängen, ein Brummen beim Säubern und Scheuern, ein Blick in den Garten.

Bei der Arbeit am Gerüst bevorzugt Thomas besonders Achse und Räume, so als ob der Junge, seiner eigenen Spur folgend, die Selbsthilfe da ansetzte, wo sie für ihn am notwendigsten war. Von großer Bedeutung war für ihn das "Selber-ausprobieren-Dürfen". Er wurde erfinderisch im Erproben von Zusammenhängen: was sich z. B. an den Räumen veränderte, wenn er sich an den von ihm aufgesuchten Gelenkverbindungen fest machte, was sich veränderte, wenn er dort einen Bewegungsimpuls setzte. Auch die Frage nach der "Antwort" der Unterlage verlockte ihn zu "Entdeckungsgängen", wie er das bezeichnete. "Was ist das: Es ist hart und doch weich, wenn man es zuläßt?" begrüßte mich Thomas in einer der späteren Stunden und meinte den harten Schulstuhl, für den ihm die Mutter sonst ein Kissen mitgegeben hatte. Dies konnte nun zu Hause bleiben. Dazwischen schwang sich Thomas immer wieder auf die "Rutschbahn", an der ihm später am besten die "Automatik", die nach oben wippt, gefiel.

Nach der neunten Stunde, nach der Arbeit am obersten Kreuz und Achse, erlebt Thomas das oberste Ende der Achse wie "einen Docht, von dem aus die Strahlen wie bei einer Kerze den ganzen oberen Raum ausleuchten, und das Öl kommt von ganz unten durch die Mitte immer neu nach." In dieser Stunde spürt die Mutter, wie der Hals ganz weit und weich wird und sich nach oben und unten als durchlässig zurückmeldet. Im Kragen sei Platz wie nie zuvor, und das obwohl sie es "an der Schilddrüse habe", die sich aber seit Thomas' FE-Therapie als weniger störend erweise. Trotz vereinzelter grippaler Infekte ist Thomas seit der dritten Therapiestunde ohne Asthmaanfall geblieben. Auch bei einer Bronchitis nach Weihnachten, die in die Zeit der Therapie-Ferien fiel, konnte der Kinderarzt keinerlei Anzeichen spastischer Atmung feststellen.

Die durch die detaillierte Leibarbeit wachsende Autonomie des Jungen ließ sich gut am Sceno-Aufbau ablesen. Nach der fünften Stunde baut Thomas eine Szene, die er "Das Krokodil und die Frau" betitelt und als Abenteuerfilm bezeichnet. Darin wird die Mutterfigur vom Krokodil angegriffen (Position im Mittelpunkt), während der Vater (links angeordnet), neben sich den Hund, jedoch hinter sich den Fuchs, ziemlich hilflos zuschaut, ohne einzugreifen. Thomas wäre gern ein Krokodil, weil das so schön das Maul aufreißen und die andern in Schrecken versetzen kann. Das Thema wird zum Inhalt der folgenden Stunde. Wenngleich Thomas kein furchteinflößendes Krokodil ist, findet er doch verschiedene Öffnungen, durch die er das Fauchen ablassen kann. Nachdem er durch das weit werdende hintere Mundloch die Röhre abwärts gespürt und durch diesen

"Kanal" auch die frische, kühle Luft bis in den Kopf aufsteigen spürt, ist nach einer weiteren, der zwölften Stunde, mit Arbeit an der Achse in verschiedenen Lagen (hängendes Brustbein, Katzenbuckel, Wippe am oberen und unteren Ende der Achse) die Haut des Kindes überall glatt. Auch weiterhin kein Asthmaanfall.

In der letzten Stunde vor den Osterferien kommt während der Arbeit am Kopfraum mit seinen Öffnungen, über die der Austausch von außen nach innen und umgekehrt stattfindet, die Schlafsituation der Familie zur Sprache (Thomas schlief im Elternbett). Thomas vergleicht den Kopf mit einem Zimmer, in dem man ja auch besser schlafen könne, wenn es durchgelüftet sei. Unter Erinnerung an das Sich-selbst-helfen-können, das Thomas ja schon so gut gelernt hatte, wage ich ein Angebot zu machen, das bei der besorgten Mutter bislang auf taube Ohren gestoßen war. Ausgehend von dem Bild des gelüfteten Zimmers findet Thomas, daß ein Kind in einem Einzelzimmer mehr Luft für sich allein verbrauchen könne. Meine Frage nach dem Ausprobieren dieses Einzelzimmervorteils wird von Mutter und Kind positiv aufgenommen, zumal sich ein eventueller "schlechterer Schlaf" wegen der Ferien nicht nachteilig auf die Schulleistung auswirken könne. Dennoch scheitert diese räumliche Distanzierung vorerst. Nach der Osterpause ist Thomas zwar ohne Atemnot, aber die Haut ist wieder entzündet. Zwei Nächte im Zimmer des 8 Jahre älteren Bruders (der nach Aussagen der Mutter sehr viel Rücksicht auf den kranken Bruder nimmt oder – anders gesehen – seit zehn Jahren hinter diesem zurückstehen muß) haben zu so starken "Juckanfällen" geführt, daß die Mutter den Jungen wieder ins Elternbett zurückholte, um ihm durch Reiben mit einem Waschläppchen Linderung zu verschaffen.

Die 15. Stunde knüpft (in Rückenlage) bei den Erfahrungen an, an die sich Thomas noch aus der letzten Sitzung erinnert. Beim Vergleich des Kopfraumes mit dem Bauch-Becken-Raum findet er unten die feste, schützende Schale, die mit dem Boden Kontakt hat und von diesem getragen wird, nach oben, deckenwie kopf- und fußwärts, Öffnungen für Austausch. "Was oben reingeht, kommt unten raus." Thomas spürt zwischen beiden Räumen die verbindende Achse, und nachdem er die übrigen Teile seines Knochenpuzzles bequem geordnet hat und der ganze Knochenmann so liegt wie beim "Schneeadlerspiel", lasse ich ihn sich einen Rahmen, einen schönen, großen ovalen Rahmen, um dieses Puzzlebild vorstellen.

Die Mutter füllt diesen Rahmen im "Ein" ganz aus ohne anzustoßen. Ihr fällt dazu ein, daß sie ihren Rahmen früher als sehr einengend erlebt habe und ihr die Sorge um die bettlägerigen Eltern, besonders die schwierige Mutter, wie ein Druck auf der Seele gelegen habe. Sie fühle sich seit der Erfahrung mit der FE so gut, daß ihr all dies weniger als früher ausmache. Sie sehe es nicht mehr so eng! Und dies stimme denn ja wohl zu dem jetzigen Rahmen. Thomas hingegen erlebt den Rahmen als so eng, daß er gar nicht recht loszulassen wagt, weil der Rahmen ihn einzwänge, "und –" fährt er fort, "dann kann das ‚Ein' ja nicht gut werden!" Erst nach erneuter Arbeit an der Achse und den nach oben offenen Räumen spürt Thomas, daß er nach oben und unten länger wird, daß er zwar unten auf dem Polster Platz aufgibt, dafür aber im "Ein" durch das Weiterwerden des Brustraumes dort Platz nach vorn und innen bekommt und Abstand zu seinem Rahmen, von dem er nun links und rechts Zwischenraum spürt. Er füllt danach im "Aus" seinen Rahmen aus, jedoch ohne von ihm behindert zu werden. "Jetzt hab ich auch in meinem Rahmen Platz und Luft genug", meint er seufzend und gähnend.

Die sichtlich beeindruckte Mutter bringt den zu engen Rahmen ihres Jungen zunächst in Zusammenhang mit der schlechten Luft im Elternschlafzimmer und sucht nach einer Lösung. Diese findet sich, nachdem nun erstmalig auch der Vater planend in die Überlegungen miteinbezogen wird und das von der Mutter in Erwägung gezogene und wenig benutzte Wohnzimmer als Schlafraum für Thomas strikt ablehnt. Da macht der große Bruder den Vorschlag zum Umzug in den Spiel- und Party-Raum im Halb-Souterrain des kleinen Hauses. Das Schlafritual ändert sich wie folgt:

(1) Der Bruder räumt mitsamt seiner Stereoanlage, seinen Fischen und sonstigem Besitz das Zimmer für Thomas.
(2) Thomas zieht aus dem Bett des Vaters aus und wandert in das Zimmer des Bruders.
(3) Der Vater verläßt das Zimmer des Sohnes und kehrt nach ... wieviel? Jahren wieder in sein Bett zurück.

Thomas schläft zum erstenmal in seinem Leben allein in dem gründlich gesäuberten und gelüfteten Raum, in dem seit seiner Erkrankung Bruder und Vater geschlafen hatten.

Diese neue, Ordnung schaffende Trennung wirkt sich für alle Beteiligten wohltuend aus: Die Mutter schläft auch zum erstenmal seit Jahren wieder einen tiefen, ruhigen Schlaf, ohne das Jucken des Kindes lindern zu müssen. Der Vater verliert im eigenen Bett seine störenden Rückenbeschwerden. Der große Bruder lebt auf angesichts der neu gewonnenen Freiheit mit eigenem Ausgang nach draußen. Thomas bleibt beschwerdefrei in seinem Einzelzimmer.

Die folgenden Stunden haben das Thema "Haut" zum Inhalt. Es ist ein geduldiger Weg kleinster Spürschritte, bis Thomas rhythmusgebunden seine Haut wie einen "zu großen Schlafanzug" spürt, den er anschließend wieder stramm ausfüllt. Dem Nachgehen der Bewegung von innen nach außen, von den Knochen zu den weichen Teilen rund herum folgt die Erfahrung der Haut als Hülle und Grenze, aber auch als etwas, das mit allem Berührung hat, was nicht mehr zu Thomas gehört und abermals über die Poren Austausch ermöglicht. Die Gänsehaut bei Angst und Kälte und das Schwitzen fällt ihm dazu ein. Die Mutter ist nach diesen Erfahrungen nicht mehr überrascht, daß die Haut nun zur Ruhe kommt.

Als nach zwei Monaten im Zusammenhang mit dem Eintritt in die höhere Schule vermehrte Infekte, jedoch ohne Asthma und Ekzem, auftraten, wurde die Therapie in zehn Stunden weitergeführt und die begonnenen Themen vertieft. Schwerpunktmäßig kamen dabei auch die Beziehungen nach "draußen", zu den neuen Schülern und Lehrern, mitsamt den ungewohnten Leistungsanforderungen zur Sprache. Auch für ein Umgehen mit diesen unbekannten und besonders die Mutter ängstigenden Bereichen fanden sich neue Lösungen.

Thomas ist seit zwei Jahren beschwerdefrei. Allerdings wurde er kürzlich mit Herzbeschwerden dem Kinderarzt vorgestellt. Es ist eine Wiederaufnahme von FE-Stunden vorgesehen.

Abschließend stellt sich die Frage, wie weit sich über die Beseitigung des Symptoms hinaus auch eine Veränderung des Beziehungssystems hat bewirken lassen. Ziel war, die grenzüberschreitenden Bindungstendenzen des Systems Kind-Familie im Sinne leiblicher Erfahrung flexibler Grenzen zu ordnen, damit mehr innerer Spielraum für Funktionsgleichgewicht freiwerden konnte. Trotz der Einbindung der Mutter in ein starres Generationsbeziehungsmuster ist dies über die Leibarbeit ein Stück gelungen, obwohl diese Problematik verbal nur indirekt und stets über den Bezug zum Körpererleben angerührt wurde. Sicher ist, daß die Mutter, die die Autonomiebestrebungen des Kindes als "ungezogen" erlebte, in einer weiteren FE-Begleitung noch mehr Hilfe zur Erprobung neuer, flexiblerer Beziehungsmuster brauchen könnte. Einstweilen kann man für Thomas das letzte Sceno-Bild als Reifungsphänomen werten: Der kleine blaukarierte Junge des Spielmaterials versöhnt die ihn angreifende Kuh durch Füttern und geht dann seiner Wege.

**Literatur**

Fuchs, M.: Funktionelle Entspannung. 5. Auflage. Stuttgart: Hippokrates 1994.

Uexküll, Th., Fuchs, M., Müller-Braunschweig, H., Johnen, R.: Subjektive Anatomie. Theorie und Praxis körperbezogener Psychotherapie. Stuttgart: Schattauer 1994.

IRMGARD NACHTIGALL
## Die Schule ist mein größtes Problem
### Die Behandlung von Schulangstsyndromen mit der Funktionellen Entspannung

Furcht und Ängste im Zusammenhang mit der Schule stellen in der kindertherapeutischen Praxis ein häufiges Phänomen dar. Schulangst kann sich bei einem Kind aus vollständiger emotionaler Stabilität heraus entwickeln und mit recht unterschiedlichen Symptomen einhergehen. Ob sich die Angst auf das Verhalten von bestimmten Lehrern oder Mitschülern bezieht, oder eine Leistungsangst oder auch eine psychogene Lernstörung ursächlich mit den Beschwerden zusammenhängen, immer lassen sich bei den betroffenen Kindern körperliche Begleitsymptome oder Auswirkungen feststellen, die zum Teil sogar im Vordergrund stehen und den Leidensdruck verdeutlichen.

Anamnestisch ergeben sich oft Hinweise auf aktuelle belastende Veränderungen in der Umgebung des Kindes, wie zum Beispiel Eheprobleme oder Trennung der Eltern, Erkrankung oder Verlust von geliebten Personen und soziale Veränderungen wie Schulwechsel oder Umzüge. Aber auch Erkrankungen des Kindes selbst, deren Behandlung mit medizinischen Maßnahmen verbunden sind und die mit unmittelbaren körperlichen Auswirkungen einhergehen, können seelische Konflikte auslösen, die sich als Schulangst manifestieren. Operationen, die fortlaufende Therapie von chronischen Erkrankungen, und auch die Behandlung von malignen Erkrankungen des Kindes stellen immer außergewöhnliche Belastungen dar und fördern die Angstbereitschaft.

Sensible Kinder, die auf neue Situationen irritiert reagieren, zeigen eine gewisse Prädisposition zur Ängstlichkeit. Das individuelle Temperament eines Kindes spielt deshalb bei der Symptombildung eine wichtige Rolle.

Die Verwendung der Funktionellen Entspannung als Behandlungstechnik bei Schulängsten ermöglicht ein integratives psychosomatisch orientiertes Behandlungskonzept.

Die körperlichen Symptome des Kindes und sein gesamter

körperlicher Ausdruck erlangen zentrale diagnostische Bedeutung; sie werden ebenso beachtet wie die seelischen Symptome, und das Kind wird in seiner Gesamtheit "für wahr" genommen. Die in der Kindertherapie unerläßliche Verhaltensbeobachtung und die ergänzende Austestung durch Fragebögen und projektive Tests werden dadurch um einen ganz wesentlichen Faktor ergänzt.

Das unterrichtende Element der Behandlung mit der Funktionellen Entspannung ist für die Kinder "etwas zum Anfassen", auf das man in Problemsituationen, in denen die Schulangst auftritt, zurückgreifen kann. Die Angebote können als spielerische Anleitung zur Selbsthilfe dienen und in Krisensituationen erinnert werden. Die Einbeziehung des Atemrhythmus in die einzelnen "Übungen" veranschaulicht die Vorstellung von "Loslassen" (im Ausatmen), dient der Beruhigung und Entspannung und hilft beim Nachspüren des gestörten Eigenrhythmus, der verlorenen Ordnung des Kindes. Die Arbeit mit dem Eigengewicht und der Beziehung zur Unterlage fördert das Selbstgefühl, betont die Ge-Wichtigkeit des Kindes und fördert das "Materialgefühl" für den Körper und sein Befinden.

Die festen "Spielregeln" der Behandlung sorgen dafür, daß das Kind sich selbst überfordert und daß angstförderndes Leistungsdenken einen Erfolg verhindert.

Die 9jährige E. zeigte seit Anfang des 3. Schuljahres mit Lehrerwechsel einen Leistungsknick, der sich innerhalb von drei Monaten zuspitzte und mit einer deutlich verringerten Lernmotivation einherging. Als Symptom einer Schulangst entwickelte E. im Unterricht regelmäßig krampfartige Bauchschmerzen von solcher Intensität, daß sie von der Mutter abgeholt werden mußte.

Seit der Einschulung in eine oberbayerische Dorfschule hatte E. soziale Ängste entwickelt, in der Klasse wegen ihres "fremdländischen" Vor- und Zunamens nicht als zugehörig akzeptiert zu werden. Diese Ängste hatten sich in der veränderten Schulsituation (neuer Lehrer, neue Klassenzusammensetzung) verstärkt und ein Ventil in den anfallsartigen Bauchkrämpfen gefunden.

Auf das Nachforschen der Mutter nach der Ursache des Problems reagiert E. mit starkem Trotz und ausgeprägtem, zornigem Abwehrverhalten.

*Anamnese:*
E. stammt aus der kurzen ersten Ehe ihrer Mutter mit einem Griechen. Die Mutter ist in zweiter Ehe mit einem Deutschen verheiratet, mit dem sie zwei weitere Töchter, 5 und 7 Jahre jünger als E. hat. Zum Stiefvater besteht eine gute Beziehung, um die E. sehr kämpft. Daß E. nicht seine Tochter ist und einen anderen Namen trägt, wurde bereits bei Schuleintritt deutlich, wo E. begann, sich als Außenseiterin zu fühlen. Hinzu kam die durch ihre Linkshändigkeit bedingte besondere schulische Belastungssituation. Ein Antrag auf Namensänderung war kurz vor Beginn der Behandlung abgelehnt worden. Ein Autounfall mit dem Stiefvater in den großen Ferien hatte E. zusätzlich erheblich verunsichert.

E. sitzt mir in der ersten Behandlungsstunde mit hochgezogenen Schultern hinter dicken Brillengläsern gegenüber. Sie kann mir auf meine Frage, warum sie denn zu mir käme, eine klare Antwort geben: "Ich brauche unbedingt einen richtigen Platz." Auf dieses Angebot gingen wir konkret ein und begannen mit der FE-Arbeit auf zwei kleinen Hockern, für die E. den richtigen Abstand wählte. Wir erspürten gemeinsam das Eigengewicht im Sitzen und die Beziehung zur Unterlage, dem Hocker. Wir übten, den Hocker zu besitzen, sich der Unterlage zu überlassen. Unter Einbeziehung der Atmung konnte E. das "Loslassen nach innen und unten im Aus" erfahren. Wir erlebten den Umschwung des Atems in der kurzen Pause und verknüpften das Einatmen mit der bildhaften Vorstellung "ich nehme mir, was ich brauche". E. atmetete tief auf: "So ein angenehmes Bauchgefühl habe ich lange nicht mehr gehabt."
Bereits in der 4. Stunde war ihr die Technik und Wirkung der Funktionellen Entspannung vertraut. Immer begannen wir auf E.s Wunsch mit der Arbeit auf dem kleinen Hocker, was E. mit einer Schulsituation unter völlig anderen Voraussetzungen assoziierte. Nach spielerischem Entdecken des Mundraums und einem Angebot für das sogenannte "Oberste Kreuz", das wir "Nicken mit dem Kasperlkopf" nannten, begann E., die Schultern zu rühren und die Arme weit auszubreiten: "Endlich Platz, aaah! Endlich raus aus dem Gefängnis". Sie malte sich im Gefängnis, mit einem "Joker" in der Hand. Das Malen gelang E. buchstäblich "aus dem Bauch" heraus; in ganzen Bilderserien, die in den weiteren Stunden entstanden, zeigte sich E.s Ent-

wicklung weg vom Gefühl der sozialen Ausgegrenztheit und Ängstlichkeit hin zu lebendigen Bildern, in denen sie sich als integriertes Familienmitglied, Reiterin, Prinzessin und Kommunionkind darstellte.

E. durfte mit Reitunterricht beginnen, was ihr zusätzliches Selbstvertrauen gab. Als durch ein von mir erstelltes Gutachten das Verfahren um die Namensänderung noch einmal aufgerollt und in zweiter Instanz positiv beschieden wurde, war E. so überglücklich, daß sich der Stiefvater zur Adoption entschloß.

Die Bauchschmerzen in der Schule traten bald nur noch sporadisch auf und verschwanden schließlich ganz; E. lernte ihre Angst zu differenzieren und zwischen Schwierigkeiten mit dem neuen Lehrer und mit Wechsel im allgemeinen, ihrer Ängstlichkeit in bezug auf Namen und Herkunft, der speziellen Anforderung durch die Linkshändigkeit und ihren Konzentrationsstörungen zu unterscheiden. Die in Angstsituationen erinnerten Angebote zur Entspannung und Konzentration gaben E. Halt und Selbstvertrauen. Die schulischen Leistungen waren bald wieder sehr zufriedenstellend.

Das spielerische "Halt finden" und "Halt spüren in sich selbst" spielte in der gesamten, 30 Stunden dauernden Kurztherapie eine zentrale Rolle. Für E. war zu vieles unsicher gewesen und daraus war eine große Angst entstanden.

S., 11 Jahre, reagierte auf die ihm bisher unbekannten schulischen Anforderungen nach dem Übertritt in das Gymnasium mit so starken Kopfschmerzen, daß sich zunächst der Vater in meiner Praxis mit der Frage vorstellte, ob der Sohn nicht überlastet sei und besser zurück auf die Hauptschule solle. Er wünsche sich nichts mehr, als das S. sich zufrieden und ausgeglichen fühle. Selbst seine Fußballmannschaft mache S. keine Freude mehr, er versuche nur noch zu lernen, lernen, lernen. Die als Symptom einer Schulangst auftretenden Kopfschmerzen begannen schon beim Aufstehen, verschlechterten sich während des Unterrichts und hielten zu Hause noch bis in den späten Nachmittag hinein an.

*Anamnese:*
S. ist der jüngere von zwei Söhnen eines Postbeamten und seiner Frau, die sich ausschließlich um ihn und den 17jährigen Bruder kümmert. Der ältere Bruder besucht die 11. Klasse desselben Gymnasiums und erzielt mit einem denkbar geringen

Lernaufwand sehr gute Noten. Bei der Schule handelt es sich um ein am Wohnort befindliches "Nobelgymnasium", an dem schon der Bruder wegen seiner "einfachen" Herkunft mit Mitschülern und Lehrern Schwierigkeiten hatte. S. entwickelte seit der Einschulung in die Volksschule ein extremes Leistungsdenken, das ihm bei sehr guter Begabung eher hinderlich war. Die Schulangst und die damit verbundenen Kopfschmerzen traten nach dem ersten Zwischenzeugnis im Gymnasium auf, in dem die Versetzung durch die Religionsnote 6 gefährdet war. Gleichzeitig gab es in der Familie durch die starke Rivalität S.s zum großen, vermeintlich "besseren" Bruder laufend Streit und Ärger.

In der ersten Stunde lernte ich S. als ernsten, verhaltenen Jungen kennen, der die ganze Stunde benötigte, um seine Angst und sein Mißtrauen abzubauen. Von den auf die nächste Stunde verschobenen projektiven Tests "schaffte" S. nur den "Haus-Baum-Mensch-Test", da ihn sein Ehrgeiz und seine Präzision beim Malen nur im Schneckentempo vorankommen ließen. Ich beobachtete dabei seine insgesamt verkrampfte Körperhaltung, die sich bis auf die Hände fortsetzte; die Lippen waren zu einem schmalen Strich zusammengepreßt.

Den Einstieg in die Funktionelle Entspannung schafften wir über über einen ärgerlichen Ausbruch von S., nachdem er im Satzergänzungstest die Vorgabe "Die Schule..." zu folgendem Satz ergänzt hatte: "Die Schule.., ist mein größtes Problem." "Ich beiße mich da vollkommen rein! Ich will das nicht mehr! Immer nur Schule, Schule, Schule!"

Wir begannen auf einem kleinen Stuhl, mit einer Rückenlehne, die S. als bequem empfand. Das Abgeben des Gewichts an die Unterlage, das Sich-Spüren bis "in den Bauch hinein" waren für S. neu und ungewohnt. Einen großen "Aha-Effekt" erzielten die Spielregeln der F.E. Alles Empfinden, Entspannen, Bewegen im Aus(atmen) zu beginnen, alles nur wenige Male wahrzunehmen, eine Phase des Nachspürens anzuschließen und sich dem Erspürten ruhig zu überlassen, das waren die Regeln, die S. ein völlig neues Tempo, seinen eigenen Rhythmus erschlossen. Das Einbeziehen der Atmung gelang unter der Vorstellung, erst mal den "überschüssigen Dampf" hörbar und spürbar abzulassen und sich einwärts-abwärts fallenzulassen.

In den folgenden Stunden konzentrierten wir uns auf die "Löcher und Innenräume". S. erkundete spielerisch den Mundraum, die Zunge und Zähne. "Ich beiße ja immerzu die Zähne zusammen", stellte er fest. Kein Wunder, daß die jahrelange kieferorthopädische Behandlung bisher nicht den gewünschten Erfolg gebracht hatte. Wir arbeiteten auch mit Übungen aus der Progressiven Muskelrelaxation für Schultern und Arme, immer unter Einbeziehung des rhythmischen Prinzips der Funktionellen Entspannung: Anspannung und Entspannung, Spüren und Nachspüren, Hergeben und Bekommen. S. vergrößerte seinen persönlichen "Radius" zunächst durch Lageveränderungen in der Therapiestunde. Wir erkundeten im Stehen die Festigkeit der "Ich-Achse", den festen und den flexiblen Stand. Kreisende Beckenbewegungen unterstrichen wir mit einem Hoola-Hoop-Reifen. Zum Lockern von Fingern, Händen und Armen spielten wir mit Soft- und Jonglierbällen. Im Liegen konnte S. am besten das Eigengewicht an die Unterlage abgeben, sich überlassen. Bereits nach 6 Stunden gelang es S., einige Elemente aus unseren Stunden in die Schulsituation hineinzunehmen und die Kopfschmerzen ließen deutlich nach.

Parallel zu seinem wachsenden Selbstbewußtsein verringerte sich S.s soziale Ängstlichkeit und Verschlossenheit. Er begann, sich in der Schule mehr zu melden und auch nachzufragen, wenn er etwas nicht verstanden hatte. Nur sehr langsam gelang es ihm, sich eine größere Frustrationstoleranz für schulische Mißerfolge zu erarbeiten. Die Belastungskopfschmerzen hatten sich bis zur 15. Behandlungsstunde bereits bis auf ein erträgliches Maß verringert. S. nahm zu diesem Zeitpunkt sein Fußballtraining wieder auf.

S.s Bereitschaft, an sich zu arbeiten, beeindruckte vor allem den Vater, der – nach einem erneuten Mißerfolg im Vorrükkungsfach Religion – eine Unterredung mit dem Lehrer hatte, und sich von dessen Vorurteilen gegenüber S. überzeugen konnte. Im darauffolgenden Elterngespräch gab er mir gegenüber seine eigene soziale Scheu offen zu: "Ich dachte, ein Lehrer sei eine Autoritätsperson."

S. hat seine Kurztherapie nach 30 Stunden mit Hilfe der Funktionellen Entspannung erfolgreich abgeschlossen. Ich konnte seine schulische und persönliche Entwicklung bis zum Ende des darauffolgenden Schuljahres mitverfolgen. Das Sich-Offnen-Können, die Möglichkeit einer spielerischen Selbstregulation mit Hilfe der F.E. zeigte bei S. eine nachhaltige Wirkung. Das Fach Religion will er, so bald es geht, durch einen alternativ angebotenen Ethikunterricht ersetzen.

ALMUTH VON TROTHA
# Joey – oder
# "Man macht so seine Erfahrungen"

Ich begegnete Joey zum ersten Mal, als ich ihn zusammen mit meinen Kollegen von der Schule abholte. Wir hatten vor uns ein zauberhaft ausesehendes schwarzafrikanisches Kind mit strahlenden Augen und weichem Gesicht, das eher wie ein Siebenjähriger als wie ein Neunjähriger wirkte.

Joey war auf Grund wiederholter Mißhandlungen durch die Mutter vom Jugendamt kurzerhand aus seiner Familie herausgenommen worden. Er sollte nun in unsere neugegründete Familienwohngruppe, ein Kleinstkinderheim, aufgenommen werden. Ein Erzieherehepaar und ich als dritte Erzieherin lebten dort zusammen mit fünf Kindern auf einem Bauernhof. Nach drei "Besuchstagen" entschlossen wir uns, es mit ihm zu wagen; doch mit welch einer Geschichte kam er!

Joey wurde in Kenia unehelich geboren. Die Mutter übergab, alleingelassen von ihrer Familie, die Versorgung Joeys einer alten Frau, die ihn sehr gut umsorgte – ein Glücksfall für ihn. Als er zwei Jahre alt war, heiratete die Mutter einen Deutschen, ging nach Deutschland und nahm Joey mit. Mit der Geburt des Stiefbruder beginnen die Schwierigkeiten. Joey erlebt eine krasse Zurücksetzung gegenüber dem Bruder. Es treten immer größere Probleme zwischen den Ehepartnern auf, die in massiven Gewalttätigkeiten eskalieren. Dann folgen Mißhandlungen Joeys durch die Mutter.

Als das Jugendamt einschreitet, ist Joey neun Jahre alt und zeigt eine Vielzahl von Verhaltensauffälligkeiten: er ist hochaggressiv, vermeidet jeden Körperkontakt, uriniert ins Zimmer, zerschneidet Kleidung, streunt, bettelt.

In der ersten Zeit bei uns verhält sich Joey zurückhaltend, braucht offenbar Zeit, sich in dieser neuen Umgebung zu orientieren. Der unvorbereitete Umzug, drei Erwachsene und fünf Kinder um sich, die neue Schulklasse, all das stellt Anforderungen an ihn, die selbst ein stabiler Erwachsener nicht leicht bewältigen würde, geschweige denn ein so problembeladenes Kind. Nach und nach findet er sich hinein in dieses Leben und wir erleben ein Kind mit einer unglaublichen Power, viel Charme und einer geballten Aggressivität.

Bei Joey hatte sich in den Jahren, die voll von Kränkungen und Verletzungen waren, ein starker Wunsch nach Macht und Überlegenheit entwickelt. Im Spiel mit anderen Kindern wurde das sehr deutlich. Durch austricksen und einschüchtern der Mitspieler versuchte er, die Spiele zu seinen Gunsten zu entscheiden. Funktionierte das nicht, flogen Spielsachen durch den Raum oder es kam zu Prügeleien. Ein häufiger Ausspruch Joeys in dieser Zeit war: "... und dann werde ich König von Kenia und ihr seid dann alle meine Sklaven." Es entstanden Auseinandersetzungen, bei denen er vor Zorn und Haß explodieren konnte. In einer solchen Situation ging er auf ein Kind mit einer Sense los.

Für uns Erzieher hieß es in dieser Zeit ständiger Anforderung und Anspannung nicht nur, diese Situationen im Griff zu behalten, sondern auch jedes einzelne Kind in seinem Tun verstehen zu lernen. Es anzunehmen mit den ihm eigenen Schwierigkeiten und diese mit durchzutragen, bis Raum entstehen konnte für bessere, angemessenere Lösungen. Das bedeutete für das Umgehen mit Joey, ihm klare Grenzen zu setzen. Es hieß, ihn wahrzunehmen und zu unterstützen in seinen Fähigkeiten. Ihn zu loben und zu ermutigen, weiterzumachen, wenn ihm etwas gut gelang. Es hieß aber auch, ihn zurückzuhalten wenn er versuchte, sich anderen Kindern gegenüber gewaltsam durchzusetzen und ihm dabei immer wieder zu versichern, daß man ihn genauso schützen würde.

Nach und nach begann er – sicher auch durch das Vorbild der anderen Kinder – anhänglicher zu werden. Er entwickelte ein ungeheures Bedürfnis, getragen und auf den Schoß genommen zu werden. Die Atmosphäre des Angenommen- und Geborgenseins schien erste Früchte zu tragen. Womit allerdings auch immer wieder gerechnet werden mußte, war, ihn auf dem Arm zu halten und urplötzlich einen Tritt versetzt zu bekommen. Mein Kollege, der ihn in einer solchen Situation fragte, warum er sich so verhielte, bekam von Joey die Antwort: "Man macht so seine Erfahrungen." Welch eine Aussage von einem Kind! Wieviel Wachsamkeit und Mißtrauen Erwachsenen gegenüber, wieviel Berechnenmüssen, was einem durch einen Erwachsenen geschehen könnte! Das wurde eine der wichtigen Aufgaben: immer wieder den Tests Joeys standzuhalten, Zuverlässigkeit und Vertrauenswürdigkeit zu zeigen.

Dieser Anspruch war auf der einen Seite eine Herausforderung für mich, brachte mich aber auch immer wieder an meine Grenzen. Um etwas für mich zu tun, nahm ich an einer FE-Fortbildung für Erzieher teil. Damit kamen die Dinge sehr schnell in Fluß. In sehr intensiven FE-Einzelstunden wurde es mir möglich, mein eigenes Harmoniestreben und meine gehemmten Aggressionen zu hinterfragen. Nach und nach konnte ich Lösungen finden. Wichtig wurde aber auch, bestehende Stärken genauer wahrzunehmen, anzuerkennen und im Alltag spürbarer werden zu lassen.

In meiner Beziehung zu Joey wurden diese Veränderungen bald deutlich. Eine ganz entscheidende Situation entstand, als die Kinder einen Film ansehen durften. Joey hatte in der Programmzeitschrift einen anderen Film entdeckt, den er lieber sehen wollte. Das war nun aber nicht möglich. Aus Zorn darüber terrorisierte er die anderen Kinder: mit Fernseher umschalten, ausschalten, sich vor den Bildschirm stellen. Als ich dazu kam, war die Situation dabei, zu eskalieren. Ich nahm Joey, der sich mit Händen und Füßen wehrte, mit in sein Zimmer. Auf ihn einzureden war zwecklos, so von Zorn überschwemmt nahm er das gar nicht wahr. Erinnerungen an Situationen zuhause, als sein Bruder etwas durfte, er aber nicht, spielten hier sicher eine Rolle. Ich nahm ihn auf den Schoß und versuchte, ihn einfach in den Armen zu halten. "Du kannst nicht rübergehen, aber ich bleibe hier und wir stehen das gemeinsam durch", war das, was ich ihm mehrmals versicherte. Zu seinem Aufschrei: "Ich will hier raus!" stand im krassen Gegensatz ein immer weicheres Sich-in-meine-Arme-Lehnen und schließlich ein gelöstes Weinen. Daß es dann möglich war, mit ihm Hand in Hand einen Spaziergang durch das Dorf zu machen, hat mich tief beeindruckt.

Im nachhinein kann ich sagen, daß meine eigenen, in der FE-Arbeit gemachten Erfahrungen und Lösungen zu einer Wende führten. Das Finden eigener Stabilität und Haltung versetzte mich in die Lage, Halt zu geben. Aus einem ängstlichen "was wird da auf mich zukommen?" wurde ein bereit sein "für das was da kommen will" und das Vermögen, eine tragfähige Beziehung aufzubauen. So machte ich meine Erfahrungen.

Als nächstes fiel es mir zu, die Betreuung Joeys im schulischen Bereich zu übernehmen. Zu diesem Zeitpunkt war Joeys Haltung in puncto Hausaufgaben und Mitarbeit in der Schule: mit mir nicht! Er weigerte sich, mit den Hausaufgaben überhaupt zu beginnen, verlor regelmäßig das Aufgabenheft. In der Schule störte er ständig den Unterricht, ein Lehrer weigerte sich sogar, ihn weiter zu unterrichten. Zunächst vereinbarte ich mit dem Klassenlehrer eine Stunde in der Woche, zu der ich in die Schule kam. In dieser Zeit wurde zunächst mit Joey und dem Klassenlehrer die vergangene Woche besprochen: was gut gegangen, was schief gelaufen war. Anschließend arbeitete ich mit Joey die Aufgaben auf, die er "vergessen" hatte, mit nach Hause zu nehmen. Das ging erstaunlich gut, da Joey es offensichtlich genoß, daß ich extra für ihn in die Schule kam und er dadurch besondere Aufmerksamkeit durch den Lehrer und die Mitschüler bekam.

Das Erledigen der Hausaufgaben zuhause führte regelmäßig zu einer Auseinandersetzung zwischen uns. Meine Botschaft war: "Deine Aufgaben werden gemacht, aber ich bleibe dazu bei dir und helfe mit". In dieser Zeit wagte ich dann meine ersten zaghaften FE-Angebote: Meine stärkende Hand leicht an Joeys Rücken, mich selber dabei gut spürend. Auf Joeys Frage, der wissen wollte, was ich da mache, antwortete ich: "Ich denke, daß es Dir gut tut und Dir hilft, Dich zu konzentrieren. Da er aber zunächst abwehrend reagiert hatte, nahm ich die Hand weg. Nach einiger Zeit sagte Joey: "Tu mal ruhig deine Hand wieder da hin."

Als Joey sich in der Schule zwar weiter stabilisierte, aber bei den Klassenarbeiten aus Mangel an Konzentration schlechte Noten schrieb, bot ich ihm einen "Trick" an. Er könne sich zu Beginn der Arbeit einen Moment Zeit nehmen, um mal hinzuspüren: wie fühlt sich mein Stuhl an? Und dann heimlich, nur für sich, eine Bewegung zu suchen, um ganz "da" und bereit für die Arbeit zu sein. Für Joey lag der Reiz dieses Hinspürens sicher darin, daß es heimlich und zu seinem Vorteil sein sollte. Er hatte viel Spaß dabei und in dem heimlichen Lachen über solche, bisher ungeahnten Möglichkeiten, lag schon ein Teil der Lösung. Es gelang ihm, seinen Platz zu finden und seine Fähigkeiten so einzusetzen, daß er das Schuljahr erfolgreich und ohne Fünfer und Sechser abschließen konnte.

Nach all den Anforderungen der Schule und dem Miteinander in unserer großen Gemeinschaft war es abends beim Ins-Bett-bringen der Kinder wichtig, einen guten Abschluß für den Tag zu finden. Jedes der Kinder wurde einzeln von einem Erzieher ins Bett gebracht, der sich dafür jeweils eine halbe Stunde Zeit nahm. Joeys "Gute-Nacht-Ritual" bestand darin, ihm eine Geschichte vorzulesen, wobei er fest angekuschelt in meinem Arm lag. Daß es ihm dabei gar nicht so sehr um das Vorlesen ging, merkte ich, als ich eines Abends einfach drauflos kauderwelschte und der noch wache Joey das gar nicht bemerkte. Für ihn war es wichtig, in die Arme genommen und gehalten zu werden: In diesem Zulassen wurde ihm ein Loslassen möglich.

Im Zusammenleben mit Joey wurde uns deutlich, wie stark ihn die ersten beiden Lebensjahre geprägt hatten. Durch die liebevolle Fürsorge, die bei der alten Frau erlebt hatte, konnte sich ein tragfähiges Urvertrauen entwickeln. Seine primären positiven Erfahrungen halfen ihm, die Jahre der Kränkungen und Verletzungen zu überstehen. Es wurde ihm bei uns möglich, neue Beziehungen einzugehen, viele Verhaltensauffälligkeiten loszulassen und mit bestehenden Schwierigkeiten besser umgehen zu lernen. Joey seinen Weg finden zu sehen und ihn dabei ein Stück zu begleiten, wurde zu einer meiner wichtigsten Erfahrungen als Erzieherin.

RITA ZEBISCH

# Vertrauen und Loslassen

**Behandlung einer Enkopresis**

Der 5jährige Stefan wurde vom Kinderarzt zur Behandlung mit Funktioneller Entspannung überwiesen.
Der Erstkontakt findet mit der Mutter ohne sein Beisein statt. Die Mutter wirkt sehr zurückhaltend und angepaßt. Sie beschreibt sich selbst als ruhig und spricht davon, daß sie mit Stefans lebhafter und aggressiver Seite wenig anfangen könne, daß ihr das manchmal Angst mache. Stefan quält sich seit 1½ Jahren mit einer ausgeprägten Enkopresis. Er war früh trocken, näßt auch nachts nicht mehr ein. Seinen Stuhl hält er zurück, so daß sich dann, wenn der Druck zu stark wird, kleine Mengen in die Hose entleeren. Er wird dann im Abstand von 3–4 Tagen durch Zäpfchen entleert, danach beginnt das Drama von neuem. Trotz peinlicher Sauberkeit der Mutter ist Stefan dadurch häufig mit unangenehmen Geruch behaftet, was im Kindergarten den Kontakt erschwert und zu Hänseleien führt. Stefan hat einen 2 Jahre älteren Bruder, der als problemlos geschildert wird. Der Vater von Stefan beschäftigt sich, wenn er zu Hause ist, sehr viel mit ihm, kann auch die temperamentvolle Seite von Stefan gut zulassen.
  Als Stefan mit der Mutter zum ersten Mal kommt, wirkt er eher schüchtern, sein Äußeres weich und babyhaft mollig. Er ist nicht bereit, ohne die Mutter den Raum zu betreten. Wir einigen uns auf deren Beisein. Häufig wird es wünschenswert sein, die Trennung des Kindes von der Mutter für die Zeit der Therapiestunde anzustreben. Stefan ist sicher eher überrascht, daß er ohne großen Kampf etwas erreicht hatte, das, wie er wußte, von der Mutter anders geplant war.
  Im Verlauf der ersten Stunde wird deutlich, wie sehr die Mutter bemüht ist, es "recht zu machen" und dieselbe Erwartung auch in Stefan setzt. Dieser dagegen faßt rasch Vertrauen und spürt wohl auch, daß hier Raum geboten ist für eigene Einfälle. Vor der nächsten gemeinsamen Stunde vereinbare ich

nochmals einen Termin alleine mit der Mutter, um gerade dafür bei ihr noch Verständnis zu wecken.

Die Angst, Stefan könnte die Therapie, in die sie so viel Hoffnung setzt, nicht "mitmachen", kann sie leiblich als Druck im Brust- und Bauchbereich erspüren. Das Angebot des haltenden Bodens und das Abgeben ihrer "Last" kann sie aus- und aufatmend erleben. Im Gespräch kann sie annehmen, daß Stefan gerade jetzt nicht bestimmten Vor-Stellungen entsprechen muß, sondern die Möglichkeit für neue Erfahrungen haben soll, und daß auch sein Widerstand dem einen oder anderen Angebot gegenüber respektiert wird.

In den nächsten Stunden fällt auf, daß alles, was Stefan produziert, sei es mit Knete, sei es malend mit Wasserfarben oder Wachsmalstiften, Bruch-Stücke sind. So knetet er z. B. Gegenstände für einen Geburtstagstisch: Kerze, Torte, Gebäck, Geschenke, – alles erhält die Form einer abgebrochenen Wurst, unterscheidet sich nur durch die Länge. Er malt einen "Wasserfall", der nirgends einen Verlauf erkennen läßt, Stefan verteilt nur Wassertropfen auf dem Papier. Wir spielen viel mit Bällen, entdecken das Spiel: woher kommt der Ball, – wo geht er hin? Weiche und harte Bälle lassen wir rund um Stefans Körper spazieren gehen, sie dürfen sich ausruhen, wo er es sich wünscht, erkunden so seinen Körper von den Zehen bis zum Scheitel. Alle Spiele, die ihn spüren lassen, daß seine Körperteile zu ihm gehören, daß er sie bewegen kann und daß sie fest mit ihm verbunden sind, bereiten ihm zunehmend Vergnügen. Beim Werfen mit Bällen kann Stefan anfangs sehr schwer ein Maß finden, er wirft wahllos auch mit harten Bällen, akzeptiert dann aber auch Grenzsetzungen und lernt zu dosieren und differenzieren.

Stefans Mutter ist immer dabei, anfangs, weil er nicht alleine sein wollte, inzwischen ist es wichtig geworden, daß sie lernen kann, Stefan auch anzunehmen, wenn er nicht ihrer Erwartung entsprechend reagiert. Sie kann zunehmend Spaß dabei finden, wenn er manchmal seinem Temperament freien Lauf läßt.

Ein beliebtes Spiel wird für ihn, sich mit großem Anlauf über den Pezzi-Ball auf weiche Kissen abrollen zu lassen. Er bezeichnet das Spiel als "Salto-Kringel" machen. Diese "Saltokringel" kneten wir dann auch, wobei Stefan beim Kneten daran erinnert, daß auch die "Wurst" wie ein Salto aus ihm herauskommen kann.

Beim Vorlesen schmiegt er sich in eine Decke gekuschelt eng an seine Mutter. Genau so wichtig ist für ihn dann das Sich-Entfernen von der Mutter, wobei er manchmal wie ein Kleinkind den Abstand zur Mutter prüft, sie beim "Zurückkommen" zuweilen grob anfaßt, sogar beißt.

Seine Autonomie ist deutlich entwicklungsverzögert und es sieht so aus, als ob er erst jetzt lernen könne, die Muter und sich als etwas Eigenständiges zu begreifen. L. Kaplan bezeichnet in ihrem Buch "Die zweite Geburt" das Festhalten und Loslassen der Produkte, die aus dem Körperinneren des Kindes kommen, als eine Fortsetzung der grundlegenden Mutter-Kind-Choreographie von Anklammern und Fortstoßen, Beschatten und Davonlaufen, Festhalten und Loslassen. Des weiteren aus vorgenanntem Buch: "Je fester das Kind davon überzeugt ist, daß sein Körper tatsächlich ihm und sonst niemanden gehört, desto leichter wird es ihm fallen, seinen Stuhl zur rechten Zeit und am rechten Ort fallen zu lassen. Dann heißt Loslassen, daß es dem geheimnisvollen Drang in seinem Inneren in gewissem Umfang Herr geworden ist."

In der sechsten Stunde inszeniert Stefan einen Tiergeburtstag. Er knetet für alle Tiere "Kringel-Würste" als Geschenk. Er ist in diesem Spiel ein König. Seinen Thron baut er aus Polstern und Kissen und nimmt stolz Platz. Seine Rolle genießt er sichtlich mit viel Behauptungen. Eine rasch gebastelte Papierkrone nimmt er nach dieser Stunde mit nach Hause.

Bereits in der nächsten Stunde berichtet die Mutter, daß Stefan seine Krone immer mit auf den "Thron" (Toilette) genommen hätte und seitdem ohne Zäpfchen regelmäßig Stuhlgang hat. 3 weitere Stunden verlaufen spielerisch. Die Mutter wirkt sehr erleichtert, was sich auf den Umgang mit Stefan spürbar auswirkt. Weitere Stunden werden vorläufig nicht vereinbart, in dem Vertrauen, daß mit der veränderten Haltung der Mutter und Stefans hinzugewonnenem Selbst-Bewußtsein weitere Entwicklung möglich sein wird.

Bei einem zufälligen Zusammentreffen nach ca. 1½ Jahren berichtet die Mutter, daß es Stefan gut gehe, auch die Einschulung hätte er ohne Probleme gemeistert.

GABRIELE ELSCHENBROICH

# "Papi möchte eine fröhliche Tochter"

## Eine spezielle Schulangst und ihre Auflösung

Barbara, 11 Jahre, 5. Klasse Hauptschule, nach nicht bestandenem Übergang auf's Gymnasium, wird vom Religionslehrer, dem ihr bedrücktes und gehemmtes Wesen aufgefallen ist, nach einem Gespräch mit den Eltern zur FE an mich empfohlen. Er meint, die Eltern könnten sich zwar unter einer Therapie nichts Rechtes vorstellen, der Vater habe geäußert, ihm ginge es nur darum, "daß unser Kind wieder lachen kann."

Schon beim Erstgespräch wird dann deutlich, daß der Vater – ein überaus erfolgreicher Unternehmer, der "aus dem Nichts heraus" wie er sagt, ein beachtliches Transportgeschäft aufgebaut hat – eine fröhliche, selbstsichere Tochter braucht, wie er in ihrer Gegenwart ganz unbefangen und lachend verkündet, "die dem Papi später mal im Geschäft hilft." Liebevoller Seitenblick auf die kleine Tochter, die bisher noch nicht zu Wort gekommen ist: "nicht wahr, Schätzle?". Dann mit einem fast ebenso liebevollen Blick auf die gleichfalls stumm und sehr verschlossen dasitzende Ehefrau (*sie* wirkt auf mich bedrückt, gehemmt und ohne wahrnehmbare Eigenimpulse): "Unsere Mutti ist nämlich manchmal bissl schwermütig, stimmt's?"

Für mich sieht die Familiensituation so aus: Es geht nicht darum, daß Barbara wieder lachen *kann,* sondern daß sie lachen *soll.* Wie kann sie aber fröhlich sein, wenn sie sich, wie sie schließlich leise erzählt, "nix merken kann", Angst und Bauchweh vor jeder Schulaufgabe hat, die Kehle ihr "im Mündlichen"(!) wie zugedrückt ist und sie abends nicht einschlafen kann, weil ihr "morgen beim Aufsatz nix einfallen wird".

Barbara ist ein spätgeborenes Einzelkind. Zwischen dem heißen Wunsch, die Hoffnungen des sehr geliebten unternehmerischen Vaters zu erfüllen: („er schimpft nie, aber ich mache es ihm nicht recht", sagt sie später) – und der lastenden Antriebsgehemmtheit der Mutter, die keine Ermutigung und wohl auch wenig Zärtlichkeit geben kann: („Mutti hat ja auch Angst, was passiert, wenn ich dran komme!") – gerät Barbara in einen Teufelskreis, der etwa so aussehen könnte:

Ich *möchte* ... Papi zuliebe ...
Ich kriege Bauchweh ...
Ich *kann nicht,* weil ich Bauchweh hab',
aber ich *möchte* doch können ... Papi zuliebe etc ...

Wie kann ich als Therapeutin einen Anstoß dazu geben, daß die vorhandenen Fähigkeiten von Barbara, die in diesem Teufelskreis blockiert sind, frei werden, damit das Kind lachen *kann,* anstatt lachen zu *sollen* – weil Papi das braucht?

Zwei Möglichkeiten entwickeln sich während der nun bald anlaufenden Therapie. Bevor ich versuche, sie darzustellen, möchte ich vorausschicken, daß von Anfang an die Vertrauensbasis gut war. Einmal aus dem Bannkreis der Eltern und ihrer verschiedenartigen Erwartungen an sie heraus, kann sich Barbara bald öffnen und gerät schließlich ins sprudelnde Erzählen. In Abwesenheit des raumfüllenden Vaters und der sich angstvoll zurückhaltenden Mutter redet sie wie ein Wasserfall und hat keine Schwierigkeiten damit, ihren Wünschen und Phantasien freien Lauf zu lassen. Es ist also gar nicht so viel verschüttet, wie man zunächst annehmen konnte.

Die beiden therapeutischen Möglichkeiten, die mir nach den ersten Stunden in den Sinn kommen, bedingen sich gegenseitig. Erstens: Ich kann Barbara helfen, sich in ihrem eigenen Körper mehr zuhause zu fühlen, anstatt sich von ihm stören zu lassen („wegen dem blöden Bauchweh kann ich nicht denken!").

Ich nehme dazu innere Bilder zu Hilfe, indem ich Barbara z. B. vorschlage, sich ihren Körper wie ein Haus vorzustellen, mit vielen Räumen, die alle miteinander verbunden sind und die sie alle bewohnen kann. Zunächst bitte ich sie aber, mir einmal ihr "echtes" Haus, ihr Zuhause, zu schildern, was sie gleich lebhaft und anschaulich tut. Unten im Erdgeschoß das Wohnzimmer, mit Tür in den Garten, den Fernseher, Mamas (!) Küche mit Durchreiche zum Wohnraum, und unterm Dach Papis Arbeitszimmer, wo er manchmal nachdenkt, wenn er da ist. (Mir fällt auf, daß sie ihr eigenes Zimmer nicht erwähnt, obwohl sie eins hat – ich hebe mir aber die Frage für später auf, da ich vermute, daß die Nicht-Erwähnung eigenen Raums deutlicher als alles andere ausdrückt, *wie* stark Barbara in der elterlichen Welt und deren Werten lebt).

Dann schlage ich ihr vor zu spielen, daß sie selber "das Haus" ist und sich zugleich "in dem Haus" bewegen kann. Ich möchte sie dadurch zu einem besseren Gegründetsein in sich selber, im eigenen Bauchraum, bringen. Bildvorstellungen, leiblich umgesetzt, können eine wichtige Aufgabe bei der Symbolisierung sensorischer Erfahrungen erfüllen. Sie können, wenn sie vertraut und abrufbar geworden sind, schnell eingeblendet werden, machen also selbständig und bedeuten, nicht nur bei Kindern, eine verläßliche Sofort-Selbsthilfe. Barbara und ich finden also spielend heraus, daß man sich im Bauchraum, den wir das "Wohnzimmer" unseres Körperhauses nennen, niederlassen oder auch darin herumgehen kann, daß von da aus eine Treppe in das oben (im Kopfraum gelegene) eigenen "Arbeitszimmer" geht und daß die beiden Stockwerke miteinander verbunden sind, weil (wie Barbara bemerkt) "... man ja auch mit der Nase schnauft und dabei der Bauch raus und rein geht...". Es ist also so, "... wie jemand, der runter und rauf kann und nicht oben eingesperrt ist ...".

Ich schlage vor, diese oft, aber immer nur ganz kurz wiederholte Erfahrung in kritischen Momenten, z. B. bei einer angstmachenden Mathe-Aufgabe, zu benutzen. Die Wirkung dieser kleinen Intervention am eigenen Körperbild wird später von Barbara so beschrieben: "Wenn der Lehrer jetzt die Aufgaben an die Tafel schreibt, dann starre ich nicht gleich hin wie früher, – ich gucke lieber erst nach, was grad in meinem "Bauchzimmer" los ist! Dann geht da eine Tür auf, und ich kann raufgehen. Ich habe dann keine Angst mehr, weil ich weiß: "Du hast ja Platz zum Denken!" Das Bauchweh geht dann auch weg...".

Ohne die wiederholt vorausgegangene Erfahrung des "Platzhabens" im eigenen, als mehrstöckige Wohnung erlebten Körpers in wohligen, angstfreien Momenten bei der Therapeutin, hätte diese Hilfe zur Selbsthilfe, das, was Barbara "unsern Trick" nannte, natürlich nicht funktionieren können.

Die ichstärkende Wirkung der FE beruht zum Teil auf dem erworbenen Vertrauen darauf, sich in kritischen Augenblicken durch den inneren Dialog auf der Körperbild-Ebene selber helfen zu können. Das Ansprechen einer Eigenverantwortung kann beim Kind Anteile seines autonomen Ich, seines "inneren Erwachsenen" mobilisieren. Das Gefühl des Ausgeliefertseins an die elterlichen Erwartungshaltungen – die daraus resultierenden Versagensängste und die mit ihnen verbundenen

Schuldgefühle, sowie die "stellvertretenden" Körpersymptome (Fehlspannung, Enge im Hals, Zwerchfellverkrampfung und dadurch ausgelöste funktionelle Schmerzen im Bauchbereich können allmählich aufgelöst werden.

Meine zweite Möglichkeit besteht in dem Versuch, Barbara zu einem Erfolgserlebnis zu verhelfen auf einem Gebiet, auf dem sie sich ganz besonders blockiert fühlt: "Im Deutschen, wenn wir was erzählen sollen..., dann fällt mir nix ein und wenn, dann kann ich's nicht rauslassen..., das ist so im Mündlichen und auch im Schriftlichen".

Ich versuche es mit dem Vorschlag, Barbara möge mir doch einmal eine Geschichte in die Maschine diktieren, die mit den Worten anfängt: "Es war einmal ein Mädchen, das wünschte sich..." Sofort ergänzt Barbara nach einem Seufzer: "...einen Hund." Und so fließend, daß ich kaum mit dem Schreiben nachkomme, diktiert mir nun dieses "einfallslose" Mädchen eine lange Geschichte, deren Anfangssätze mir noch im Gedächtnis sind:

„Da war mal ein Mädchen, das wünschte sich sehr einen kleinen Hund und der sollte Fluffi heißen. Aber die Mutter sagte: "Nein, der macht bloß Arbeit, wegen der Teppiche." Und der Vater sagte: "Magst nicht lieber ein Pferd, dann könnt'st mit mir ausreiten?" Da war das Mädchen sehr traurig...".

Die Geschichte geht dann so weiter, daß das Mädchen auf eigene Faust (allein!) nach Hamburg zur Tante fährt, wo es sich einen jungen Hund aussuchen darf. Auf der Heimfahrt in der Bahn liegt "Fluffi" in ihrem Schoß und ist sehr brav, und schließlich freuen sich dann auch die Eltern...

Wir lassen es nun aber in der Therapie nicht bei der Erzählung, so sehr wir uns beide über den gelungenen "Aufsatz" (2 ganze Seiten!) freuen, sondern spielen die Geschichte, besonders die Heimfahrt im Zug, nochmal durch, wobei wir einmal Barbara mit dem kleinen Hund auf dem Schoß, einmal "Fluffi" selber, der sich da einkuschelt, "sind". Wir merken (als Barbara), wie sich das anfühlt – ("schee warm und viel Platz..."), was die Hände beim Streicheln von Fluffi (der vielleicht auch ein bißchen Angst hat?) fühlen: ("Ganz weiches Fell hat der!...") und wie man mit dem Atmen den kleinen Hund so richtig auf und ab schaukeln kann. Dann als "Fluffi": Wie der sich da einkringelt und die Augen zumacht: (..."der schlaft bald ein.") Ich frage Barbara: Kannst du einmal zeigen, wie's Fluffi geht?

und sie rollt sich auf einer Decke zusammen und läßt sich von mir den Rücken (das weiche Fell) kraulen und brummt dazu.

Wir "verkörpern" in der FE-Spieltherapie mit Kindern eine Wunschphantasie, die aus dem Unbewußten – (auch des Körpers!) – aufsteigt und für Leib und Seele eine heilende Funktion hat. Dem Dürfen und Mögen wird mehr Raum gegeben in dieser symbolischen Wunscherfüllung – das Sollen und Müssen nach dem Schema eines geliebten Elternteils tritt zeitweise zurück, was zu einer für jede Kreativität notwendigen Entspannung führt.

Zwei Jahre später schafft Barbara mit Leichtigkeit den Übergang auf die Realschule. Den ersehnten Hund bekommt sie mit meiner Unterstützung nicht erst dann als Belohnung, sondern "vorweg".

## Zusammenfassung

Die FE versteht sich als Therapie von Beziehungen, zu sich selber *und* zu anderen. Nicht zuletzt über das zu entwickelnde Körpererleben kann Raum geschaffen werden für eigenständiges Werden. Wesentlich ist dabei, daß die inneren Eltern-Repräsentanzen da, wo sie störend oder gar destruktiv wirken und sich – wie im Falle von Barbara – auch noch gegenseitig widersprechen, behutsam entmachtet werden.

Zwischen dem Lebensskript des Vaters: "Unternimm was, auch wenn wenn's mal verkehrt ist – trau dir's zu" und dem Lebensskript der Mutter – "Duck dich, riskier' nichts, bleib' im Hintergrund!", hat Barbara mit der Zeit ihren eigenen Weg gefunden.

# Mitarbeiterverzeichnis

Prof. Dr. Gerd Biermann
Bäumlstr. 18
82178 Puchheim

Dr. Peter Cluß
Kinderarzt, Psychotherapeut
Tübinger Str. 2
74172 Neckarsulm

Barbara Eberspächer
Dipl.-Psych.
Klinische Psychologie
Mülbergerstr. 33
73728 Esslingen

Hans Eberhard Eberspächer
Dipl.-Psych.
Klinische Psychologie
Mülbergerstr. 33
73728 Esslingen

Gabriele Elschenbroich
Nördliche Auffahrtsallee 47
80638 München

Prof. Dr. Annette Fleischer-Peters
Direktorin der Poliklinik für
Kieferorthopädie der Universität
Erlangen-Nürnberg
Glückstr. 11
91054 Erlangen

Marianne Fuchs
Nachtigallenweg 4
91056 Erlangen

Gabriele Janz
Burgunderstr. 6
14129 Berlin

Sophie Krietsch
Brühlhofstr. 58
89611 Rechtenstein

Dr. Irmgard Nachtigall
Praktische Ärtztin – Psychotherapie
Schießstattstr. 11
83714 Miesbach

Prof. Dr. Gerhard Neuhäuser
Abt. Neuropädiatrie u. Sozialpädiatrie
des Zentrums für Kinderheilkunde
Justus-Liebig-Universität
Feulgenstr. 10
35392 Gießen

Dr. Gerlind Ottensmeier
Poppensiek 37
32584 Löhne

Dr. Magdalene Petényi
Internistin
Möhrendorfer Str. 25 a
91056 Erlangen

Dr. Ursula Petry-Vogel
HNO-Ärztin
Cimbernstr. 17
14129 Berlin

Anne Sybille Schnabel
Madenberg 26
88101 Lindenberg

Dr. Ursula Scholz-Glade
Dipl.-Psych.
Hartwigstr. 63
28209 Bremen

Antje Steinfeld
Gartenstr. 13
36381 Schlüchtern

Christine Tackenberg, M.A.
Leipziger Str. 37
90765 Fürth

Almuth v. Trotha
Schöndorf 3
84164 Moosthenning

Dr. Eberhard Wahnschaffe
Kinderarzt (Psychotherapie)
Kolbermoorstr. 26
83043 Bad Aibling

Theresa Wahnschaffe
Kolbermoorstr. 26
83043 Bad Aibling

Lore Wette
Rathoberger Str. 61
91056 Erlangen

Rita Zebisch
Machnikstr. 3
87700 Memmingen

Dr. Gisela Ziegler
Kinderärztin
Spitalgasse 4
90403 Nürnberg

Gerd Biermann

# Autogenes Training mit Kindern und Jugendlichen

(Beiträge zur Kinderpsychotherapie; 21)
3., neubearb. u. erw. Aufl. 1996. 245 Seiten. (3-497-01390-0) gb

Autogenes Training gehört mittlerweile zu der Grundausrüstung psychotherapeutischer Tätigkeit des Arztes in Praxis und Klinik. Die Anwendung bei Kindern und Jugendlichen erfordert besondere Formen, die die Reifung und Entwicklung des Kindes berücksichtigen. Autogenes Training hilft Kindern nicht allein, körperliche Schwächen zu überwinden und eigene Lebensprobleme zu bewältigen, sondern trägt auch als Hilfe zur Selbsthilfe dazu bei, daß Kinder im Umgang mit ihrem Körper zu sich selbst finden. Diese Neuauflage ist aktualisiert und umfangreich ergänzt worden.

*Aus dem Inhalt*

*Das Autogene Training (AT) –
ein psychotherapeutisches Verfahren:*
Kind und Suggestion, AT und Hypnose
*Entwicklung und Fehlentwicklung des Kindes und Jugendlichen:*
Familienneurose u. -therapie
*Symbiotische Mütter und Kinder:*
Kindliche Verhaltensstörungen
*Vorbereitungen zum AT*
Allgemeine Indikationen, Alter des übenden Kindes, Intelligenz und AT, Gruppentraining, Die Unterstufe des AT, Grundhaltung beim AT, Paradoxe Reaktionen, Herz-, Atem-, Leib-, Kopfübungen
*Indikationen zu den Grundübungen des AT:*
Herzneurosen, Kreislaufstörungen, Asthma bronchiale, Nabelkoliken, Erbrechen, Ulcusleiden, Colitis ulcerosa, (Schul-)kopfschmerz

*Weitere Indikationen zum AT:*
AT in psychosomatischen u.a. Krisen: Allergien, Bettnässen, Hautkrankheiten, Nägelkauen, Schlafstörungen, Cerebralschäden, Hyperaktivität, Tagtraum, Medikamentöse Therapie und AT, mit AT zum Zahnarzt, AT mit behinderten Kindern
*Probleme des Schulkindes und AT
Gegenindikation zum AT
AT des Jugendlichen
AT mit Ausländerkindern
AT der alleinerziehenden Mutter
Kombination von AT mit anderen psychotherapeutischen
Verfahren:* AT und Kinderanalyse, AT und Verhaltenstherapie, AT und therapeutisches Schwimmen
*Spezielle Fragen der Anwendung des AT bei Kindern u. Jugendlichen:*
Häufigkeit und Dauer, Eltern als Co-Therapeuten, Rolle der Mutter, Reifung und Entwicklung unter dem AT, Oberstufe des AT, AT und Märchen

# Ernst Reinhardt Verlag München Basel

Martha G. Welch

# Die haltende Umarmung

Mit Geleitworten von Jirina Prekop und Niko Tinbergen
2. Aufl. 1996. 191 Seiten. (3-497-01234-3) kt

Dr. Martha Welch hatte die Halte-Methode ursprünglich als erfolgreiche Therapie für frühkindlichen Autismus entdeckt und dann weiterentwickelt als eine einfache, aber verblüffend wirksame Methode, um die Beziehung zum Kind zu bessern. Beim Halten nimmt die Mutter das Kind auf den Schoß, hält es fest, streichelt es, spricht zu ihm oder wiegt es wie ein Baby. Das Kind öffnet sich – nach einer Phase des Widerstands – zu einer intensiveren, vertrauensvollen Beziehung; es wird emotional stabiler und gewinnt Selbstvertrauen. Die haltende Umarmung ist keine Erziehungsmethode, sondern dient der Verbesserung der Lebensqualität in den Familien in einer Zeit, in der die Menschen voneinander abrücken – in einer "Zeit des Nichthaltens" (Prekop).

*Aus dem Inhalt*

*Die Elemente der Halte-Methode:* Was ist die Halte-Methode? Warum ist das Halten notwendig? Sind seine Erfolge den Einsatz wert? Wie funktioniert es? Wie stelle ich es an?

*Die haltende Umarmung für Sie und Ihr Kind in der Entwicklung:* Die Mutterrolle, die Vaterrolle, die werdende Mutter und das Baby in ihrem Leib, die erschöpfte Mutter und der unersättliche Säugling, der stramme Säugling und die geforderte Mutter, das schnell wütende Kleinkind und die erschöpfte Mutter, das frühreife Vorschulkind und die überbeanspruchte Mutter, das unternehmungslustige Kind und die in den Hintergrund gedrängte Mutter

*Die haltende Umarmung in besonderen Situationen:* Die berufstätige Mutter und das selbständige Kind, die in Scheidung lebende Mutter und das gestörte Kind, die depressive Mutter und das bedrückte Kind, die Konkurrenzkämpfe zwischen Geschwistern und die aufgeregte Mutter

*Arbeitsmaterial zur Halte-Methode:* Fragen zur haltenden Umarmung, die immer wieder gestellt werden. Nun praktiziere ich das Halten - mache ich es richtig? Checklisten zur Selbstüberprüfung

# Ernst Reinhardt Verlag München Basel